프로이트와 영화를 본다면

(증보2판) 프로이트와 영화를 본다면

초판 1쇄 인쇄일 _ 2014년 8월 15일
초판 1쇄 발행일 _ 2014년 8월 20일

지은이 _ 김상준
펴낸이 _ 최길주

펴낸곳 _ 도서출판 BG북갤러리
등록일자 _ 2003년 11월 5일(제318-2003-00130호)
주소 _ 서울시 영등포구 국회대로 72길 6 아크로폴리스 406호
전화 _ 02)761-7005(代) | 팩스 _ 02)761-7995
홈페이지 _ http://www.bookgallery.co.kr
E-mail _ cgjpower@hanmail.net

ISBN 978-89-6495-69-2 03180

* 저자와 협의에 의해 인지는 생략합니다.
* 잘못된 책은 바꾸어 드립니다.

이 도서의 국립중앙도서관 출판시도서목록(CIP)은 e-CIP홈페이지(http://www.nl.go.kr/ecip)
와 국가자료공동목록시스템(http://www.nl.go.kr/kolisnet)에서 이용하실 수 있습니다.(CIP제
어번호 : CIP2014023909)

프로이트와 영화를 본다면

증보2판

정신과 전문의의 영화 속 사람 읽기

김상준 지음

BG 북갤러리

《프로이트와 영화를 본다면》의 초판이 나온지 벌써 18년이 넘었습니다.

1994년 군의관으로 입대 후 강원도 철원의 신병교육대에 부임을 해서 이 책의 원고를 집필하기 시작했습니다. '과연 책을 쓸 수 있을까' 하는 자신에 대한 의구심을 억지로 눌러가며 2년 이상 원고를 쓰고 다듬기를 반복하다 결국 1996년 수도병원의 군의관실에서 탈고할 수 있었습니다. 당시 초판을 낼 때 책의 표지 날개에 적힌 저자소개는 '정신과 전문의' 란 타이틀 하나밖에 없었습니다. 군의관 신분으로 책을 내게 되면 거쳐야 하는 그 복잡한 절차를 피하기 위해 하는 수 없이 그렇게 했던 것입니다.

하지만 그 '정신과 전문의' 란 간단한 저자소개가 지금 생각하니 참 마음에 듭니다.

강원도 철원에서 원고를 쓸 당시만 해도 인터넷을 통해 영화를 보거나, DVD의 출현은 상상도 하지 못하던 시절이었습니다. 그저 비디오테이프나 극장에 가야 영화를 볼 수 있었습니다. 그래서 강원도 철원 와수리의 작은 비디오 가게에서 몇 편씩 영화를 빌려보던 기억이 납니다. 그 비디오 가게의 마음씨 좋은 아가씨는 제가 영화 원고를 쓴다고 하니까, 새로운 영화가 나올 때마다 비디오테이프에 문제는 없는지 미리 한 번 봐달라고 하며 공짜로 비디오를 빌려주기도 했습니다. 그렇게 초판은 강원도 깊은 산골의 넉넉한 인심이 깃든 동네에서 시작되었던 것입니다.

　십여 년 전 이 책이 절판되었습니다.
　그런데 이 책을 접한 지인들과 많지는 않지만 몇몇 독자분들이 다시 책을
냈으면 하는 의사를 비춰주셨습니다. 그리고 제가 낸 첫 번째 책인지라 저 자
신도 가장 애착이 가기도 했구요. 그래서 마음은 있었으나 미루다 10년 전에
증보판을, 그리고 이번에 드디어 증보2판을 내게 되었습니다. 초판은 21꼭지
의 글로 이루어져 있었는데, 그중 4개의 꼭지를 들어내고, 13꼭지를 추가해
서 총 30개의 꼭지로 증보판을, 그리고 이번에 3꼭지를 추가하여 증보2판을
내게 된 것입니다.
　초판이 책을 내기 위해 정말 눈을 부라리며 영화의 목록을 뒤지고, 영화
를 분석하고, 정신질환을 소개하고자 했다면, 증보2판의 원고는 18년의 세월
동안 내 마음을 끌었던 영화들로 원고를 썼습니다.
　또한 증보판과 더불어 추가된 16꼭지는 영화에 대한 분석보다는 영화를
빙자해 평소 제가 하고 싶었던 얘기를 담았다는 것이 정확한 표현일 겁니다.
18년 동안 쌓였던 제 마음의 나이테를 조금씩 드러내고 싶었습니다.
　초판의 원고와 이후 추가된 원고가 서로 다른 점을 지향하고는 있지만,
두 원고가 섞이면서 적당한 배분을 이루게 된 것 같아 개인적으로는 만족스

럽습니다.

　이렇게 쓰고 보니 증보2판의 머리말은 18년간 지나왔던 제 개인적인 소회를 담게 되었습니다. 이미 초판 머리말에 영화와 마음에 대한 제 생각을 다 적었기 때문이기도 합니다.

　18년의 세월은 그리 짧지만은 않았던 모양입니다. 초판을 쓸 때만 해도 아버님은 〈드라이빙 미스 데이지〉의 원고에서 살아 계셨습니다. 하지만 증보2판의 머리말을 쓰고 있는 지금 아버님은 모란공원에서 영면하고 계십니다. 그리고 봄이면 아름답게 장미꽃으로 둘러쳤던 멋진 담장을 가졌던 집도 이제 우리집이 아닙니다. 어머님은 아버님이 돌아가신 후 아파트로 이사를 하셨기 때문입니다.

　초판이 나왔을 때 아버님께 이 책을 드린다는 말씀을 책의 첫 장에 올렸지만, 아버님은 중병상태에서 그 사실을 모르셨습니다. 지금 아버님은 이 세상에 계시지 않지만, 증보2판의 출간 소식에 아주 기뻐하시리라 생각합니다.

2014년 8월
김상준

*우리는 영화를 보러 갈 때
자신이 가진 영사기와
마음속에 가득 쌓여있는 필름을 함께 들고 갑니다.*

필름이 돌아가며 영사기가 빛을 토해낼 때, 우리들 마음속의 영사기도 작동하기 시작합니다. 화면 속에 보이는 많은 장면들은 우리가 가지고 있는 꿈, 생각, 감정 등이 담긴 마음속의 필름을 스크린에 비치도록 합니다.

우리 마음속의 필름은 무궁무진해서 영화의 장면이 바뀔 때마다 자동적으로 갈아 끼워지며 스크린에 비춰지게 됩니다. 거기서 우리는 자신을 확인하고, 꿈을 꾸며, 생각을 구체화시킵니다.

영화는 바로 우리의 상상력과 오랜 옛날부터 전해져 내려오는 인간 내면의 원형을 건드리게 됩니다. 그래서 우리는 빛의 그림자를 통해 어렴풋이 알고 있던 자기 안의 영웅, 연인, 희생자, 천사, 악마를 만나게 됩니다.

영화 속에는 인간의 삶이 그대로 담겨 있습니다. 인간의 생각에서 벗어날 수 있는 창작품은 존재하지 않는다고 생각합니다. 거기에는 인간 사이의 충돌, 아픔, 고뇌와 희망이 모두 담겨 있습니다.

인간의 마음을 정신과적으로 설명할 때 그동안 여러 사람들이 많은 사례를 들어왔습니다. 프로이트는 안나, 도라의 사례를 들어 자신의 이론을 정립하였습니다. 하지만 그것은 프로이트만의 경험이었습니다.

영화를 본 사람이라면 같은 경험을 공유하게 됩니다. 그런 경험만으로도 우리는 일단 서로를 이해할 수 있는 기반을 가지게 됩니다. 그래서 저는 영화를 빌어 인간의 마음을 설명해 보고자 했습니다. 필자와 독자가 같은 객석에 앉아 영화를 보고 난 후의 감동과 느낌을 토론하는 기분으로 말입니다.

이 책에 실린 글은 정신과 의사로서 가진 제 마음속의 필름을 실제의 영화에 겹쳐서 비춰 본 것입니다. 그러므로 이 책은 영화의 본래 의도와 전혀 다른 해석을 내렸을 수도 있습니다.

일단 필자는 영화를 보고 난 후의 느낌을 모두 이 책을 통해 이야기 하였습니다. 이제 남은 것은 같은 영화를 보신 독자들께서 그 영화에 대한 소감을 저에게 들려주시는 것입니다.

1996년 5월
김상준 씀

차례

1부_어떤 마음의 얼굴

2부_벽 속에 갇힌 달팽이

5부_만남과 헤어짐의 이면

1부
어떤 마음의 얼굴

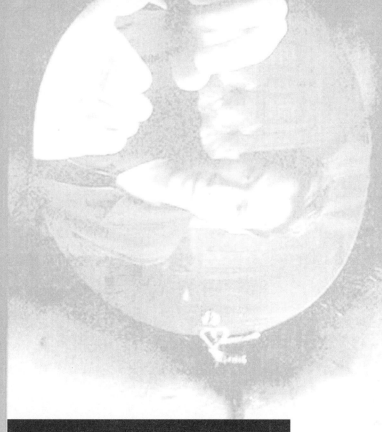

"하얀 토끼를 쫓아가라.

자, 어떤 것을 선택할텐가?

진짜세계와 가짜세계가 있다네."

매트릭스

매트릭스

화려한 가짜, 누추한 진짜

멋진 신세계는 존재하는가

워쇼스키 형제가 만든 〈매트릭스〉는 현란한 장면뿐 아니라, 선문답 같은 대사, 동양적인 정서, 그리고 가상현실이 어우러져, 내가 폭 빠지고만 영화다.

필자는 SF영화를 참 좋아한다.

현실이 너무 힘들어서 그런 건지, 아니면 현실을 벗어나고 싶은 건지, 무한한 영화 속의 상상에 빠지고 싶은 건지 모르지만, 암튼 SF영화를 좋아한다.

〈매트릭스〉라는 영화를 보면 주인공인 앤더슨(키아누 리브스 분)은 어느 날 갑자기 자신에게 전달된 메시지를 받게 된다. 그 메시지를 통해 그는 자신이 속해 있는 세계가 컴퓨터가 지배하는 가상현실이라는 사실을 처음으로 알게 된다. 그리고 자신이 속하고 있던 가짜 현실에서 벗어나 실제 인간들이 살고 있는 지하세계로 내려가게 된다.

그가 현실이라고 믿었던 가상현실에서 벗어나, 인간의 세계에 발을 들인 그에게 과연 멋진 신세계가 펼쳐졌을까?

그런 예상과는 반대로 실제 인간이 살고 있는 세상은 누추하고 어둡고 헐벗은 곳이었다. 하지만 그는 자신의 선택에 대해 실망하지 않는다. 그는 이제 진리를 알게 되었으니까.

'진리가 너희를 자유케 하리라.'

이 성경구절처럼 그는 누추한 현실세계에서 컴퓨터의 지배를 받지 않는 자유인이 될 수 있었다.

〈트루먼쇼〉라는 영화도 〈매트릭스〉와 맥을 같이하는 하는 영화다. 트루먼 버뱅크(짐 캐리 분)는 시헤이븐이라는 그림같이 아름다운 섬에 살고 있었다. 그는 아름다운 아내와 좋은 직장, 친절한 이웃, 절친한 친구 등 모든 조건을 다 갖추고 있었음은 물론이다. 그럼에도 불구하고 그는 뭔가 공허함을 느낀다. 왜 그럴까?

그는 태어나자마자 방송국에 입양되어 거대한 인공세트 안에서 키워졌으며, 그가 부모라고 생각했던 사람뿐 아니라 그와 어린시절부터 친했던 친구, 그의 아내까지 모두 배우였던 것이다. 그는 조작된 세계에서 자신만 모른 채 그의 일거수일투족이 몰래 카메라를 통해 전 세계로 방송되고 있었다.

그는 어느 날 이런 사실을 알게 되고, 과감히 인공세트를 탈출하게 된다. 그는 이제 진짜 현실로 들어가 자신의 밥벌이를 스스로 해결해야 하며, 범죄와 가난과 맞닥뜨릴 수도 있다. 하지만 그는 '지상낙원'인 인공 세트에서 과감히 떠나고 만다.

또 다른 어머니 매스미디어

이 두 영화 모두 필자를 비롯한 현대인들이 가지고 있는 문제를 가장 잘 드러내고 있다고 볼 수 있다. 문명사회로 접어들면서 사람들이 착각 하고 있는 것은, 현 시대가 인간의 개성이 존중되고 마음껏 자아실현을 할 수 있을 것이라는 점이다. 하지만 현대사회는 과거보다 더 인간을 얽 어매고 있다는 것을 눈치 채지 못하고 있다. 과거보다 좀 더 촘촘하게 인 간은 매스미디어를 통해 어린시절부터 교육받고, 세뇌당하며 자라고 있 다. 우리는 이제 두 어머니를 갖고 있다. 실제 나를 낳고 길러준 어머니 와 나의 머리를 조종하고 나를 교육시킨 매스미디어라는 어머니. 후자의 어머니는 어린시절부터 은근히 우리의 두뇌를 세뇌시키고 있다. 매스미 디어란 어머니는 우리의 소비를 자극시키고, 우리 삶의 가이드라인을 그 어놓고, 그 안에 들어오도록 강요한다. 그리고 그 안에 들어가지 못하면 열등하고, 비정상적인 인간이라는 자책을 갖도록 한다.

"그런 건 남의 일일 뿐이야, 나는 정말 개성 있게 살고 있다"고 단언 할 수 있는 사람들도 있을지 모른다. 하지만 한번이라도 다이어트를 하 느라고 밥을 굶어 보거나, 좋은 외모를 가지기 위해 성형수술을 생각해 보거나, 좋은 배우자를 만나기 위해 자신의 능력을 더 계발시키지 않은 사람이 있을까?

우리의 또 다른 어머니인 매스미디어가 우리에게 알려준 행복의 법칙 을 한번 살펴보자.

방송에서는 화려한 가구와 멋진 인테리어를 뽐내는 집안이 등장하고,

거기에 등장하는 주인공들은 고급승용차를 타고 다닌다. 그리고 그들은 소위 사회에서 인정하는 돈과 권력을 가질 수 있는 직장에 다니고 있다. 또한 이들은 많은 돈을 소비해야 하는 운동이나 여가활동에 시간을 보내기도 한다.

이렇게 해야만 행복해질 수 있다고 우리는 어린시절부터 배워왔다. 행복해지기 위해서 우리는 외적인 조건 만족을 위해 고군분투 경쟁하고, 자신의 모든 시간을 투자해왔다.

그래서 그런 목표에 근접했다고 하자. 고급승용차의 뒷좌석에 앉아 자신의 호화스런 별장으로 가고 있는 걸 상상을 해보자. 그 순간 우리는 행복해질 수 있을까? 몇 번은 행복감에 젖어들 수 있을지 모른다. 또 자신이 이룬 것에 대한 자부심을 느낄 수도 있다. 하지만 그것도 여러 번 반복되다 보면 지루하고 식상한 일상이 될 뿐이다.

그러면 우리는 또 다른 어머니로부터 배운 방식을 사용하게 된다. 새로운 물건을 사거나 새로운 취미를 가지거나, 자동차를 바꾸거나, 집을 크게 늘리는 등 변화를 가지려고 한다.

이렇게 우리는 새로운 자극을 계속 찾아다닐 뿐이다. 행복하기 위해.

그런데 뭘 해도 우리는 잠깐 우리의 자극을 만족할 뿐 진정으로 행복하지 않다는 걸 느낀다. 기껏해야 몇 개월 새로운 자극으로 즐거울 수 있지만, 이내 우리는 금방 새로운 자극에 식상할 뿐이다. 외적인 조건으로 우리는 절대 행복해 질 수 없다. 하지만 우리는 그렇게 해야 행복해 질 수 있다는 가짜 진리를 진짜라고 생각하며 살아왔던 것이다.

그래서 지금 우리가 살고 있는 현대사회는 〈매트릭스〉나 〈트루먼쇼〉에 나오는 가상현실과 하나도 다를 바 없다.

당신은 매트릭스에서 탈출할 용기가 있는가

매트릭스와 거대한 인공세트에서 탈출한 두 주인공처럼, 이런 현대사회의 허상을 깨닫고 규격화된 삶과 달리 살려는 사람들도 있다. 물론 그렇게 하려면 각오를 해야 한다. 많은 사람들은 그들을 일탈자, 사회의 낙오자, 게으른 자, 무능력자라고까지 폄하하기 때문이다. 하지만 이런 박해에도 불구하고 매스미디어라는 어머니가 살도록 강요한 삶을 벗어나 자기의 삶을 살려는 사람들은 대단한 용기를 가질 수 있어야 네오나 트루먼처럼 천국 밖으로 뛰쳐나갈 수 있다.

대신 그만큼의 대가를 치러야 한다. 자신이 지금까지 누려왔던 평균적인 안락함을 과감히 거부해야 한다. 그리고 사회가 정해준 틀을 벗어나면 닥치게 될 위험이나, 어려움도 감수할 준비가 되어있어야 한다. 〈매트릭스〉의 앤더슨이나 〈트루먼쇼〉의 트루먼은 어쩌면 진리를 외면하고, 편안한 삶을 살고 싶었는지도 모른다. 하지만 그 삶은 지루할 뿐이다. 내가 사는 것이 아니라, 살아지는 삶이니까.

시작은 〈트루먼쇼〉의 트루먼이나 〈매트릭스〉의 앤더슨처럼 자신을 둘러싼 환경이나 사고가 혹시 잘못된 것은 아닐까 의문을 가지는 것에서 비롯되어야 한다.

'과연 내가 생각하고 행동하고, 좋아하는 것들이 내가 진정으로 좋아하는 것인가? 아니면 나도 모르게 어린시절부터 주입된 결과인가?' 하고 말이다.

레옹
몸만 커버린 소년과 조숙한 소녀의 사랑

자기애에 빠진 '어른 아이'

뉴욕의 빈민가에 살고 있는 레옹*(장 르노 분)*은 일급 클리너*cleaner*, 즉 살인 청부업자다. 그의 신상에 관한 것은 단지 이것 뿐, 가족 사항이나 과거가 모두 베일에 가려진 익명의 인물로 그려지고 있다.

레옹은 유일한 취미로 자신의 분신 같은 화초를 가꾸고, 음료수로 우유만을 고집한다. 그런데 어느 날 예기치 않게 이 같은 그의 일상에 열두 살짜리 마틸다*(나탈리 포트만 분)*가 끼어들게 된다.

마약 거래 커넥션의 일원인 부패 경찰 스탠필드*(게리 올드만 분)*는 마틸다의 아버지가 자신의 마약을 가로챘다는 이유로 일가족 모두를 죽인다. 이러한 와중에서 간신히 목숨을 구한 마틸다가 도망을 치다 우연히 레옹의 방으로 뛰어들게 된 것이다.

레옹과 마틸다는 스탠필드의 추적을 피해 이리저리 이사를 다니지만, 그들의 은신처는 끝내 경찰에 의해 겹겹이 포위된다. 도저히 빠져 나갈 수 없는 막다른 상황에 몰린 레옹은 마틸다에게 유언처럼 사랑한다는 말을 남기고 스탠필드와 함께 폭사한다.

혼자 남게 된 마틸다의 손에는 레옹이 남긴 화초가 들려져 있다. 그녀는 가만히 앉아 그 화초를 땅에다 심는다.

여기서 다시 필름을 앞으로 돌려 보자.

이탈리아인 토니(대니 애로 분)는 레옹에게 사건을 중개하고, 그의 뒤를 봐주는 사람이다. 토니는 자신이 바로 은행이라며 레옹의 돈을 맡아 주기도 하며, 마치 어린 아이를 다루듯 레옹을 대한다. 레옹도 착한 아들처럼 그의 말에 순종하고 의지한다.

이 같은 관계는 한눈에도 두 사람이 청소년기의 자식과 부모상, 또는 자식을 지배하려는 부모와 자녀의 관계와 흡사하다는 것을 알 수 있다.

레옹이 심리적으로 아직도 아동기에 머물러 있다는 점을 보여주는 또 다른 상징성은 우유이다. 우유는 혈연관계나 모성을 의미한다. 이로 보아 그는 성인이 되어서도 모성을 극복하지 못한 인물이라는 걸 짐작할 수 있다. 몸은 커졌지만 정신의 성장이 멈춰 버린 어른인 것이다.

토니 역시 레옹이 정신적으로 독립하는 것을 원치 않는다. 그래서 레옹이 찾아오면 우유를 내놓는다. 물론 우유는 킬러로서 최상의 신체 상태를 유지시켜 주는 음료라는 이유도 성립된다.

레옹이 아직 정신적으로 부모에게서 독립하지 못했다는 것은, 레옹이 아끼는 화분을 통해 더욱 명확해진다.

앞에서 언급했듯이 레옹이 매일 창밖으로 내놓아 해바라기를 시키는 화초는 사실은 자기 자신이다. 화초는 화분에 담겨 있다. 화분 속의 화초는 남에게 의존할 수밖에 없다. 누군가 물을 주어야 하고, 온도와 환경을 맞춰 주어야 한다. 급격한 환경의 변화는 화초의 죽음을 가져온다. 이 화분 속에서 자라나는 화초처럼 레옹은 비록 잔혹한 킬러이지만 실은 아직도 부모의 보살핌이 있어야 살아갈 수 있는 사람이다.

청소년기는 부모에 대한 의존에서 벗어나 점차 홀로서기를 준비하는 시기이다. 그러나 레옹은 화분 안에 있는 것에 만족한다. 레옹이 자기의 분신인 화초를 가꾸는 데만 정성을 쏟는 것은, 그가 자기애自己愛에 빠져 남들과의 관계에 별로 관심이 없다는 것을 보여준다.

어른이 되는 단계에서 청소년들은 자기에 대한 관심을 밖으로 돌려서 남들과의 관계를 맺어야 한다. 그리고 자기의 울타리, 즉 화분에서 벗어나야 한다. 화분 안의 화초는 화분의 크기만큼밖에 자랄 수 없다. 더 자랄 수 없는 뿌리는 화분 안에 갇혀 답답한 숨을 내쉬게 된다.

토니라는 내재된 레옹의 부모상은 아들을 쉽사리 놓아주려 하지 않는다. 지배적인 부모는 아들의 독립을 용납하지 못한다.

레옹의 감정 또한 마찬가지다. 자신이 부모로부터 떠난다는 것은 부모에 대한 배신이며, 지금까지 해오던 생각과 생활 습관을 바꾼다는 것도 너무나 두려운 일이다. 변화의 시기는 그래서 누구에게나 어렵다.

"이 자리에 주저앉을 것인가, 아니면 나아갈 것인가."

그래서 레옹은 망설인다. 레옹은 열쇠 구멍으로 밖을 바라보기만 할 뿐, 좀처럼 문 밖으로 나서려 하지는 않는다. 그런데 갑자기 나타난 마틸다가 울면서 문을 열어 달라고 애걸을 하는 것이다.

"제발 나를 들여보내 주세요."

그는 한동안 고민한다. 그녀를 받아들인다는 것은 마틸다를 뒤쫓고 있는 위험 요소, 즉 살인자까지 불러들이는 결과를 초래할 것이다. 그것은 자신의 안전을 뿌리째 흔드는 일이다.

갈등을 겪지만 결국 레옹은 조심스럽게 마음의 문을 연다. 그러나 레옹은 여전히 자기가 한 일에 대해 자신이 없다. 후회스럽기도 하다. 밤새도록 고민을 하는 그는 총을 빼들어 자고 있는 마틸다의 머리를 겨누어 본다. 그러나 방아쇠를 당기지 못한다.

이것은 레옹이 부모의 품에서 편안히 안주하고 싶은 자신을 밖으로 끌어내는 마틸다의 존재에 대해 얼마나 두렵고 불안해하는가를 보여주는 대목이다.

그러나 레옹은 마틸다와의 만남을 통해 성장의 계기를 맞는다. 변신의 시기가 온 것이다.

투사投寫의 양면성

자신의 무의식이 자기 안으로만 향하면 자기애에 빠진다. 이런 무의식의 부분은 그러나 의식이 아무리 끌어내려 해도 알 수가 없다. 그러나 무의식은 우리에게 한 가지 해답을 가르쳐 준다.

레옹의 의식 세계는 매우 빈곤하다. 감정의 지나친 억압과 부모상으로부터 독립하지 못한 채 자기 안에 사로잡혀 전혀 움직이려 들지 않는다. 이런 의식의 편중된 태도가 고쳐지기를 무의식은 기다리고 있다.

이 때 무의식이 우리에게 가르쳐 주고자 하는 방법은 '투사' 이다. 자신에게 부족한 부분을 외부의 대상에서 발견하는 것이다.

레옹에게 마틸다는 좋은 투사投寫의 대상이다. 마틸다는 레옹이 갖지 않은 부분을 가지고 있다. 그녀는 가족이 살해된 후 앞뒤 살피지 않고 원수를 갚기 위해 경찰서를 찾아가고, 레옹에게는 클리너가 되겠다며 총 쏘는 법을 가르쳐 달라고 조른다. 싫고 좋은 표현을 똑떨어지게 하며, 감정에 통제를 가하지 않는다. 또한 누구의 지시에 따라 하는 일을 싫어한다.

이에 비해 레옹은 자신의 울타리 안에만 머무르려 할 뿐, 밖으로 나가려 하지 않는다. 그저 부모의 통제에 만족하며 살아간다.

이런 점들이 바로 레옹이 끌린 마틸다의 장점이며, 쉽게 레옹이 부족한 부분을 알아낼 수 있도록 하게 한 투사 장치이다.

무의식의 투사는 이런 긍정적인 면이 있는 반면 이것이 지나치면 상대방을 너무 과대평가하는 잘못을 범하기도 한다. 첫눈에 반해서 맹목적인 사랑에 빠지는 경우가 바로 지나친 투사의 예이다. 그 순간에 상대방이 마치 자신을 구원해 줄 여신이나 왕자처럼 보이지만, 시간이 지나면서 투사가 풀리면 평범한 배우자일 뿐이라는 사실을 발견하게 돼 실망 끝에 헤어지기도 한다.

그러나 외부 대상에 대한 적절한 투사는 의식을 바꾸어 놓는다. 마틸다를 만난 레옹도 자신의 부족한 부분을 하나 둘 교정해 나가기 시작한다.

마틸다의 자유분방함 속에도 위험은 내재해 있다. 그녀는 현실 판단력이 모자라고, 참을성이 없어 충동적이다.

킬러는 먹이를 노리는 맹수처럼 참을성 있게 때를 기다려야 한다. 현실적인 판단력이 따르지 않으면 치명적인 위험에 빠지기 쉽다. 레옹은 총 쏘는 법을 통해 마틸다에게 현실적인 판단력과 참을성을 길러 준다.

레옹은 문맹이기 때문에도 그동안 토니에게 돈을 모두 맡겨 왔던 것인데, 마틸다에게 글자를 배운다. 그것은 이제 아버지로부터 독립할 수 있는 기반을 마련하는 것을 뜻한다.

이렇듯 레옹과 마틸다는 상호보완적인 관계로 서로에게 부족한 점을 채워 준다.

이 영화에서 스탠필드로 상징되는 악의 화신은 항상 주인공을 괴롭히는 역할을 맡고 있다. 그들은 하나같이 유아기적인 욕심에 사로잡혀 있고, 참을성이 없으며 매우 이기적이고 잔인하다. 게다가 방어능력도 없는 약자를 괴롭히기 때문에 누구에게도 공감을 받지 못한다.

그러나 이런 스탠필드라는 악의 화신에게도 긍정적인 면은 있다. 이러한 절대 악은 레옹으로 하여금 자신의 소명을 깨닫도록 자극한다. 레옹으로 하여금 안주하던 울타리에서 벗어나 보다 용감해지라고 압박을 가하는 것이다. 그래서 레옹은 추진력을 얻게 되고 자신의 길을 가게 된다. 위험에 빠진 소녀를 구출할 결심을 하게 만든 것이다.

마틸다와의 만남은 예상대로 레옹의 생활을 혼란에 빠뜨린다. 그녀로 인해 이리저리 이사를 다녀야 했고, 이 과정에서 킬러의 생명인 익명성이 노출되고 만다. 그러나 이것은 레옹이 성장하기 위해 치러야 할 대가 중의 일부일 뿐이었다.

그 성장의 대가 중 가장 치명적인 것은 그의 마음의 변화에서 비롯된 것이다. 레옹의 감정이 살아나고 분화될수록 클리너로서의 절대 조건인 냉철함과 자기 절제가 무너지기 시작한다.

그래서 그는 돈도 받지 않고 마틸다의 원수를 해치워 준다. 그러나 그의 솜씨는 예전만 못하다. 중국인 거리에서 마틸다의 원수를 해치우고 돌아왔을 때 그는 피를 흘리고 있었다. 그는 샤워를 하며 자신의 상처를 꿰맨다. 그것은 성장과정에서 겪어야 하는 아픔이기도 하다.

그는 클리너의 계율을 어겼다. 킬러는 돈이 되지 않는 일, 그리고 감정이 개입된 사건은 절대 맡지 않는 게 원칙이다. 또 하나, 그는 '아버지'의 지시를 거역했다. 아버지가 허락하지 않는 사건을 독단으로 처리한 것이다.

내친 김에 레옹은 드디어 토니에게서 벗어나고자 한다. 그래서 자기에게 무슨 일이 생기면 자기의 돈을 모두 마틸다에게 주라고 요구한다. 아버지는 이런 '아들'의 변화에 대해 경고를 보낸다.

"너는 지난번에도 여자 때문에 문제가 생기지 않았니. 내 품안을 벗어나면 네겐 위험이 따를 뿐이야."

토니의 경고에도 아랑곳하지 않고 레옹은 점점 그녀에게 빠져들었으며 심지어 질투까지 한다. 길거리에서 우연히 만난 소년과 말을 나누던 마틸다를 심하게 나무라는 것이다. 허락을 받지 않고는 절대 딴 사람과 얘기하지 말라며.

레옹의 독립 의지는 이런 작은 일에 그치지 않는다. 마틸다가 경찰서까지 찾아가 가족의 원수를 갚으려고 했으나 실패하자 이번엔 자기가 직접 경찰서로 달려간다.

이제 킬러로서의 그의 생명은 끝났다. 특유의 동물적인 판단력도 이미 사라졌다.

그는 경찰서로 마틸다를 구하러 갔을 때 이미 자신의 죽음을 예감했을 것이다. 그러나 그는 자신이 선택한 여자였기 때문에 죽음을 각오하고 마틸다를 구해낸다.

죽음이란 이름의 변신

이제 레옹과 악의 무리 사이의 한판 대결은 불가피하게 되었다. 토니가 강력하게 만류하지만 레옹은 듣지 않는다.

아버지의 분노는 머리 꼭대기까지 뻗친다. 자기의 경고를 무시하고 레옹은 제멋대로 살아가고 있는 것이다. 토니는 아들의 은신처를 스탠필드에게 고자질하고 만다. 그는 도저히 자신의 품에서 빠져 나가 버린 자식을 용서할 수가 없었다.

레옹의 죽음으로 모든 것이 끝난 것일까?

이야기는 아직 끝나지 않았다. 레옹이 죽기 전 마틸다에게 맡긴 화초

증보2판 프로이트와 영화를 본다면

가 열쇠를 쥐고 있다.

삶과 죽음은 예로부터 단절된 것이 아니라 순환하는 관계로 보았다. 영화에서는 육체의 죽음을 보여주고 있으나, 그것은 상징적인 죽음일 뿐이다. 왜냐하면 레옹의 분신인 화초가 아직 남아 있기 때문이다. 화초는 그가 과거에 가지고 있던 행태나 사고, 생활 습관 등을 버리고 죽음이라는 통과의례를 거쳐 새 사람으로 다시 태어나는 것을 의미한다.

뱀이 성장을 위해 허물을 벗듯이 그의 죽음은 과거와의 이별을 뜻하며 새로운 정신의 변환을 의미한다. 그것은 또 이러한 희생을 치러야만 진정한 성장이 가능하다는 의미이기도 하다.

레옹은 신화나 전설 속에 자주 등장하는 식물로의 완전한 변신을 이룰 수 있게 되었다. 식물로의 변신은 일견 매우 비극적으로도 보인다. 말도 못하고 움직일 수도 없으며, 외계에 대해 반응할 수 없는 것이 식물이다. 그러나 수선화로 바뀐 나르시스, 아네모네로 변한 아도니스, 그리고 월계수로 변한 다프네를 보자. 식물은 영생한다. 혹독한 겨울을 지나 봄이면 다시 소생하는 영속성을 가진다. 그래서 그리스 신화에서는 식물로의 변신을 무엇보다 큰 영광으로 여긴다.

레옹은 마틸다에 의해 땅에 심어진다.

이제야 레옹은 죽음으로써 화분에서, 자기 안에서 빠져 나올 수 있게 되었다. 땅에 뿌리를 내릴 수 있게 된 것이다.

식물은 땅에서 수분과 무기물을 끌어내어 유기물로 변환시킨다. 그래서 식물은 마치 사람이 자신의 무의식을 끌어내어 의식을 풍부하게 한다는 의미를 가지기도 한다.

레옹은 이제 화분이 아닌 대지로부터 자기 안의 부족한 것을 마음껏 끌어낼 수 있는 준비가 되었다.

화분 안의 화초보다는 땅에 뿌리를 박고 아무렇게나 자라는 잡초에게서 더 건강한 생명력이 느껴진다.

그는 이름 모를 풀이 되었으나 자신이 하고 싶은 일을 했으며, 그만큼 성숙하게 되었다. 화분에서 대지로 옮겨지는 과정에서 많은 고통과 혼란을 겪긴 했지만.

닉슨
콤플렉스, 그 성공과 추락

성공으로 이끈 닉슨의 콤플렉스

사람들은 콤플렉스 하면 그 사람의 무조건적인 단점이라고 생각한다. 그리고 콤플렉스를 많이 가지고 있다고 하면 결함이 많은 사람으로 치부하기도 한다. 하지만 우리가 텔레비전에 출연하는 성공한 사람들의 이야기를 들어보면 너무나 집안이 가난해서, 제대로 교육을 받지 못해서, 자신의 성격이 마음에 들지 않아서 등등 자신이 가진 콤플렉스를 극복하기 위해 노력하다 보니 성공했다는 얘기를 하는 경우를 종종 듣게 된다.

"하버드를 나오고 아버지에게 모든 걸 물려받은 그놈은 날 평생 따라붙어왔어, 나는 형편없는 옷에다 형편없는 학벌과 가문! 그건 나에게서 훔친 거야. 그는 나더러 격이 떨어진데. 국민들은 그놈을 좋아할 거야."

올리버 스톤 감독의 영화 〈닉슨〉에서, 1960년 대통령 선거에서 케네디에게 패배하고 난 후 닉슨은 이처럼 넋두리를 한다. 이 영화를 보면 닉슨은 케네디에 대해 많은 콤플렉스를 가지고 있다는 것을 알 수 있다. 특히 영화 속에서 닉슨은 워터게이트 사건이 난 후 자신이 궁지에 몰렸을 때 케네디의 초상화 앞에서 또 다른 대사를 읊조린다.

"국민들은 당신을 통해 이상을 보고, 나를 통해 자기 자신을 보고 있지."

닉슨은 케네디보다 초라한 배경과 학력, 외모로 인해 국민이 자신을 좋아하지 않는다고 생각했다. 닉슨은 1913년 캘리포니아 주에 위치한 작은 시골 마을인 요버린에서 태어났다. 아버지는 작은 식료품가게를 운영하였고, 집안은 매우 가난했다.

게다가 그는 명문대학에 가지 못하고 이름 없는 대학에서 법률을 전공한 후 간신히 개인 법률사무소를 차릴 수 있었다.

그의 집안이 너무나 가난했지만 그가 대학을 마칠 수 있었던 것은 형제들의 도움이 있었기 때문이다. 그런데 그 도움이란 것이 너무나 비극적이다.

동생과 형이 병으로 죽게 되면서 그나마 없는 살림에서 그의 학비를 조달할 수 있었기 때문이다. 닉슨은 동생이 죽고, 형마저 죽자 실의에 빠진다.

이때 닉슨의 어머니는 "신이 너를 선택하기 위해 다른 형제를 희생한 것"이라고 하며 닉슨을 위로해 주게 된다.

그래서 닉슨은 대통령에 당선된 후 "나는 4명의 시체를 넘어 대통령에 당선되었다"라고 한다.

2명은 병으로 사망한 닉슨의 형제를 말하고, 2명은 암살당한 존 F. 케네디와 로버트 케네디를 말한다.

닉슨의 콤플렉스 그 밝음과 어둠

닉슨은 입지전적인 인물이었다. 여러 가지 악조건 속에서도 그는 33세에 하원의원, 35세에 상원의원이 된다. 1952년 아이젠하워의 러닝메이트로 부통령에 당선되었고, 1956년 재선에 성공한다. 1960년 대통령 선거에 출마했을 때 그의 나이는 47세에 불과했다.

1960년 대통령 선거에서 케네디에게 패배하고, 1962년 이번에는 캘리포니아 주지사 선거에 나섰으나, 케네디의 후원을 입은 브라운에게 고배를 마신다. 그는 결국 정계 은퇴를 선언하고 한동안 낭인으로 머물지만, 케네디가 암살당한 후 1968년 대통령 선거에 나서게 된다. 1968년 선거에서는 암살당한 존 F 케네디의 동생인 로버트 케네디와 대결을 벌이게 되었으나, 로버트 케네디도 암살당하는 바람에 가장 큰 정적이 제거된다. 그래서 그는 손쉽게 민주당의 험프리를 누르고 대통령에 당선되었으며, 1972년 재선에 성공한다.

그는 자신이 처한 여러 가지 악조건을 극복하고, 잡초처럼 끈질기게 자신의 앞길을 개척한 사람이라고 볼 수 있다. 그의 입지전적인 성공은 어떻게 보면 그의 콤플렉스 덕분일 것이다. 그에게 변변치 못한 집안 배경과 학벌, 가난한 집안 사정이 없었다면 이처럼 끈질기게 자신의 앞길을 개척하지는 않았을 것이다. 또한 자신의 탓은 아니지만 가난으로 인해 제대로 치료도 못하고 사망한 두 형제의 빚을 갚아야 한다는 부담감도 한몫을 했을 것이 분명하다.

그는 이런 많은 콤플렉스를 통해 자신 안에 존재하는 야망과 재능을 최대한 이끌어낸 인물이라고 볼 수 있다. 만약 그에게 콤플렉스가 없었다면, 그는 아마도 시골에서 아버지 일이나 도우면서 자신의 꿈도 한번 펼쳐보지 못하고 생을 마감했을 것이다 그런데 닉슨은 콤플렉스를 통해 자신의 발전을 이루었으나 자신의 성과에 대해 만족할 줄 몰랐다. 그는 대통령이 된 후에도 여전히 자신의 배경을 문제 삼아 다른 사람이 자신을 사랑하지 않을 것이라는 피해 의식이 있었다. 그래서 벌인 사건이 워터게이트 사건이다. 또한 그는 다른 사람을 믿지 않아, 자신과 다른 사람이 대화한 내용을 몰래 테이프에 담아 보관하기도 했다.

만약 그가 자신이 꿈꾸었던 야망을 실현하고 이제 자신의 꿈을 이루었다고 만족했다면, 그는 정치가로서 무사히 대통령의 임기를 마칠 수 있었을 것이다. 사실 미국 대통령으로서는 치욕적으로 임기 중 사임했으나, 닉슨이 이룬 정치적인 성과는 무시할 수 없는 것이 많다. 하지만 더 많은 것을 가지고 싶었던 그의 욕심으로 인해 스스로 무너져 내리고 만 것이다.

콤플렉스는 부정적인 것만은 아니고 긍정적인 부분이 분명 존재하며, 자신의 꿈을 이루고 자신의 재능을 발전시키는데 자극이 된다. 자신의 꿈이나 야망을 이루고 난 후 이제 됐다는 만족감을 느끼는 순간 콤플렉스에서 벗어날 수 있다. 그러나 닉슨처럼 더 많이 인정받고 싶고, 더 많이 성공하려고 할 경우 콤플렉스는 그를 놓아주지 않게 된다. 이런 것들이 콤플렉스의 양면성이라고 볼 수 있다.

콤플렉스는 왜 필요한 걸까?

콤플렉스complex라는 말은 정신분석가인 칼 구스타브 융으로부터 비롯되었다. 그는 단어연상검사(수십 개의 단어를 하나하나 불러줄 때마다 제일 먼저 떠오르는 단어를 적도록 하는 검사)를 할 때, 자신의 콤플렉스와 관련 있는 단어가 나오면 반응시간이 느리거나, 제대로 머리에 떠오르는 단어가 없거나, 말을 더듬거나, 얼굴이 붉어지는 반응을 보인다는 것을 알게 되었다.

예를 들어 어머니에 대한 콤플렉스가 있는 사람이라고 한다면, 어머니나 부모라는 단어를 불러 주었을 때 이런 지연 반응이 있을 수 있다. 어떤 단어에 민감한 이유는 피검자가 그 단어와 연관해서 무의식적인 정서 반응을 불러일으키기 때문이다.

하지만 콤플렉스는 전문가가 아니라도 쉽게 알 수 있는 경우가 있다. 어떤 사람이 유독 특정한 주제에 대해 아주 예민하게 반응을 보이기 때문이다. 어머니 얘기만 나오면 금방 표정이 달라지거나, 흥분하고, 눈물을 흘리는 사람도 있고, 학벌 이야기만 나오면 말수가 적어지고 그 자리를 피하려는 사람도 있다.

어떤 이는 술만 마시면 부자들에 대해 공격하고, 적대시하기도 한다. 이는 대부분 자신이 가진 콤플렉스 때문이다.

우리는 대화 중에 "저 사람은 아마 외모에 대한 콤플렉스가 있나 봐", "저 사람은 학벌에 대한 콤플렉스가 있어서 직장 내에서 적응을 못하는 것 같아", "마더 콤플렉스가 있나 봐, 어머니 앞에서 쩔쩔매는 것 같아"라는 말을 하게 된다. 이 외에도 콤플렉스는 정말 다양한데, 재산, 가문, 출신에 대한 콤플렉스도 있다.

콤플렉스가 많다는 것은 그 사람이 이런 문제를 극복할 수 있는 원동력이 많다는 것이고, 그걸 극복하는 과정에서 부수적으로 성공을 얻었다는 얘기가 된다.

반면 우리는 재벌 2세라든지, 전혀 부러울 것이 없는 환경에서 자란 사람들이 마약이나 음주, 폭행 등의 문제를 일으켰다는 보도를 접하는 경우가 있다.

일반인들이 생각하기에는 '모든 조건이 다 갖추어져 있는데, 이렇게 사회적인 물의를 일으킬 필요가 있나' 하고 의아하게 생각할 것이다. 이런 사람들은 도리어 콤플렉스가 적기 때문에 자신을 계발하거나 개선할 필요성을 못 느꼈던 것이다. 그러다 보면 인생의 목적이 없게 되고, 결국 그런 공허함을 술과 마약을 통해 채우게 된다.

그래서 일부러 콤플렉스를 만들기도 한다. 극단적인 경우이긴 하지만 〈서편제〉라는 영화를 보면, 아버지는 일부러 딸의 눈을 멀게 하여 앞을 보지 못한다는 콤플렉스를 만들어준다. 결국 눈먼 딸은 아버지의 의도대로 이런 콤플렉스를 극복하기 위해 더욱 판소리에 열중하게 된다.

콤플렉스가 없다는 것은 마치 모든 것을 다 갖춘 천국과 같은 것으로, 그곳에서 사람들은 행복할 것 같지만 도리어 지루함을 느낄 수밖에 없다. 도대체 내가 도전하고 극복할 것이 아무것도 없기 때문이다. 따라서 콤플렉스가 많다는 것은 내 안에 나를 발전시키고 움직일 힘이 많다는 것을 의미한다.

피아노

알기 쉬운 '마음의 구조 모델론'

자아와 이드

얼굴도 모르는 사람과 결혼하기 위해 스코틀랜드에서 살던 벙어리 아다(홀리 헌터 분)는 딸 프롤라와 함께 뉴질랜드로 향한다. 신부감 아다를 마중나간 스튜어트(샘 닐 분)는 그녀가 가장 아끼는 피아노를 해변에 버려둔 채 모녀만을 집으로 데려간다.

피아노 생각으로 하염없이 창밖을 바라보며 지내던 아다는 원주민과 다름없는 베인스(하비 카이텔 분)의 안내를 받아 해변가에 남겨둔 피아노를 찾으러 간다. 그 후 아다에게 마음을 빼앗긴 베인스는 자신의 땅을 스튜어트에게 주고 피아노를 갖는다.

피아노를 처음 본 베인스는 아다에게 피아노 교습을 받게 된다. 그러나 베인스의 관심은 피아노에 있지 않았다. 그는 아다가 건반을 두드릴 때마다 그녀의 몸을 한 번씩 만지겠다고 제의한다.

아다는 처음엔 조심스럽게 한 번씩 건반을 누르는데, 점차 연주 시간이 길어진다. 이렇게 베인스의 접근에 수동적이었던 아다는, 베인스가 관계를 끝내자고 하자 이번엔 오히려 스스로 그의 집으로 찾아간다.

두 사람의 밀회를 알게 된 스튜어트는 아다에게 베인스와의 관계를 끝내라고 경고한다. 그러나 사랑에 빠진 아다는 이런 위협에도 불구하고 베인스에게 사랑의 전갈을 보내려다 발각되어 스튜어트가 휘두른 도끼에 손가락을 잘리고 만다.

결국 아다는 스튜어트에게서 벗어나 베인스와 함께 배를 타고 그곳을 떠난다. 떠나는 배 위에서 아다는 피아노를 물속으로 밀어 버리는데, 그만 발이 밧줄에 감기어 피아노와 함께 물속으로 가라앉다가 겨우 밧줄을 풀고 물 밖으로 빠져 나온다.

아다는 베인스의 곁에서 피아노를 연주한다. 그녀의 한쪽 손에는 금속제의 대용 손가락이 끼워져 있다.

타인과의 관계에서 의견의 일치를 보는 것은 그리 쉬운 일이 아니다. 의견의 충돌로 인한 갈등은 끊임없이 우리에게 크고 작은 상처와 아픔을 준다. 그런데 이런 의견의 불일치와 갈등은 나와 남의 관계에서만 존재하는 것이 아니다. 이것은 바로 자신의 마음속에서도 언제나 일어나고 있으며, 이러한 갈등은 어쩌면 타인과의 갈등이나 충돌에서보다 스스로에게 더 많은 어려움을 안겨준다.

다른 사람과의 어려움이라면, 그 사람을 멀리하거나 다른 사람과의 새로운 만남을 시도하는 등 소극적이나마 어떤 대응책을 가질 수 있지만, 내면의 이견으로 인한 갈등은 의식을 잃을 때까지 따라다닌다.

한 가지 사례를 보자.

30대 중반의 여자가 결혼 전 사귀었던 남자와 우연히 만나게 되었다. 안부를 묻는 정도에서 시작된 만남은 횟수를 거듭하면서 예전에 가졌던 애정의 불씨를 되지피게 되어, 어느새 둘은 하루도 보지 않으면 견딜 수 없는 사이가 되었다.

그러나 남자를 만나러 갈 때마다 떠오르는 아이들과 남편의 모습은 그녀의 발걸음을 무겁게 하였다. 마음속에서는 남자를 만나고 싶다는 간절한 열망과 자신의 행동에 대한 비난과 죄책감이 팽팽하게 맞섰기 때문이다. 불안과 불면증에 시달리던 그녀는 결국 면담치료를 받게 되었다.

프로이트는 1923년 이 여자의 경우처럼 자기 내부의 상호 반대적이고 상호 모순적인 여러 가지 생각들로 인한 내적 갈등을 개념화한 이론을 《자아와 이드》라는 책에서 자아ego, 이드id, 초자아superego의 구조 이론으로 소개하였다. 정신의 세계를 이 세 가지 구역 간의 갈등의 장으로 보고, 이러한 구역 간의 갈등은 불안을 야기하고, 불안은 자아로 하여금 방어기제를 갖추도록 하는데, 자칫 방어기제가 지나치게 강해질 경우 정신과적인 증상이 생긴다는 이론이다.

그러나 이드와 자아, 초자아는 그들이 각기 맡은 역할 때문에 필연적으로 갈등관계에 놓일 수밖에 없다.

정신세계의 세 구역

'이드'id는 한 마디로 철없는 어린이로 비유할 수 있다. 조금만 배가 고파도 밥을 달라고 졸라대며, 섭섭하거나 화가 나는 일은 참지 못하고 곧장 표현해 버린다. 바라는 것을 당장 손에 쥐여 주지 않으면 땅바닥에 뒹굴며 울어댄다.

이드는 이처럼 주변의 상황은 아랑곳하지 않고 자신의 욕구를 표현한다. 쾌락을 추구하는 기쁨의 원칙에 따라 충실하게 움직이며, 신체의 안녕 상태를 유지하기 위해 최선을 다한다. 이드는 그때그때 자신의 욕구가 충족되어야 하며, 이를 조절하고 변형시킬 능력이 없다.

이드는 크게 공격 충동과 성 충동으로 분류할 수 있는데, 이는 남을 해치려는 적개심과 성욕만을 의미하는 것은 아니다. 이를테면 배고픔, 목마름, 종족의 보존 같은 생물학적인 요구에 대한 충족과 자신의 몸을 주변의 위험으로부터 방어하는 역할을 맡고 있다고 볼 수 있다. 그러므로 이러한 이드의 욕구는 단순히 생존과 직결된 충동뿐만 아니라 사회적 요구에 의해 계급·특권·힘 등도 추구하게 된다.

'초자아' *superego*는 이 같은 아이의 행동에 대해 옳고 그름을 판단하고 야단을 치는 어버이나 선생님의 역할을 한다. 초자아는 이드와는 달리 생태적인 것이 아니다. 성장하면서 습득하게 되는 일종의 가치체계나 상벌관이라고 할 수 있는데, 자라면서 잘한 일은 상을 받고 잘못한 일에는 벌이 내려진다고 배운 것을 스스로 지각해서, 자기 속에 내재화시킨 것들을 말한다.

'초자아'는 어버이·교사·권위자·재판관처럼 우리들의 정신세계를 지배하며, 일종의 내면화된 권위로서 우리 자신을 자기 속에 가두어 둔다. 초자아는 어린이와 부모와의 관계에서 생성·발전하는데, 상벌에 대한 관념은 주변 어른들의 실제 행동과 실제 상벌에 의해서 형성되는 수도 있지만, 그에 대한 어린이 스스로의 공상이나 예상에 의해서 좌우되는 수도 많다.

양심이라고 부르는 우리들 내부의 재판관은 흔히 올바름 이상의 것을 요구하기도 하는데, 초자아가 이렇게 지나치게 엄격한 요구를 하게 되면 자아와 이드가 자기방어를 위해 대항하게 된다.

초자아에는 이런 판단 기능뿐 아니라 긍정적인 열망들로 구성되는 '자아 이상'이라는 부분도 있는데, 너그러움, 용기, 혹은 정의와 자유의 원리에 헌신하고 싶다는 욕망도 여기에 포함된다.

'자아' *ego*는 눈치가 빠르면서도 올곧게 자신의 막내 동생과 부모 사이의 이견을 조정하는 맏형의 역할을 한다고 볼 수 있다.

이드는 기본적인 생존에 꼭 필요한 역할을 하지만, 사람이 이드의 충동에만 따른다면 이 사회에서 살아남기 어렵다. 즉 현실에 대처하는 법을 배워야 하는 것이다. 어린이는 배가 고프다고 해서 돈도 없이 아무 가게나 들어가 빵을 집어먹어서는 안 되며, 먹고 싶은 충동을 참고 집에 가서 어머니에게 돈을 타거나 다른 음식으로 배고픔을 해결해야 한다는 것을 알게 된다.

이처럼 즉각적인 충동을 지연시키고 현실을 고려하도록 하는 역할을 하는 것이 자아이다. 자아는 현실 원리에 따르므로 현실을 정확히 지각하며, 과거에 비슷한 상황에서 무슨 일이 일어났는지 검색하고, 이에 비추어 미래에 대한 현실적인 계획을 세울 수 있는 기회가 주어질 때까지 행동을 지연시키고자 애쓴다.

배고픈 어린이의 경우에서 보았듯이 자아는 이드의 생물학적 요구(배고픔)를 충족시켜 주면서, 한편으로는 외부의 현실세계(현재 빵을 살 돈이 없다)를 고려해야 함과 아울러 초자아의 명령(배고프다고 해서 남의 물건에 함부로 손을 대서는 안 된다)도 어기지 말도록 해야 한다.

자아는 세 가지 전제 조건 및 현실*reality*과 타협하여, 어머니에게 돈을 타서 빵을 사먹거나, 돈이 없을 경우 집에 있는 다른 음식으로 배고픔을 해결해야 한다는 제안을 한다. 하지만 언제나 네 가지를 모두 만족시킬 수 없는 자아로서는 전전긍긍하며 불안해하지 않을 수 없다.

프로이트가 분석한 마음의 '구조 모델'은 깊고 넓은 인간 정신을 지나치게 요약, 단순화시켜서 보는 단점은 있으나, 일목요연하게 정신 내부의 갈등을 들여다볼 수 있다는 장점이 있다.

이러한 구조 모델의 이론은 연극이나 영화에도 사용되어, 각 배역의 역할을 명확히 하고 갈등을 고조시켜 흥미를 높이기 위해 차용되기도 한다.

제인 켐피온 감독의 〈피아노〉는 보는 사람에 따라 여러 가지 해석이 가능하지만, 각 배역을 자아, 초자아, 이드의 역할과 대비하여 구조 모델에 적용할 수 있으며, 비교적 이 이론에 잘 들어맞는다.

그 성질이 매우 역동적이고 폭발적인 잠재력을 갖고 있는 '이드'는 영화 속에서는 무생물인 피아노가 맡고 있다.

피아노는 아다의 억압되었던 본능이 살아나는 정도를 연주되는 건반의 숫자가 증가되는 것으로써 표현하고 있으며, 그녀의 본능이 눈을 뜨게 되는 계기가 된 베인스와의 만남을 주선하는 연결 고리 역할을 한다.

'초자아'는 아다와 베인스가 만나는 것을 감시하며, 그 위험성을 경고하는 딸 프롤라와 불륜의 아내를 처벌하는 남편 스튜어트가 역할을 분담하여 맡고 있다.

자아는 이드와 초자아 간의 갈등을 적극적으로 중재하지 못하고, 수동적으로 그들의 싸움을 숨죽이며 지켜보는 아다 자신으로 표현된다.

피아노는 나무궤짝 속에 넣어져 아다와 함께 해변가에 도착한다.

피아노를 단단하게 둘러싸고 있는 나무궤짝은 이드가 매우 억압되어 있으며 자유롭지 못한 상태임을 암시하고 있다.

그러나 해변 가에서 나무 조각이 떨어져 나간 궤짝 틈으로 아다가 손을 집어넣어 피아노를 연주하는 장면은 이드가 세상을 향해 이 작은 구멍으로 가쁜 숨이나마 쉬고 있다는 걸 표현하고 있다고 볼 수도 있다. 아니, 적극적인 의미로는 이드가 스스로 억압을 풀고 자신의 잠재력을 발휘하기 위한 기회를 엿보고 있는 것으로 해석해도 좋다.

이드가 초자아의 위세에 눌려 궤짝에 담겨져 있듯이 자아도 힘을 잃고 있는 것은 마찬가지다. 자아인 아다는 검은 색 옷을 입고 등장한다.

검은 색은 우울과 절망, 어둠을 상징한다. 그런 의미에서 자아는 활력이나 밝음이 없이 침체되어 있으며, 몸이 거의 노출되지 않는 아다의 검은 색 옷은 초자아가 자아마저도 두텁게 둘러싸서 자아에게 무성無性적인 이미지를 강요한다고 볼 수도 있다.

잘려진 손가락의 의미

성 불구자에 가까운 스튜어트는 초자아의 일부로서 아다가 가져온 피아노를 집안으로 들여놓지 않고 해변가에 방치한다. 초자아는 위험한 이드를 자신의 집안으로 끌어들이기를 원치 않으며 그걸 해변가에 버려둔 것에 대해 안심하는 것이다.

그러나 피아노는 베인스의 집으로 옮겨진다. 앞에서 자아는 초자아와 이드뿐 아니라 개인에게 닥친 현실reality과도 타협을 해야 한다고 했는데, 베인스는 그 중 외부에서 이드를 자극하는 현실 상황이라고 볼 수 있다. 베인스라는 원시적이며 성적인 자극은 이드의 잠을 깨우고 피아노를 둘러싼 초자아의 벽을 조금씩 무너뜨리기 시작한다.

마침내 나무궤짝은 벗겨지고 밖으로 나온 피아노는 조금씩 음정을 조절하며 자신의 음계를 잡아 나간다. 피아노 건반을 누르는 횟수가 늘어나면서 분출하는 이드의 잠재력은 아다를 뒤흔들고, 베인스의 자극도 점차 잦아진다. 아다는 마침내 우스꽝스럽게 생긴 자신의 속옷(치마를 부풀려 보이기 위한)과 겹겹이 그녀를 옥죄어 온 초자아의 질곡을 한 꺼풀 한 꺼풀 벗어 버리고 베인스와 알몸이 되어 눕는다.

여기서 초자아의 역할을 하는 프롤라와 스튜어트가 등장하는데, 이들은 서로 역할을 분담한다. 프롤라는 초자아의 기능 중 자아의 행동에 대한 신임이나 불신임, 비판적인 자기 관찰, 자아가 참회 또는 회개하도록 요구하거나 잘못된 행동에 대한 수정을 요구하는 역할을 하며, 스튜어트는 처벌의 기능을 맡는다.

프롤라는 마을의 촌극 발표회에서 천사의 옷을 입고 등장하는데, 촌극이 끝난 후에도 천사의 날개를 겨드랑이에 붙인 채 아이들과 어울리는 장면이 계속 나온다.

천사는 원래 신의 사자로서, 사랑을 실천하고 악을 징벌하는 역할을 하는 지고지순한 초자아의 상징물로서 프롤라가 이러한 역할을 맡고 있다는 것을 암시한다. 또한 프롤라는 감시자로서의 초자아의 역할을 하는데, 베인스와 아다의 이상스런 피아노 교습 장면을 목격하며, 어머니가 베인스의 집으로 가는 것을 보고 경고를 보낸다.

"엄마는 나빠. 가다가 넘어져서 미친개한테 물려라."

또한 예의 그 천사 복장을 한 채

"엄마는 다시는 가지 말았어야 했어요. 나는 그게 싫어요."

라고 말하며 베인스와의 밀회를 꾸짖는다.

그러나 억압을 벗어버린 이드는 이미 엄청나게 속도가 붙어 버린 자신의 행위를 제어하지 못하며, 아다는 이드의 한 부분인 피아노의 건반에 사랑의 전갈을 적어 보낸다. 감시자의 역할을 훌륭히 수행한 초자아는 이제 마지막으로 처벌 역의 초자아에게 이드의 운명을 넘겨 버린다. 프롤라는 베인스에게 갖다 주라는 아다의 말을 무시하고 스튜어트에게 피아노 건반을 넘겨준다.

처벌자의 역할을 맡은 스튜어트는 감시자의 경고를 무시한 이드를 단번에 베어 버린다. 아다의 손가락을 도끼로 잘라 버린 것이다.

왜 하필 스튜어트는 손가락을 잘라 버렸을까?

손은 동서양을 막론하고 남녀 간의 육체관계를 상징한다. 서양에서는 사랑하는 사람이 문틈으로 손을 내미는 행위는 성적 흥분 상태를 나타내며, 우리나라 고려가요의 "쌍화점에 쌍화 사러 갔더니 회회아비 내 손목을 쥐더이다"라는 대목에서 보아도 손목을 잡는다는 것은 남녀 간의 육체관계를 뜻한다.

그리고 아다의 손가락은 피아노를 조종하는 역할을 한다. 그녀의 손가락은 피아노라는 이드의 건반을 두드려 높은 음계까지 내게 하며 이드의 전성기를 구가하게 한다.

이드의 한 부분이면서 이드의 조종자 역할을 하던 손가락이 절단 된 후 소리를 못내는 피아노는 한낱 나무상자로 전락하고 만다. 그래도 언젠가 문제를 일으킬지 모를 화근은 제거되어야 한다.

그동안 이드와 초자아의 충돌에 휘말려 어느 쪽 편도 들지 못했던 자아는 초자아의 승리로 돌아가는 분위기를 알아채고는 피아노를 물속으로 던져 버린다. 자아는 초자아와 이드의 충돌로 인한 갈등과 번잡스러움에 넌더리가 났는지도 모른다.

자아는 승자인 초자아의 손을 들어 주고 한시 빨리 난장판을 정리하여 평화롭게 살고 싶었을 것이다. 그러나 피아노는 물속에 가라앉으며 마지막으로 한 번 더 자아인 아다를 물속으로 끌고 들어가지만 힘을 잃은 이드는 아다를 놓치고 홀로 깊은 바다 속으로 잠겨 들어가고 만다.

아다가 떠나는 배 위에서 피아노를 물속으로 밀어 넣는 이 장면에 대해선 조금 다른 해석도 가능하다. 이드가 가고 있는 길은 깊은 물속이다. 깊은 물속이란 죽음이나 파괴, 또는 미지의 두려움을 상징한다. 그런데 피아노는 혼자 이 길을 가는 것이 아니라 원치 않는 자아마저 자신에게 감겨 있던 밧줄로 발을 걸어서는 함께 심연으로 빠져 든다. 그러나 자아는 이드와의 동행을 거부하고 밧줄을 풀고 물 밖으로 나온다.

초자아가 이드를 패퇴시키는 것으로 영화는 더 이상 전개할 내용이 없어졌다고 볼 수 있지만, 여기서 연출자는 지금까지 늘어놓는 이야기를 요약하고 싶었는지도 모르겠다. 이드란 이처럼 두려움과 무모함, 그리고 이드와의 동행은 결국 죽음을 가져온다는 것과 그런 위험을 딛고 재생했다는 의미일 수도 있다.

영화의 마지막 장면에 아다가 예전 모습 그대로 피아노를 연주하는 장면이 나오지만, 잘려나간 그녀의 손가락에는 금속제의 대용물이 끼워져 있다.

금속물로 상징되는 차갑고 이성적인 면이 잘라진 이드를 대신하고 있듯이 이제 이드는 완전히 힘을 잃고 말았다. 보조물이란 아무리 기능이 뛰어나도 원래 타고난 자신의 기능을 대신할 수는 없듯이 아무리 노력해도 예전의 아름다운 소리를 낼 수 없다. 금속과 건반이 부딪치는 소리는 이드로 하여금 이드의 활성화에는 죽음이나 강한 처벌이 따른다는 것을 알도록 초자아가 이드에게 경고를 하고 있는 것이다.

베인스의 곁에서 연주하는 아다의 마지막 모습이 그리 행복해 보이지 않은 이유는 아마도 금속제 손가락이 상징하는 초자아의 잔인한 처벌이 연상되어서인지 모르겠다.

빈약한 '초자아'와 비대한 '초자아'

이런 이드에 대한 초자아의 혹독한 처벌은 동화 속에도 종종 등장하고 있다. 안데르센의 《빨간 구두》라는 동화에는 이드로 상징되는 빨간 구두를 신고 한없이 춤을 추며 돌아다니는 카렌이라는 소녀가 등장한다.

집이 가난하여 맨발로 다니는 카렌은 어머니가 죽자 마음씨 좋은 뚱보 할머니네 집으로 가 자라게 되었다.

카렌이 자라 세례를 받게 되었을 때 할머니는 그녀를 구둣방으로 데려갔다. 카렌은 빨간 구두가 마음에 들었다.

카렌이 빨간 구두를 신고 교회에 나가자 사람들은 모두 카렌의 구두에만 관심을 가졌다. 그러자 할머니는 카렌에게 다음에는 검은 구두를 신고 가라고 타일렀다.

카렌은 앓아누운 할머니를 간호하다가 문득 빨간 구두가 신고 싶어진다. 그 구두를 신고 이번에는 춤을 추고 싶은 생각이 들어 무도회장으로 가게 되었다. 그러나 카렌은 이때부터 신발이 벗겨지지 않아 계속 춤을 추며 돌아다니는 처지가 되었다.

춤을 추며 교회의 문 앞으로 가게 된 카렌은

"너는 언제까지나 춤을 추어야 한다. 너는 빨간 구두로 춤만 추면 그만이다. 자, 출 수 있을 때까지 추어라. 자꾸자꾸 추면서 가거라."

하는 천사의 저주를 받게 된다.

끝내 카렌은 춤을 멈출 수 없어 목을 베는 사람에게 부탁하여 빨간 구두를 신은 자신의 발을 잘라 달라고 부탁하였다. 카렌은 잘라진 발 대신 목발을 하고는 자신의 죄를 용서받기 위해 교회 목사님 댁으로 가 하녀로 써 달라고 간청하였으며, 끝내 하나님에게 용서를 빌고 하늘나라로 가게 되었다.

그곳에서는 누구도 빨간 구두에 대하여 말하는 사람이 없었다.

안데르센의 다른 동화처럼 - 《성냥팔이 소녀》는 얼어 죽고 《인어 공주》는 물거품으로 변해 인생을 마친다 - 《빨간 구두》 역시 《신데렐라》, 《백설 공주》, 《잠자는 숲 속의 미녀》 등의 동화가 석양을 배경으로 왕자의 품에 안겨 행복하게 끝나는 것과는 달리 비극적인 종말을 맞는다.

《빨간 구두》는 카렌이 앓아누운 할머니를 버려둔 채 본능인 이드에 몸을 맡긴 벌로 다리가 잘리며 이야기가 끝난다.

안데르센은 실제로 여자와 접촉을 하지 못하고 독신으로 생을 끝마친 사람으로서, 자신의 본능에 대해 두려움을 가졌으며, 그의 삶은 이드와 초자아 간의 갈등을 제대로 해결하지 못하고 처벌적인 초자아에 억압되었던 사람으로 알려져 있다.

〈피아노〉와 《빨간 구두》에서는 여러 가지 유사점이 발견된다. 빨간 구두라는 이드에 카렌이 몸을 맡긴 채 할머니를 돌보지 않은 벌로 초자아의 상징인 천사의 저주를 받게 되는데, 천사의 복장을 한 프롤라가 아다에게 베인스와의 밀회를 경고하는 것과 유사하다.

또한 《빨간 구두》에서도 초자아의 기능은 매우 비대화되고 가혹한 처벌을 내리는 냉혹한 모습으로 나타나 이드인 빨간 구두를 신은 발을 잘라 버리는 극단적인 조치를 내리게 되는데, 이것은 스튜어트가 아다의 손에 내리친 도끼를 연상하게 한다.

결국 아다의 끊어진 손가락에 금속제 대용의 손가락이 끼워지듯이, 카렌의 다리에는 목발이 끼워진다.

〈피아노〉에서 혹시 되살아날지 모르는 이드를 물속으로 밀어 버리는 장면은, 《빨간 구두》에서 카렌이 목사관의 하녀로 들어가 완전히 이드를 포기하는 것과 동일한 결말이다.

〈피아노〉와 《빨간 구두》에서 보듯이 갈등의 근원이 되는 이드의 거세는 충돌을 없애는 가장 손쉬운 방법이기는 하지만, 인생을 살아가는 데 중요한 원천인 이드의 제거는 많은 문제를 낳는다.

흐르는 강물은 농사의 젖줄이며, 주변의 생물을 먹여 살리는 원천이 된다. 폭우로 인한 강물의 범람이 무서워 강줄기를 다른 곳으로 돌리거나, 둑을 쌓아 강물을 막아 버리는 것이 옳은 방법은 아니다. 물이 없으면 주변의 땅은 메마르고 척박한 환경으로 바뀌어 모래바람만 을씨년스럽게 부는 사막으로 변할 것이다. 생물들은 예전의 생기를 잃게 되고, 이 불모지를 떠날 것이다.

마치 주변에 생명을 불어넣는 강물처럼 이드는 인간에게 사랑의 마음을 심어 주고, 정열을 솟아나게 하며 삶의 생기를 주고 예술적 창조성을 부여한다.

프로이트에 의하면 인간의 행복은 조화로운 '초자아-이드-자아'의 균형에서 온다고 하였다.

〈피아노〉와 《빨간 구두》는 비대해진 초자아가 불필요하게 가혹한 처벌을 내리는 경우로서, 초자아가 이토록 우세하게 된 이유로는 어린시절에 받은 훈련이나 교육이 너무 엄격해서 어린이에게 지나친 부끄러움이나 죄의식, 열등감을 심어 주었기 때문이다.

어린이에게 가하는 지나친 훈계와 간섭은 항상 자신이 무언가 잘못하고 있다는 생각을 갖게 하며, '자아 이상'이라고 하는, 미래에 무언가 되겠다는 자신의 이상을 망가뜨릴 뿐 아니라 자존감을 형성시키지 못한다.

또한 주변의 어른들이 가지는 성에 대한 무조건적인 배척과 잘못된 성교육은 은연중에 어린이들에게 전이되어 자연스러운 성적 공상이나 생리적 현상들까지도 죄악시하게 된다. 따라서 낮은 자존감과 성적 죄책감은 각각 서로에게 상승작용을 하여 자신은 항상 어른들이 금기하고 있는 나쁜 짓을 하고 있으며, 그런 나쁜 짓을 하는 나는 죄인이며, 나쁜 것을 알면서도 떨쳐 버리지 못하는 무가치한 인간이라는 생각의 악순환을 형성시킨다.

반대로 초자아가 너무 미약한 경우도 문제를 일으킨다. 신문의 사회면을 장식하는 범죄자들이 대표적인 경우이다. 이들은 어린시절부터 통제가 없는 지나친 방임으로 초자아가 성숙되지 못해 충동적이며 정신병적, 비도덕적 비행을 일삼는데, 범죄를 저지르고도 아무런 죄책감을 느끼지 못한다.

따라서 빈약한 초자아는 남을 괴롭히기 때문에 그런 범죄 사건이 날 때마다 많은 강조를 하고 있으나, 비대한 초자아는 자신을 학대하고 괴롭히기 때문에 더 많은 문제를 안고 있으면서도 표면으로 나타나지 않고 개인의 문제로 남겨진 채 많은 고민과 좌절의 나날을 보내게 한다.

몇 년 전의 한 신문 기사가 문득 떠오른다.

한 고등학교 선생님이 술자리 끝에 술집 여자와 성관계를 가지게 되었다. 태어나서 한 번도 그런 적이 없었던 그는 자살로써 자신의 죄책감을 덜고 말았다.

그의 양심이 자신에게 조금만 관용을 베풀었거나, 아니면 그에게 용서받을 수 있는 유예 기간을 주었더라면 하는 아쉬움을 남긴 사건이었다.

마스크

당신은 몇 개의 가면을 쓰고 살아갑니까?

persona와 person

북유럽 신화 중에 로키*Loki*라는 잘생긴 신에 관한 이야기가 있다.

로키는 어마어마한 거인인 데다 많은 꾀와 지식을 가지고 있었는데, 그걸 꼭 나쁜 곳에만 쓰는 악을 상징하는 신이다. 그리스 신화의 제우스처럼 북유럽 신화에서 신의 왕은 오딘*Odin*이다. 이 오딘에게는 프리가 *Frigga*와의 사이에 난 발더*Balder*라는 아들이 있었는데 그는 빛과 기쁨의 신이다.

어느 날 이 아들 발더의 목숨이 위태로워지는 꿈을 꾼 프리가는 세상의 모든 만물에게서 아들의 목숨을 빼앗지 않겠다는 서약을 받았는데, 그만 겨우살이의 다짐을 빠뜨리고 말았다.

이걸 알고 그냥 넘길 로키가 아니었다. 그는 발더의 쌍둥이 형제이자, 어둠의 신인 장님 호더*Hoder*를 이용하기로 한다. 로키는 발더의 가슴을 향해 호더의 손에 날카로운 겨우살이 가지를 쥐어준다. 겨우살이는 발더의 심장을 꿰뚫고 그의 목숨을 끊어 버린다.

이 말썽장이 로키가 직접 나오지는 않지만, 그의 형상을 한 가면이 환상적인 컴퓨터 그래픽과 함께 등장하는 영화가 〈마스크〉Mask이다.

온순하고 소심한 은행원 스탠리 입키스(짐 캐리 분)는 우연한 기회에 로키의 가면을 손에 넣게 된다. 이 가면은 신비한 힘을 지니고 있어, 이걸 쓰기만 하면 신화의 그 로키처럼 천방지축 날뛰게 되며 초인적인 힘을 가진 불사신이 된다.

스탠리는 처음 마스크를 쓰고 밝은 연두색의 귀여운 괴물로 변하여 평소 품고 있던 불만을 속 시원하게 풀어 버린다.

〈마스크〉에서는 가면을 소품으로 사용하고 있는데, 가면은 예로부터 동서양을 막론하고 의식이나 연극에서 사용되어 왔다. 우리나라의 탈춤도 그 하나이다.

가면을 쓰는 것은 그걸 쓴 사람이 가면이 상징하는 인물이나 사물로 변하기 위해서이다. 〈마스크〉에서도 스탠리는 로키의 가면을 쓰게 됨으로써 로키처럼 쾌활하고 장난스러운 성격으로 변한다.

스탠리는 사모하는 여자에게 용감하게 사랑을 고백하고, 겁이 많아 한 마디도 못하고 죽어지내 오던 주인아주머니를 꿇려 주고, 자기를 우습게 여긴 자동차 수리공을 혼내 준다.

어떤 가면을 쓰는가에 따라 원래 자신이 가지고 있던 성격은 가면 밑에 숨고 가면이 상징하는 인물의 역할을 할 수 있는 것이다.

탈춤에서도 광대가 양반의 탈을 쓰면 체면을 중시하고 점잔을 빼며 위세를 부리는 반면, 천민의 탈을 쓰면 남의 눈치 볼 것 없이 걸쭉한 음담패설이나 욕지거리를 해대는 것을 볼 수 있다.

증보2판 프로이트와 영화를 본다면

마치 탈춤에서 여러 가지 가면을 바꿔 쓰고 다양한 성격을 연기하는 광대처럼 사람도 본의든 아니든 여러 가지 가면을 쓰고 사회생활을 하게 된다.

'사람' person이라는 말은 라틴어의 '페르조나 persona'에서 유래한 것이다. 페르조나란 고대 그리스 시대에 배우가 썼던 가면을 뜻하는데, 이때에도 가면 persona을 바꾸어가며 살아야 하는 것이 사람 person이라고 생각했던 모양이다.

정신분석가인 융은 인간이 가지고 있는 가면을 '페르조나'라고 지칭하였다. 개인이 사회생활을 하려면 남들과 관계를 맺어야 한다. 남과 자신을 맺기 위해서는 무언가 기능이 필요하다. 이 때 필요한 것이 페르조나이다.

탈은 모두 단순화되고 과장되게 표현되어 있다. 희극적인 탈은 커다랗게 웃는 입과 아래로 처진 눈 꼬리를 강조하고 있다. 페르조나도 대인 관계에서 남들에게 자신을 명확하게 보여주는 기능을 가진다. 그러나 가면은 그것을 쓴 이의 본질을 덮어 버린다.

직장에 가서는 직장의 일원으로, 집에서는 남편이나 아버지로, 그리고 부모 앞에서는 자식의 역할을 해야 하듯이 한 사람 안에도 여러 가지의 페르조나가 혼재한다.

페르조나를 쉽게 표현하면, 의미는 약간 달라지지만 사회에서 정한 역할이라고 볼 수 있다. 따라서 아버지의 역할은 자식을 키우고 교육을 시키며, 자식의 잘못된 점에 대해 훈계를 하는 것이다. 이때 아버지의 페르조나가 없다면, 아버지의 역할을 제대로 하지 못한다면 자식은 제멋대로 자라게 될 것이다. 따라서 사회에서 정한 이러저러한 아버지의 역할을 하지 못하면 신뢰할 수 없는 이상한 사람으로 여겨질 것이다.

이와는 또 다른 페르조나인 남편의 역할을 예로 더 들어보면, 남편은 아내와 함께 가정을 이끌어 나가며, 요즘은 맞벌이 부부가 많지만, 집안의 생계를 책임지는 역할을 한다. 이 때 남편의 페르조나가 없다면 그는 결혼 후에도 가출을 밥 먹듯이 하며 집안 돌아가는 것에는 관심도 없고, 생계도 책임지려 하지 않을지도 모른다. 아내의 입장에서 보면 그는 도저히 믿을 수 없고 함께 살 수 없는 사람이라고 생각될 것이다. 이처럼 사회에서는 사람들에게 역할에 따라 확실하게 자신의 위치에 서 있을 것을 요구한다.

페르조나는 한 인간이 외면적으로 어떻게 남들에게 보이는가 하는 것이다. 따라서 그것은 한 개인이 사회와 타협하여 만들어낸 산물이다.

페르조나는 또한 집단정신을 대표하는 것으로서, 이것은 자신의 진짜 모습은 아니며, 사회에서 만들어진 것을 받아들인 것이다. 따라서 시대가 바뀌거나 문화가 다르면 페르조나의 모습도 달라질 수 있다.

벗어 버린 '착한 딸' 페르조나

여러 해 동안 온몸이 나른하고 갑옷처럼 두터운 무엇이 가슴을 둘러싸고 있는 느낌에, 입맛도 없고 쉬 피로해지는 증상을 가진 젊은 여성 환자가 있었다. 환자는 여러 병원을 전전하며 내과적 검사를 받았지만 특별한 이상은 발견되지 않았다.

이렇게 되자 남들에게 혹시 꾀병이 아닌가 하는 의심까지 받게 되었다. 환자는 이제 증상으로 인한 고통은 뒷전이고 뭐라고 해도 좋으니 명확한 병명이라도 얻어 갖게 되기를 바랐다.

마지막으로 찾은 병원에서도 이상이 발견되지 않자, 담당 의사는 정신과 자문을 받아 보자고 권유하였다. 전에는 내 딸이 미쳤다는 거냐고 화를 내며 퇴원을 시키곤 해온 환자의 어머니도 고집을 꺾을 수밖에 없었다.

증보2판 프로이트와 영화를 본다면

환자는 어렸을 때 아버지가 사망하여 어머니가 갖은 고생을 다해 키웠다. 어머니는 여장부라고 해도 좋을 만큼 통이 컸고, 그만큼 딸에 대한 기대도 컸다.

환자는 어릴 때부터 어머니에게서 "너만 아니면 나는 벌써 죽었을 것이다. 너를 희망으로 내가 지금까지 살았다"는 얘기를 수도 없이 듣고 자랐다.

환자의 어머니는 사글세방에 살며 가정부로 일하는 처지에서도 딸은 명문 사립 초등학교에 입학시킬 정도로 교육에 열성이었다. 그러나 전교생 중에서 그녀의 집은 가장 가난했으며, 옷차림이 초라한 그녀를 급우들은 냄새가 난다며 가까이 오지도 못하게 했다. 선생님마저 학비조차 제대로 내지 못하는 그녀에게 노골적으로 다른 학교로 전학할 것을 종용하였다.

반 아이들로부터 놀림을 받는 것이 죽기보다 싫었던 그녀는, 몇 번이나 어머니에게 공립학교로 옮겨 달라고 사정을 했지만 그때마다 야단만 맞고 묵살 당했다.

이런 우여곡절 끝에 그녀는 명문 대학에 입학했는데, 어머니가 바라던 법대는 아니었다. 대학을 졸업하고 직장에 다닌 지 얼마 후부터 환자에게 증상이 나타나게 되어 그로부터 모녀의 '병원 쇼핑'이 시작된 것이었다.

환자는 어머니가 바라는, 그리고 사회에서 이상적으로 생각하는 자식, 즉 딸의 페르조나에 자신을 완전히 동일시하고 있었다. 자식이라면 어머니의 말씀에 순종하고, 어려운 결정은 어머니가 다 해주며, 부모의 기대에 맞추어 자신의 삶을 가꿔 나가야 한다는 식의 생각이 그녀의 마음속에 자리 잡고 있었던 것이다.

환자는 어머니의 생각에 모든 것을 맞추어 살아왔다. 직장에 취직해서도 자기 또래의 동료들이 화장을 하고, 예쁜 옷을 사 입고, 친구들과 사귀며 지낼 때 그녀는 화장기 하나 없는 얼굴로 자신을 위해서는 한 푼의 돈도 쓰지 않고 시계추 같은 생활을 반복하며 어머니만을 바라보고 살아왔다.

그녀의 자식으로서의 페르조나는 하루아침에 생긴 것은 아니었다. 어린시절부터 어머니의 눈치를 살피며, 어머니가 좋아하고 칭찬하는 행동을 골라가며 해오다 보니 어느새 그와 같은 자식으로서의 페르조나가 형성되었으며, 거기다가 사회가 바라는 '자식이라면 이러이러해야 한다는 생각들'과 어우러져 그녀의 가면이 형성된 것이다.

환자는 이런 생각이 모두 자신의 것이라고 철석같이 믿지만, 사실은 이것은 어머니나 사회가 바라는 이상적인 자녀의 상이었지, 자신의 진짜 모습은 아니었다.

자식이라면 당연히 부모의 말에 순종하고 부모가 바라는 직업을 가져야 하며, 심지어 배우자마저도 어머니의 의사에 맞는 사람을 골라야 한다는 것을 강요받아 온 것이다.

사실 이것은 어머니가 이상적으로 생각하는 자신의 가치관을 자식에게 강요한 것이다. 자신의 한풀이를 딸을 통해 성취해 보고자한 것이었다.

환자도 때로 자신의 생각대로 하고 싶은 일을 하려 시도하였지만, 그때마다 어머니는 딸의 죄책감을 자극하면서 자신의 의견에 따르도록 하였다.

딸도 자기 자신만의 생각이 있으며, 자기가 하고 싶은 일이 있을 수 있다. 그러나 어머니는 딸이 조금이라도 자신의 생각에서 벗어나는 것을 용납하지 않았다. 어머니에겐 딸을 옴짝달싹 못 하게 하는 한 가지 방법이 있었다.

"내가 너를 어떻게 키웠는데 너만 아니었으면 벌써 나는 죽었을 것이다. 어떻게 네가 나한테 그럴 수 있니."

어머니는 이렇게 환자의 죄책감을 자극하여 딸을 손아귀에 넣고 있었으며, 그녀 또한 '나를 키우느라고 재혼도 하지 못하고 살아온 어머니의 희생을 무엇으로 갚을 수 있을까'라는 생각을 하며 어머니가 바라는 여성으로 만들어졌다.

증상의 원인은 여러 가지가 있었지만, 그녀를 환자로 만든 주원인은 어머니와 사회가 부여한 '착한 딸'의 페르조나에 자기를 완전히 동일시하여 본래의 자기는 억압되어 버렸다는 점이다.

그녀의 가슴을 짓누르는 증상은 곧 그녀가 쓰고 있는 가면의 두께가 너무 두꺼워졌다는 것을 의미하고 있다. 가면은 남들에게 자신을 확실히 보이게 하고, 자신의 역할을 명확하게 해주지만, 이게 너무나 두꺼워져 버리면 그 무게로 인해 도리어 휘둘리게 되며, 동작이 부자연스러워진다. 이제 그녀의 본래 모습은 간 곳이 없어지고 오직 가면만이 그녀를 대표하게 되는 것이다.

〈마스크〉에서는 가면이 그 사람을 완전히 장악하게 되는 경우를 보여주고 있다.

스탠리가 로키의 가면을 쓰는 순간 가면은 그의 얼굴을 휘감으면서 그를 완전한 로키의 모습으로 바꿔 놓는다. 로키의 활달하고 천방지축인 성격에 저항할 겨를도 없이, 원래 가지고 있던 소심하고 겁 많은 은행원의 성격은 간데없어지고, 은행을 터는 등 사람들을 놀래 주며 돌아다니게 된다. 그러나 가면은 그 사람의 진짜 모습까지 바꾸어 놓지는 못한다. 그래서 스탠리는 영화의 마지막 장면에서 가면을 원래 있던 강물에 던져 버리고, 자신의 모습으로 돌아오게 된다.

환자는 면담이 진행되는 동안 자신이 쓰고 있던 두꺼운 가면을 한 겹 한 겹 벗기 시작하면서 행동의 변화를 나타냈다. 차츰 자신이 꼭두각시처럼 어머니의 기대에 맞춰 세상을 살아왔다는 것을 알게 되었던 것이다.

그녀는 조심스럽게 자신의 주장을 하나 둘 어머니에게 하기 시작하였고, 얼굴에도 화장을 했으며 무채색의 옷이 원색으로 바뀌었다. 집과 직장만을 오가던 생활 습관에서 벗어나 친구들을 만나기 시작했으며, 결국은 경제권까지 자기 것으로 갖게 되었다.

이런 과정에서 어머니의 저항이 만만치 않았다. 자신에게서, 아니 자신이 이상형으로 생각하고 있던 착한 딸이 변화하고 있다는 사실은 어머니에게는 여간한 충격이 아니었다.

"너 미쳤니? 어떻게 네가 나한테 그럴 수 있니!" 하며 윽박지르기도 하고, 심지어는 때리기까지 했지만, 그녀는 자신이 찾아낸 길을 향해 가기 시작했다. 가면이 얇아져 갈수록 그녀의 증상도 조금씩 호전되기 시작했다.

페르조나와의 동일시는 스스로 자신의 본질을 숨기고, 그것을 자신의 생각이라고 믿게 만든다. 그러나 페르조나는 주변의 가치관이나 부모의 생각이 은연중에 주입되어 만들어진 것이다.

자기 성찰을 통한 가치관의 정립

〈마스크〉에서 연출자가 의도했던 가면의 의미는 위에서 설명한 것과 정반대일 수도 있다. 즉, 가면이 나타내고자 하는 성격에 따라 사람의 행동이 다르게 나타난다는 것을 보여주려 한 것이 아닐 수도 있다. 여기서 스탠리가 썼던 가면은, 그가 쓰고 있는 은행원이라는 페르조나를 벗기는 역할을 하고 있을 수도 있다.

자신의 의견을 제대로 표현 못하고, 억울한 일을 당해도 항상 참고 지내는 소심한 스탠리가 가진 페르조나를 로키의 가면이 녹여버린 것이다.

페르조나를 벗어 버린 스탠리는 비로소 자신의 모습을 드러낼 수 있었다. 사회에서 바라는 기존의 질서를 유지하고, 문제꺼리를 만들지 않으며, 분쟁을 피하는 소심한 그의 페르조나를 벗어버린 스탠리의 본연의 모습은, 그동안 자신을 괴롭혔던 사람들을 혼내주고, 용기가 없어 사랑을 고백하지 못했던 여인에게 사랑을 고백하도록 만든다. 여기서의 가면은 스탠리가 가지고 있던 페르조나라는 가면에 로키의 가면을 뒤집어쓰게 됨으로써 완전히 자신의 본연의 모습을 보여주게 된다는 것이다.

위에서 페르조나와 동일시하게 되어 생기는 부작용을 사례를 들어 설명했는데, 그러면 페르조나는 완전히 없애야 할 존재가 아닌가 하는 의문을 가지게 된다. 페르조나를 모두 없애 버린다면 어떤 일이 벌어지게 될까?

〈마스크〉에서 잠깐 보이고 있지만, 페르조나가 완전히 없어져도 문제는 남게 된다. 사회에서 지켜야 할 규범이나 다른 사람과의 관계에서 꼭 필요한 것이 페르조나라고 하였다. 페르조나를 완전히 잃어버린 스탠리의 행동은 어떤 면은 수긍이 가는 점도 있지만, 반면 그는 본능에 따라 행동하게 된다. 남을 혼내 주는 차원을 벗어나 은행을 털기도 하고, 사회의 질서를 어지럽히기도 한다.

페르조나는 남들과 자신을 연결하는 기능을 가지고 있다. 그것이 없으면 체면이고 염치고 없이 제멋대로 행동을 하게 된다. 어린시절부터 훈육과 통제를 받지 않고 자라면 어떤 페르조나도 형성되지 않아 다른 사람들에게 피해만 주는 사람이 된다.

루이 말 감독의 〈데미지〉를 보면, 아버지가 아들의 연인을 사랑하게 된다. 아들을 돌봐 주고 가정을 지켜야 하는 아버지로서의 페르조나를 상실한 스테판은 결국 아들을 죽음으로 몰고 간다.

자식이 아버지를 살해한 사건들이 신문을 떠들썩하게 장식했지만, 그것 역시 아들의 페르조나를 상실한 데서 기인한 사건이라고 볼 수도 있다. 범죄자들은 곧 남들과 조화를 이루고 살아야 하며, 남들에게 피해를 주지 말아야 한다는 사회인으로서의 페르조나를 상실한 사람들이다.

모든 것에는 동전의 앞뒤처럼 양면성이 존재한다.

위에서 본 것처럼 강요된 페르조나에 맹목적으로 동일시를 하는 것도, 페르조나가 형성되지 못한 것도 모두 위험을 안고 있다. 기성세대는 요즘의 젊은이들이 버릇이 없고 이기적이며 자기 것만을 챙기려 한다고 불평한다. 이는 그들이 가졌던 페르조나가 더 이상 젊은이들에게 대물림되지 않았다고 여기는 데서 오는 불만이다.

그럼에도 불구하고 우리나라는 아직도 맹목적인 페르조나와의 동일시가 많은 사회라고 할 수 있다. 특히 여자에게 강요된 페르조나는 매우 강압적이며, 뿌리 깊게 남아 있다. 아무리 봐도 비정상적인데 그것을 쉽게 자신의 생각이라고 수용하며, 심지어 자신의 개성이라고까지 생각하게 된다. 자신에게 씌워진 페르조나가 어떤 것인지 알아내는 것은 쉽지 않지만, 결국 두꺼워져 버린 것이라면 가볍게 해야 되는 것은 당연하다.

자신의 본질을 찾는 일은 쉽지 않지만, 그것을 알게 되면 많은 굴레에서 벗어날 수가 있다.

스탠리가 자신의 가면을 원래 있던 강물에 집어던져 버리듯이 훌훌 털어 버릴 수는 없더라도, 자신의 두꺼운 가면은 이제 가벼워져야 된다.

그 과정은 나이가 들어가면서 저절로 일어나는 수도 있다. 왜냐 하면, 젊었을 때는 사회생활에 적응하는 것이 매우 중요하므로 페르조나와의 동일시가 꼭 필요하지만, 나이가 들게 되면 사회생활의 적응이 덜 필요해지기 때문이다.

잘못된 페르조나를 벗는 다른 방법은 자신에 대한 끊임없는 성찰을 통한 것이다. 자신을 들여다보면서 정말 이것이 자신의 생각인지, 아니면 남들이 부여한 사회의 가치관인지를 따져 보는 것이다. 이렇게 해야 자신을 자유롭게 할 수 있으며, 독립적인 한 우주로서 자신의 길을 찾아 갈 수 있다.

중년 고개에 접어든 가장이 이렇다 할 이유 없이 어느 날 증발하는 사건이 가끔씩 발생한다.

이와 같은 증발은 집안을 이끄는 가장의 위치, 자식을 위해 끝없이 헌신해야 하는 아버지의 위치, 회사에서는 능률을 위해 최선을 다하는 상사 등 여러 가지의 페르조나가 갑자기 무겁게 느껴졌기 때문일지도 모른다. 문득 깨달은 페르조나의 무게가 너무나 무겁고 힘겨워 모든 가면을 벗어둔 채 빈 몸으로 떠나 버리는 것이다.

"지금 당신 자신의 페르조나가 너무 무겁게 느껴지지는 않습니까?"

토토의 천국

노년기의 절망과 희망

에릭슨의 인간발달 과정 이론

"몸은 이제 말을 들으려 하지 않는데, 그것을 탓할 기운마저 없다. 아내가 세상을 떠난 지도 이미 오래 전 일이다. 며칠 전 하나 남아있던 친구는 의식을 잃은 지 하루 만에 세상을 떠났다. 그 친구는 항상 운이 좋더니….

나에게도 이제 남은 시간은 얼마 되지 않는다. 이승에서의 삶을 정리해야 할 때가 온 것이다. 오늘 밤도 잠은 오지 않을 것 같다. 불면은 괴롭다. 그러나 그보다 더 무서운 것은 과거의 기억이다. 왜 그리도 생각하고 싶지 않은 기억들만 머릿속을 맴돌며 괴롭히는지. 젊은 날에 저지른 치기어린 행동, 중년에 겪은 아이들과의 갈등, 노년에 맞은 아내의 죽음과 은퇴…. 어제처럼 손을 내밀면 닿을 것 같은 그 일들이 선명하게 떠오른다.

내게도 과연 좋은 날이 있긴 있었던가?

부끄럽고 아픈 기억들 사이로 순간순간 웃었던 일이 있었던 것 같기

증보2판 프로이트와 영화를 본다면

도 하다. 아버지가 내 나이 때 들려준 말이 생각난다. 인생은 참으로 짧은 것이라고.

다시 시작할 수 있다면, 아, 다시 시작할 수 있다면…. 그러나 그 시간은 얼마 남지 않았다."

인간의 발달 과정에 관한 정신분석 이론을 정립한 에릭슨 *Erik H. Erikson*은 그 발달 과정을 8단계로 나누고 각 단계에는 발달 과제가 존재한다고 주장하였다.

각 단계마다 주어진 과제를 잘 수행했을 때는 다음 단계에 적응할 능력이 주어지지만 그렇지 못할 경우, 적응 능력이 떨어져 도리어 이전 단계로 퇴행할 수도 있다고 하였다.

예를 들어 태어나서부터 한 살이 될 때까지는 '신뢰*trust*와 불신*mistrust*'이라는 발달 과제를 가지게 되는데, 부모가 일관성 있고 믿을 수 있을 때 아기는 부모에 대한 '신뢰' 감을 형성하며, 부모의 행동이 전혀 예측할 수 없고 믿을 수 없을 때는 '불신' 감이 생긴다고 하였다.

한 살에서 세 살까지는 '자율성*autonomy* 대 수치*shame*'의 과제가 주어진다. 이 시기에는 아이들의 운동 능력이 성숙되어 자신의 능력으로 걸어 다닐 수 있게 된다. 스스로 괄약근을 통제하여 배변을 하고, 그동안 누워 지내던 수동성에서 벗어나 자기 손발을 이용하여 원하는 행동을 할 수 있게 되어 '자율성'을 가지게 된다. '수치'는 다른 사람을 의식하게 됨으로써, 자신이 다른 사람의 눈에 좋게 비치지 않을 때 느끼는 감정이다. 아이가 오줌을 쌌을 때 남들이 보지 않을까 하는 걱정과, 이로 인해 자신이 결코 강하지 않으며 남의 통제를 받아야 한다는 창피한 생각이 '수치'이다.

프로이트가 발달 단계를 청소년기까지만 구분하여 5단계로 나눈 데 비해 에릭슨은 전 생애가 발달 과정에 있다고 생각한 것이다. 그는 청소년기 이후 성인 초기, 성인기, 노년기를 보태어 8단계로 구분하였다.

그는 이 이론에서 노년기의 발달 과제를 '통합integrity과 절망despair'으로 보았다.

에릭슨은 노년기에 자기가 살아온 인생을 돌아봤을 때 만족감을 느끼는 것을 일러 인생에 대한 '통합'을 이루었다고 하고, 반면 자기 인생이 아무런 목적이나 의미가 없었다고 느끼는 것을 '절망'이라고 보았다.

통합이 이루어지면 커다란 두려움 없이 죽음을 맞이할 수 있게 된다. 통합을 이루려면 자신이 살아온 기록을 모두 온전히 받아들여야 하며, 어떤 요소를 부정하거나 어떤 요인을 강조해서는 불가능하다. '절망'은 자신의 인생을 다시 바꾸고 싶지만, 시간은 이미 흘러갔다는 후회스러운 생각과 자기혐오가 깔려 있다.

이런 에릭슨의 인생의 8단계 중 노년의 시기(60~85세)에 거쳐야 할 발달 과제를 보여주는 영화가 자크 벵 도멜 감독의 〈토토의 천국〉(원제 Le Toto Heroes)이다.

스스로 왜곡시킨 인생

영화는 노인의 통한에 가득 찬 독백으로 시작된다.

"죽여 버릴 거야! 죽일 거야, 알프레드!"

그리고는 총성과 함께 한 남자가 커튼을 온몸에 휘감은 채 나둥그러진다.

영화는 고집 세고 불만에 찬 노인 토마의 회상 장면을 통해 자신의 소년기와 성인 시절의 모습을 어지럽게 교차하며 보여주고 있다. 토마가 회상하는 과거의 장면에는 만족스러운 사건들이라고는 없다. 때문에 그는 원한과 증오가 가슴속에 꽉 들어차 있다.

도저히 그는 자신의 기억을, 아니 인생을 받아들일 수 없다.

그는 태어나면서부터 자기의 인생은 알프레드 때문에 뒤틀리게 되었다고 생각한다.

토마는 부유한 집 태생인 알프레드와 자신이 병원의 화재 때문에 신생아실에서 바뀌었다는 공상을 하며 어린시절을 보낸다. 알프레드는 생일에 아버지에게서 커다란 장난감 자동차를 받았지만, 그는 손안에 쥐어진 아주 작은 장난감을 받았을 뿐이다.

"왜 그리도 신은 공평하지 않은지…. 알프레드는 왜 모든 것을 다 가지고 있는가 말이다."

그러나 토마에게 더 비극적인 사건은, 자신이 그렇게 사랑하는 누나가 알프레드와 점점 친해지고 있다는 것이었다. 누나를 빼앗겼다고 생각한 토마는, 누나가 홧김에 알프레드의 집에 불을 놓아 버리겠다고 한 말을 기억해 내고는 누나를 닦달한다.

"누나는 알프레드를 좋아하지? 왜 거짓말 해! 불 지른다고 해놓고 왜 안 질러? 누나는 나를 사랑하지 않지?"

"정말 불이 났으면 좋겠어? 그렇게 하면 날 믿겠어?"

흥분한 누나는 기름통을 끌고 가 불을 지르고 난 후 알프레드의 차고에서 폭발 사고로 죽고 만다. 토마는 누나의 죽음이 알프레드 때문이라고 생각한다. 알프레드가 끼어들지만 않았어도 누나는 영원한 연인이 될 수 있었는데…. 토마의 증오는 점점 커져 간다.

더욱 기가 막히는 것은 아버지의 죽음이다. 아버지는 알프레드의 가게에 딸기 잼을 수송해 주다가 비행기 사고를 당해 죽은 것이다. 그까짓

딸기 잼 때문에….

소년 토마의 꿈은 영화의 원래 제목 *Le Toto Heroes*처럼 영웅이 되는 것이었다. 토마는 아버지가 죽은 것이 아니라 알프레드 가에 납치되었다는 공상을 한다. 그래서 자신이 비밀 첩보원이 되어 멋지게 아버지를 구해내는 장면을 늘 꿈꾼다. 이 장면을 회상할 때면, 늙은 토마의 입가에도 미소가 스치는데, 그는 결국 평범한 회사원이 된다.

성인이 된 토마는 누나를 그대로 빼닮은 에블린이라는 여자를 만나게 된다. 기억 속의 소년 시절, 토마가 우연히 기찻길 건널목에 서 있는데, 달리는 기차 사이로 얼핏얼핏 보이는 건너편에서 누나와 알프레드가 다정히 얘기를 나누고 있다. 이제 성인이 된 토마가 누나를 닮은 에블린을 만나는 장면에도 철도 건널목이 등장하는데, 여기서도 기차의 달리는 저편에 에블린이 서 있다. 어린시절의 그 건널목은 누나와의 다정한 관계가 끝나는 단절을 상징하지만, 성인이 된 토마가 에블린을 보게 되는 장면은 그 누나와의 재결합을 상징한다.

그러나 이 장면에서 암시하듯이 그 둘 사이에는 여전히 기차가 가로막고 있다. 둘 사이의 결합은 결별로 끝날 것이라는 복선이 깔려 있는 것이다.

토마는 그녀가 자신의 인생을 구원해 줄 수 있으리라 여겼지만, 그것도 뜻대로 되지 않았다. 누나를 닮은 여인 에블린은 알프레드의 아내였다. 하필 알프레드가 그의 남편일 게 뭐람. 알프레드는 끝까지 토마의 인생에 끼어들어 방해만을 하고 있는 것이다.

"죽일 놈, 알프레드!"

토마가 양로원에 누워 이리 뒤척 저리 뒤척 하며 회상해내는 장면들은 이처럼 모두가 아리고 아픈 기억뿐이다. 아쉬움이 남지만 이제 인생의 종착점에 이른 토마가 할 수 있는 일이 무엇이겠는가. 알프레드, 그를 죽이는 길밖에 없다. 알프레드는 오래 전에 재벌 기업의 회장이 되어 있었다.

토마는 결국 알프레드를 찾아간다. 그러나 알프레드는 회사 내의 분규로 인해 암살의 위기에 놓여 있다. 어렵게 알프레드가 은신하고 있는 곳으로 찾아간 토마는 그러나 끝내 그를 죽이지 못하고 밖으로 나온다.

토마의 뒤틀린 삶은 과연 알프레드의 잘못 때문이었을까?

토마와 알프레드의 삶이 처음부터 뒤바뀐 것은 아니다. 알프레드의 배경을 너무도 부러워한 나머지 자신과 알프레드가 병원에서 바뀌었다는 공상을 하게 된 것뿐이다.

지금도 어른들은 아이들에게 다리 밑에서 주워 온 아이라고 놀리기를 좋아한다.

그런 말을 자주 듣다 보면 아이들은 공상에 빠지게 된다. 특히 자신이 처한 환경이 좋지 않고, 다른 집 아이들과 비교하여 자신의 처지가 비참할 때 그 말을 그대로 믿어 버리기가 쉽다. 그래서 아이들은 밤마다 자신을 낳아 준 공상 속의 부모를 그리게 된다. 이런 비참한 환경에서 탈출시켜 줄 부모는 아마도 굉장히 부유하고 높은 지위를 가지고 있는데, 어떤 사연 때문에 자신을 남에게 맡기게 되었다고 상상한다. 그러나 지금은 나를 애타게 찾고 있으리라는 공상에 몰두하게 된다.

토마는 인생의 시작부터 자기 것을 그대로 받아들이지 못한 채 삶의 길로 들어섰던 것이다. 이런 토마의 공상까지 알프레드의 탓으로 돌릴 수는 없다. 누나의 죽음도 사실은 토마 그 자신 때문이었다. 누나는 그가 죽인 것이나 다름없었다. 하지만 토마는 이 사실을 받아들일 수가 없다.

그것을 자신의 탓으로 받아들이기에는 너무나 고통이 크기 때문이다.

에블린과의 사랑은 어떤가? 토마는 알프레드의 존재 때문에 그녀와의 사랑을 이루지 못했다고 믿지만, 가장 큰 피해자는 오히려 알프레드다. 나중에 밝혀지지만 토마는 알프레드의 아내를 빼앗았고 그들의 결혼 생활을 파탄에 이르게 한 장본인이다.

토마는 불행한 자기의 과거를 모두 남의 탓으로만 돌리고 있다. 이처럼 남에 의해 자신의 인생이 왜곡되었다고 느끼는 사람에게 '통합'은 일어날 수 없으며, '절망'감에 빠져 헤어날 수가 없다. 그의 노년은 그래서 더욱 불행하다.

노년기의 '통합'을 위한 조건

노년기에 '통합'을 이루려면 자신감을 계속 유지하는 것이 가장 중요하다. 자신감을 유지하기 위해서는 객관적으로 일정한 조건들을 갖춰야 하는데, 토마에게는 아픈 기억만 있을 뿐 그럴 만한 조건이라곤 아무것도 없다. 자신감의 유지를 위해서는 무엇보다 주변에 자신을 지지해 주는 인물이 존재해야 한다. 가족은 그래서 중요하다. 가족의 존재는 소외로부터 벗어나게 해주며 의존 욕구를 충족시켜 줄 수가 있는데, 토마는 양로원에서 홀로 생활하고 있다.

다음은 신체적인 건강도 중요한 조건이다. 건강은 즐거움을 유발시켜 주는 활동의 가장 기본적인 조건이지만, 영화의 초반부에 나왔듯이 토마는 무슨 약인지 한 움큼씩 받아먹고 있는 병약자이다.

그리고 노년기에는 성숙한 대처 방법과 방어기제가 있어야 하는데, 그는 부적응적인 방어기제인 투사만을 하며, 자신의 문제를 모두 남의 탓으로만 돌리고 있다. 모든 불쾌한 기억이나 사건들은 모두 남 때문이라고 믿는 것이다. 하긴 그나마라도 견디려면 그 방법밖에 없었을는지 모른다.

이와는 반대로 통합을 이룬 노년을 보여주는 영화가 있다. 로버트 레드포드 감독의 〈흐르는 강물처럼〉(원제 *A river runs through it*)이다.

몬태나의 자연 풍광이 세 부자父子의 낚시하는 모습과 어우러져 아름다운 시를 음미하는 듯한, 아니 그 속에 들어가 있는 듯한 느낌을 주는 영화다. 이 영화는 리버렌드(톰 스커릿 분)가 동생과 부모에 대해 어린시절부터 차분히 회상하는 형식으로 전개된다.

자식과 부모의 관계를 낚시를 통해 표현하고 있는데, 이 영화를 보면 낚시도 아름다울 수 있다는 생각을 갖게 한다.

토마의 것과 달리 리버렌드의 회상은 일단 따뜻한 느낌을 준다. 그 역시 살아오면서 기쁜 일만 겪었던 것은 아니었지만 그의 세상에 대한 시선은 매우 정감이 넘친다.

영화의 마지막 장면에서 리버렌드가 노인이 되어 낚시를 하는 장면이 나온다. 동생이 타살되고 사랑하는 아내마저 먼저 보내고 난 후인데도 불구하고 그는 자신의 인생을 그저 흐르는 강물처럼 무심하게 바라본다.

그는 이제 혼자다. 부모, 아내, 동생을 모두 잃고 혼자 낚시를 하고 있지만, 영화가 전개되어가며 자신의 과거를 바라보는 모습은 자신의 인생에 대해 어떤 아쉬움이나 후회도 없는 조용한 관조 그 자체이다. 강물 속에 몸을 담그고 조용히 자신의 인생을 돌아보는 그의 모습은, 마치 동양화 속에서 낚싯대를 드리우고 앉아 있는 선사의 모습을 연상시켜 준다.

그는 어쩌면 에릭슨이 말한 노년기의 '통합' 마저도 초월한 상태인지도 모른다. 그는 이미 어떤 기억도 부끄럽게 여기지 않으며, 고통스럽게 와 닿는 것도 없는 것 같다. 괴로움과 슬픔이 모두 자신의 생각 속에 함

1부_어떤 마음의 얼굴

입되고, 부스러기들은 떨어져 나가, 이제 자신의 일부가 된 부정할 수 없는 사실로 받아들이고 있다.

그래서 연출자는 찬란한 빛으로 작품의 주조를 색칠하고 있으며, 영상은 밝은 빛으로 덮여 있다. 그것은 천박한 밝음이 아니라 영화 전체를 감싸는 은은한 광채이다. 마치 리버렌드 자신의 마음처럼….

노년기에 '통합'을 이루기 위해서는 반드시 자기 평가와 개인의 가치관이 부여된 사고를 가져야 한다. 그리고 관조를 통해 자기가 걸어온 삶의 변화를 돌아보고, 인생의 고비 고비에서 일어난 사건의 중요성을 이해해야 한다. 이것은 순전히 개인의 능력에 달려 있다.

관조를 하기 위해서는 회상의 과정이 필요하다. 과거 역사 중 기억될 만한 것들을 상기함으로써 자신의 발달의 궤적을 추적하고, 자신에게 중요했던 순간을 포착하게 된다. 이러한 과정을 통해 통합을 이루기 위한 긍정적인 가치를 가지게 되는 것이다.

그러나 회상에만 몰입하게 되면 현실이 압도당하게 된다. 토마처럼 슬픈 사건에만 매달려 실망스런 자기 모습에 빠져들어 버린다면 통합은 커녕 절망감에만 빠져들 뿐이다. 따라서 자신의 인생사를 온전히 받아들이는 것이 불가능해진다.

절망 상태에 빠져 있는 토마에게도 통합의 기회가 찾아온다. 토마는 알프레드를 죽이기 위해 양로원을 빠져 나간다. 알프레드가 킬러를 피해 은신한 곳으로 찾아간 토마는 그러나 그를 죽이지는 못한다. 거기에는 한낱 겁에 질려 떨고 있는 보잘 것 없는 늙은이가 문을 열고 서 있었다.

이 때 알프레드가 토마에게 건넨 말은 토마로 하여금 많은 것을 깨우치게 해준다.

증보2판 프로이트와 영화를 본다면

"자네는 내 인생과 바꾸자고 했었지? 하지만 나는 자네를 부러워했어. 나는 자네가 항상 원하는 일만 하는 줄 알았지. 에블린과는 이혼했어. 자넬 잊지 못해 하더군."

알프레드야말로 토마의 인생을 부러워했던 것이다.

그 후 토마는 에블린을 찾아가 그녀가 자기를 오랫동안 기다렸다는 사실을 알게 된다. 그제서야 비로소 토마는 자신이 피해자가 아니라 가해자라는 사실을 깨닫는다.

토마는 알프레드의 말을 듣고 나서야, 자신의 인생이 그리 나쁘지 않았다는 것을 깨닫게 된 것이다.

토마는 사실 너무나 많은 부분들, 즉 운명이라는 거대한 흐름, 자신의 의도와는 상관없이 자신의 삶에 거미줄처럼 얽힌 부분들까지 모두 자신이 떠맡으려 했다. 그래서 그 부담을 덜기 위해 모든 것을 알프레드 탓으로 돌렸던 것이다. 그러나 그것은 어찌 보면 누구의 잘못도 아니었다. 토마와 알프레드는 운명이라는 그물에 걸려 빠져나올 수가 없었을 뿐이다.

성취에 대한 자부심

이제 토마에게도 통합을 이룰 수 있는 기회가 찾아왔다. 에블린이 자신을 사랑하고 있었다는 것을 안 데다 알프레드를 위해 할 수 있는 일까지 생겼던 것이다. 그는 즐거운 마음으로 알프레드로 변장을 하고 알프레드의 저택으로 들어간다. 거기서 그는 그토록 평생을 바라 오던 알프레드가 된다. 벽에 걸려 있는 알프레드 아버지의 초상화 앞에서 토마는 "안녕하세요, 아버지" 라고 인사한다. 그리고 토마, 아니 알프레드는 총성과 함께 그 자리에 쓰러진다. 하지만 그는 낄낄거리며 좋아한다.

토마는 결국 통합을 이루지 못했다고 볼 수도 있다. 토마는 자기 자신이 아니고 알프레드가 되고 나서야 만족을 느꼈기 때문이다. 그러나 통합은 어떤 객관적인 자로 잴 수 있는 것이 아니라 자신이 가지고 있는 가치의 자로 재는 것이다. 또한 통합에 이르는 중요한 조건 중에는 남에게 얼마나 기여했느냐는 점도 들어 있다. 병든 몸으로 외롭게 살아가며 죽음만을 기다리던 토마는 겁에 질려 숨어있는 알프레드를 대신해서 죽음을 택한 것이다.

'통합'의 정의처럼 죽음은 별로 두려운 것이 못 된다.

사람들은 대체로 자신이 이룬 성취에 대해 만족하지 못하는 경향이 있다. 그러나 통합에 이르기 위해서는 자기가 처한 현실을 받아들이고, 자신이 이룬 것과 목표에는 차이가 있을 수밖에 없다는 것을 인정해야 한다.

자신의 지나간 삶을 받아들이는 과정은 어려운 도전이다. 특정한 부분의 실패와 갈등, 또는 자신의 이미지에 대한 실망을 받아들여야 한다.

자신이 부적절하다고 해서 자신에게 너무 커다란 부담을 부여해서는 안 된다. 그리고 기대에 못 미쳤다고 하더라도 자신의 성취에 대해 자부심을 가져야 한다.

에릭슨은 통합이 노년기의 가장 주된 과제라고 했지만, 이는 대부분의 연령기에 다 적용될 수 있다. 한 발달 단계에서 다음 단계로 넘어갈 때, 또는 단계 중에 있더라도 지나간 시절을 후회만 하며 보내는 젊은 사람들도 많다.

대학입시에 실패했다고, 사랑하는 연인과 헤어졌다고, 처녀성을 잃었다고, 재산을 탕진했다고 스스로를 아픈 과거의 족쇄에 얽어맨 채 앞으로 나아가려 들지 않는다.

증보2판 프로이트와 영화를 본다면

물론 이런 아픈 상처들에 대한 아쉬움과 애도도 필요하지만, 그들은 객관적인 시간이 아직도 많이 남아 있음에도 불구하고 자신들의 주관적인 시간은 이미 끝나 버린 것으로 치부한다. 그저 내가 왜 그랬을까? 하는 후회만을 곱씹으며 자기혐오에 빠져 있다. 통합은 노년기에 이루어도 되는 문제인데, 벌써 자신의 인생에 대한 대차대조표를 작성해 손익계산을 모두 끝내 버린 듯한 상태에 빠지는 것이다.

그들은 한결같이 인생을 다시 시작하고 싶다고 말한다. 깨끗하게 과거를 지우고, 새 사람으로 나고 싶다고도 한다. 인생을 완전무결하게 이끌고 싶다는 강박관념에 사로잡혀 있는 것이다.

인생을 살아가는 데 어떻게 한 점의 오류나 후회가 없을 수 있겠는가? 살아가면서 누구나 잦은 실수를 범하고 잘못된 판단도 하며, 가지 못한 길에 대해 후회를 하기도 한다.

그러나 그 당시에는 나름대로 자신이 하고 싶은 일을 했으며, 최선을 다했다고는 할 수 없더라도 처한 상황에서 가장 적절한 선택을 했었던 것이다.

사람은 얼마나 불완전한 존재인가. 자신이 현재 불완전하고 성숙되지 못했다 하더라도 사람은 누구나 좀 더 성숙하기 위한 과정에 놓여 있다. 죽을 때까지.

토마는 죽은 뒤 한줌의 재가루가 되어 비행기에서 뿌려진다. 그 아래 세상에서는 사람들이 어제와 같은 일을 반복하며 살아가고 있다. 그들 역시 이제는 재가 된 토마와 똑같은 고민을 안고 하루하루를 보내는 것이다.

토마가 한줌의 재가 되어 비행기에서 뿌려지는 장면을 배경으로 토마의 낄낄거리는 웃음소리가 들린다.

토마의 웃음은 어쩌면 자기가 걸은 길을 그대로 따라가고 있는 관객들을 비웃고 있는 것인지도 모른다.

2부
벽 속에 갇힌 달팽이

"캘리포니아로 야구 보러 가자."

– 이렇게 똑똑한 자는 바보와 여행을 하게 되었다 –

레인맨

레인맨

바보를 이길 수 없는 똑똑한 자

이 아이를 어찌하나

큰애가 어눌한 발음으로 "엄마", "엄마" 하고 손을 잡아끈다. 집안에 있는 것이 갑갑하니 밖으로 나가자는 말이다. 남편도 출근하고 둘째 애도 등교시킨 뒤라, 아침의 부산함이 몰려간 지금 그저 아무 생각 없이 쉬고 싶기만 하다.

"안 돼!"라고 얼굴을 찡그리며 짐짓 언성을 높여 보지만 그녀는 아무 소용이 없다는 것을 잘 알고 있다.

이 애는 앞으로 어떻게 될까?

더 나아질 것이란 기대는 언제 포기했는지 기억조차 없다. 내가 언제까지 이 애를 돌봐 줄 수 있을까? 이 생각을 할 때마다 찬바람이 가슴을 저민다.

결혼한 지 6개월 만에 아이가 생겼다.

감정을 잘 표현하지 않는 남편이 그때처럼 기뻐한 적이 없었다. 하지만 그런 표정은 그 이후 다시는 본 일이 없다.

남들은 심하게 한다던 입덧도 몇 번의 헛구역질만으로 끝났다. 예정일을 일주일 넘기고 아기는 태어났다.

열 달 동안 혹시 아기가 기형아는 아닐까 하는 두려움을 지울 수 없었다. 낳자마자 센 아기의 손가락과 발가락은 정확히 열 개씩이었다. 약간 곱슬거리는 머리카락은 착 달라붙어 있고, 얼굴은 발그스름했다.

아기는 첫돌 무렵에 걸음마를 시작했다. 지금 생각해 보면 아기는 그때까지 눈 맞춤도 하지 않았고, 어르거나 간질러도 미소 한번 지어 본 적이 없었다. 심지어는 낯가리는 일도 없어 모르는 이가 안아도 울거나 싫어할 줄 몰랐다. 사람에 대해서 아예 관심이 없는 것 같아 보였다.

아이는 몸은 커 가는데 옹알이도 하지 않고 말을 배우려 들지 않았다. 귀가 잘 안 들리면 말이 늦는다길래 청각 검사를 해봤지만 정상이었다. 단순히 말이 늦을 뿐이라면 다행일 텐데.

그러나 아이는 말만 늦은 것이 아니었다. 남편이 퇴근을 하고 집에 돌아와도 여느 애들처럼 반가워 달려가는 법이 없었다. 어떤 날은 하루 종일 괴성을 질러대기도 했다. 자신이 원하는 물건이나 원하는 곳으로 손을 잡아끌며 가자는 시늉만 할 뿐, 그걸 손가락으로 가리키는 법도 없었다.

큰애는 특히 밝은 빛이나 돌아가는 물체를 너무나 좋아했다. TV광고가 나올 때면 다른 짓을 하다가도 달려와서는 의미 없는 웃음을 지은 채 멀거니 지켜보곤 했다.

미니카는 아이가 가장 좋아하는 장난감이었다. 하루 종일 손에서 미니카를 놓는 법이 없었다. 그러나 그저 손에 쥐고만 있을 뿐 굴려 보는 등의 놀이는 하지 않았다.

이런 이상한 점보다도 큰애를 키우는 데 가장 힘들었던 것은, 아이가 변화를 너무나 싫어한다는 점이었다. 쥐고 있는 자동차를 뺏거나, 자신이 배열해 놓은 퍼즐이나 장난감의 순서를 흩뜨리면 한 시간도 넘게 소리를 질러대고, 발로 차고, 제 팔을 물어뜯고, 방바닥을 데굴데굴 굴렀다. 이걸 멈추게 하는 방법은 단 한 가지, 물건을 제 자리에 가져다 놓는 것이다.

한동안 큰애는 자신의 머리카락을 잡아 뽑거나 빙글빙글 제자리에서 도는 것을 좋아하기도 하였다. 다른 아이들에 비해 말이 더뎠지만, 자라면서 한두 마디씩은 하게 되었다. 그러나 그것은 고작 다른 이들의 말을 따라하거나, 이전에 다른 사람이 했던 말을 억양까지 흉내 내는 정도였다. "식사할래요?"라는 말은 배가 고프다는 의미였다.

큰애는 결국 자폐증이라는 진단을 받았다.

그 아이가 어느새 16살이 되었다. 키도 훤칠하고 덩치도 커졌다. 집 안에만 있어 얼굴이 하얗다. 힘이 어찌나 센지 잡아끄는 대로 끌려 다녀야 한다.

잠깐이라도 아이를 다른 사람에게는 맡길 엄두를 못 낸다. 워낙 힘이 셀 뿐 아니라, 그 애가 원하는 것을 알 수 없으니 도저히 다룰 수가 없는 것이다. 그동안 남편과 단둘만의 외출은커녕 시장도 아이가 잠든 사이를 틈타 숨 가쁘게 다녀온다.

둘째 애가 큰애의 유일한 친구다. 제 책을 찢기도 하고 공부를 방해해도 그 애는 곧잘 참아내곤 한다.

큰애의 뜻대로 이제 밖에 나갔다 와야겠다. 이상하게 바라보는 다른 이들의 시선은 이제 너무나 익숙하다. 하지만 자폐증이라는 진단을 받고 난 후 "당신 집에 혹시 유전병 없어?"라던 남편의 말은 10년이 지난 지금까지도 생생하게 귓전에 울릴 만큼 가슴속에 깊은 상처를 남겨 놓았다.

외계형과 내면형의 만남

경쾌한 음악과 함께 우주선처럼 생긴, 미국인들이 홀딱 반한다는 빨간색 스포츠카가 공중에 매달린 채 배에서 내려지고 있다. 이를 지켜보는 톰 크루즈, 그는 자동차 판매상이다.

그는 여자 친구와 함께 여행을 떠나는 길에 아버지의 사망 소식을 전해 듣는데, 얼굴엔 전혀 동요하는 빛이 없다. 단지 "휴가 계획이 엉망이 됐어" 하고 투덜거렸을 뿐이다.

아버지의 장례식이 끝난 뒤 유언장이 공개되었다. 그에게는 1949년형 뷰익 마스터라는 대형 승용차와 아버지가 공들여 가꾼 장미가 상속된다.

이 자동차에는 사연이 있다. 그가 열여섯 살 때 아버지 몰래 이 차를 타고 나갔다가, 아버지의 신고로 경찰에 체포된다. 그런데 아버지는 아들의 보석금을 내주지 않았다. 그는 이틀간 구치소 신세를 질 수밖에 없었다. 그 사건 이후 집을 뛰쳐나온 그는 다시는 아버지를 찾지 않았다. 그리고 사망 소식을 들은 것이었다.

상속된 재산은 장미와 자동차가 전부는 아니었다. 그는 3백만 달러라는 거액의 현금이 은행에 신탁되어 누군가에게 상속되었다는 사실을 알았다. 그러나 변호사는 한사코 그가 누구인지 가르쳐 주지 않는다.

결국 그에게는 숨겨진 형이 있었다는 사실과 함께 바로 그 형(*더스틴 호프만 분*)이 그 거액의 상속자임이 밝혀진다. 그러나 그가 찾아낸 형은 예상 밖의 장소에 있었다. 그곳은 정신질환자를 수용하는 요양원이었다.

고개는 한쪽으로 15도쯤 기울었고, 눈은 한곳만을 응시한 채 상대와 마주보고 얘기하지 못한다. 무채색의 옷, 짧은 바지 밑으로 양말이 드러나 보인다. 늘 혼잣말을 중얼거리며, 묻는 말에는 엉뚱한 대답을 하고, 남의 말을 따라 한다.

세상살이에 닳고 닳은 동생은 바보나 다름없는 이 자폐증의 형을 요양원에서 데리고 나와 유산을 가로챌 욕심을 품는다. 그를 요양원에서 데리고 나오는 것은 너무나 쉬웠다.

"캘리포니아로 야구 보러 가자."

그 한 마디만으로 족했다.

둘은 각자 다른 생각을 가지고 길을 떠난다.

여정은 시작부터 순조롭지 못했다. 탈 것에서부터 문제가 생긴다. 비행기로 가면 세 시간밖에 걸리지 않는 거리지만 형은 한사코 비행기 타기를 거부한다. 할 수 없이 자동차로 가는 도중, 동생은 자기 회사가 부도 위기에 빠졌다는 전갈을 듣는다.

궁하면 통한다나, 동생은 밥이나 축내고 TV밖에 볼 줄 모르는 것으로 알고 있던 형이 비상한 기억력의 소유자라는 사실을 발견하게 된다.

모든 카드패를 외우는 형의 비범한 능력 덕분에 동생은 큰돈을 손에 쥐게 된다. 동생은 약속대로 형에게 상속받은 고물차를 운전할 수 있게 해준다.

이제 형제는 조금씩 마음이 통하기 시작한다. 그러면서 영악하기만 한 동생도 마음이 조금씩 움직이기 시작한다. 형의 유산을 가로채려는 욕심은 눈 녹듯이 스러지고 형과 함께 살고 싶은 생각이 들게 된 것이다.

우여곡절 끝에 동생의 집에 도착했으나, 형은 화재 사고를 낼 뻔 한다. 비로소 동생은 형이 일반인처럼 살 수 없으며, 보호받을 수 있는 곳에 있어야 한다는 것을 깨닫게 된다.

2부_벽 속에 갇힌 달팽이

동생은 유산도, 같이 살고 싶은 소망도 모두 포기하고 형을 요양원으로 돌려보낸다.

〈레인맨〉에서는 두 인물의 대비가 극명하게 드러난다. 동생은 현실적이고 구체적인 것에 관심을 두며, 먼 미래보다는 현재의 가장 가까운 주변의 것들을 추구한다. 재빠르게 현실에 뛰어들어 호흡을 같이한다. 현재를 살아가는 데 필요한 물질과 관련이 없는 것은 불필요하다. 따라서 그는 내면세계를 들여다보는 일 같은 것은 필요가 없다. 외계에만 관심을 가질 뿐 인간의 마음 같은 것에는 관심이 없다.

이렇게 된 이유가 영화에는 나타나 있지 않지만, 쉽게 유추해 볼 수 있다. 열여섯 살에 단신으로 집을 뛰쳐나온 그가 믿을 것은 자기 자신밖에 없었을 것이다. 바람막이도 없다. 자신의 입에 빵을 넣어 주기 위해 감정 같은 것은 어쩌면 방해물에 지나지 않는다고 여겼을지도 모른다. 이렇듯 외계에만 관심을 가지고 내면의 소리는 외면한 채 재빠른 변신으로 현실에 적응해 나가다 보면 세속적으로는 성공을 거둘 수도 있을 것이다.

하지만 그만한 대가는 치러야 한다. 진정으로 마음이 원하는 것을 계속 무시하고 살다 보면 삶이 매우 건조해지고 일상이 권태롭게 된다. 인간관계도 매우 사무적일 뿐 따사로운 인간적 교류에 따른 만족감이 없다.

반대로 자폐증인 형은 자기 세계에만 머물러 있다. 그는 내면만을 응시하며, 밖에선 무슨 일이 일어나든 상관이 없다. 자기의 스케줄대로 움직일 뿐 외계의 상황에 적응하려 들지 않는다. 자기 자신만을 생각하다 보니 주변과 조화를 이루지 못하고 현실에 적응하지도 못한다.

이렇듯 양극단에 위치한 형과 아우가 만나 마침내 서로에게 영향을 주기 시작한다. 그러나 영화 속에서 형이 실제로 달라진 것은 거의 없다. 형은 원래 모습 그대로 전에 있던 요양원으로 돌아간다.

달라진 것은 동생이었다. 영화의 후반부에 그는 그토록 열망해온 물질을 포기하고 형과의 감정을 소중히 여기게 된다. 비로소 자신의 내면으로 시선을 돌리기 시작했던 것이다.

어떻게 동생에게 이런 변화가 일어났을까?

사실 영화 속에서 자폐증인 형은 동생을 변화시키려 시도하지도 않았으며, 그에겐 그럴 능력도 없었다. 그는 단지 단조로운 음성으로 동생의 말을 반복하며 따라다니기만 했을 뿐이다.

동생의 변화는 필연적인 상황 부여에 의해 이루어진 것이다.

만일 형에게서 모든 것을 빼앗아 버리고 나락 밑으로 굴려 버린다면, 결국 그는 파괴되거나 자기의 내면과 맞닥뜨리게 될 것이다. 영화 속의 모텔에서의 장면이 이 점을 잘 보여주고 있다. 여자 친구는 떠나고, 회사는 파산 위기에 빠졌다. 쏟아지는 비는 하염없이 창문을 타고 흘러내리는데 형은 아무것도 모른 채 TV에만 정신이 빠져 있다.

그에겐 더 이상 도망갈 곳이 없다. 도리 없이 형의 모습으로 상징된 자기의 마음속 – 그동안 퇴화되고 불필요했던 – 을 조금씩 들여다보기 시작한다.

레인맨은 동생을 투명한 비의 창살에 가두어 버렸지만, 메마른 동생의 영혼에 촉촉한 단비를 내려준 것이다.

자폐증의 발병? 발견!

자폐증은 1943년에 처음으로 레오 캐너에 의해 보고되었다. 그는 환자들을 보던 중 사람들과 관계를 맺지 못하고*(반면 무생물에는 관심을 보이고)*, 남의 말을 따라하거나 목적 없는 행동을 반복적으로 수행하고, 변화를 참지 못하는 아이들이 있다는 것을 알게 되었다.

그가 처음으로 11명의 사례를 보고할 당시, 두 가지 사실을 잘못 보고하였다. 그 역시 자폐증이 선천적인 질병이라는 생각은 했지만, 후천적으로 부모의 양육 태도에 문제가 있어도 발병하는 것으로 믿었다. 환자의 부모가 아이에 대해 냉담하고 무관심한 점이 자폐증을 발병시킨다고 보았다. 그러나 이것은 발병의 원인이 아니라 결과를 잘못 관찰한 것이었다.

자폐증 환자를 키우는 것은 너무나 힘든 일이다. 이 아이들은 부모에 대해 애착도 보이지 않고 무생물에만 관심을 보이며, 제 고집대로만 행동하여, 한 마디로 키우는 재미가 없다. 따라서 이들 부모의 냉담은 지치고 힘에 겨워 나타난 반응일 뿐, 부모의 양육 태도에 원인이 있는 것은 아니었다.

캐너는 또한 자폐증아의 부모가 모두 학력이 높고, 성공적인 직업에 종사하는 사람들이라고 생각하였다. 이 역시 잘못된 관찰이었다. 그것은 생활에 여유가 있는 이들이 보다 자녀의 상태에 민감하여 다른 계층의 부모에 비해 아이들을 병원에 더 빨리, 더 많이 데려왔기 때문이었다.

더스틴 호프만의 자폐증은 이 질환의 중요한 특징을 아주 잘 보여주고 있다. 그는 자폐증 인물을 연기하기 위해 이 병에 관한 서적을 탐독했을 뿐 아니라, 오랫동안 환자들을 관찰한 것으로 알려져 있다.

자폐증의 가장 큰 특징은 인간관계를 맺지 못한다는 점이다. 이들은 아예 사람들에 대해 관심이 없다. 또한 의사소통 능력의 결함도 커다란 특징의 하나다. 발음도 명확하지 못하고, 상대방의 말을 따라 하거나 간단한 단어만을 구사하며, 음의 높낮이도 말의 내용과 맞지 않거나 단조롭다. 의미 없는 행동을 반복하며 자신의 생활에 변화가 오는 것을 극도로 싫어한다.

　영화 속에서 묘사되고 있는 특징을 보면, 더스틴 호프만은 정해진 시간에 취침하고, 똑같은 음식을 요구하며, 정시에 자신이 원하는 TV프로그램을 봐야 한다. 이것이 이루어지지 않을 때는 자신의 의사가 받아들여질 때까지 괴성을 지르고 불안해한다. 그는 또 호주의 콴타스 항공만이 현재까지 무사고를 기록하고 있다거나, 카드의 순서와 전화번호부를 모조리 외우는 무섭도록 비상한 기억력을 보인다.

　물론 모든 자폐증 환자가 이런 비상한 기억력을 가지고 있는 것은 아니다. 이것은 아주 예외적인 경우로서, 아주 드물게 어떤 특출한 재능이 두드러지게 나타나는 환자가 가끔 있다. 실제 자폐증 환자의 40%는 IQ 55 이하이며, 30%는 70 이하, 나머지 30%만이 간신히 70을 넘을 뿐이다.

자폐증아는 어른이 되면 어떻게 될까?

　자폐증아의 3분의 2가량은 어른이 되어서도 심한 장애 상태가 지속되며, 최소한의 기본적 욕구도 스스로 해결하지 못한다. 때문에 평생을 요양원이나 정신병원에서 보내게 된다. 그 중에서 단지 1~2%만이 직업을 갖는 등 정상인에 가까운 독립적인 생활을 영위할 수 있을 뿐이다.

　사람들과의 관계도 나이가 들어가며 조금씩 나아지지만 이성관계를 가지거나 결혼을 할 수 있는 경우는 극히 드물다.

　〈레인맨〉에서는 이미 어른이 된 뒤의 자폐증을 보여주고 있다. 따라서 자폐증의 발병 시기나 발병 과정 등은 영화에서 생략되어 있다.

　일반인들은 자폐증이란 진단을 너무도 쉽게 붙이고 있다. 평소 문제없이 지내던 사람이 갑자기 말이 없어지거나 혼자 있으려 하고 슬픈 표정을 짓는 경우가 있다. 이 경우는 대개 우울증에 가깝거나 일시적인 우

2부_벽 속에 갇힌 달팽이

울 상태라고 보아야 함에도 이것을 자폐증이라고 여긴다.

자폐증은 어른이 되어 발병하는 경우는 없다. 자폐증은 대개 만 1~2세 사이에 발병한다. 사실은 이미 태어날 때부터 자폐증을 가지고 있지만, 이 시기가 되어야 자폐증 여부를 가늠할 수 있으므로 정확하게 표현하면 '발견된다'고 해야 할 것이다.

하지만 진단받기 이전(한 돌 이전)에 이미 다른 아이와는 다른 점이 발견된다. 정상적이라면 생후 16주경부터 부모와 눈을 맞출 때 자연스레 보이는 미소가 이들에게는 없고, 7개월경부터 보이는 낯가림도 이 아이들은 하지 않는다.

자폐증은 특정한 어느 한 가지 치료방법만으로는 효과를 볼 수 없다. 환자 개인의 능력이나 상황에 맞는 포괄적인 치료 계획 아래 행동 치료, 특수 교육, 약물 투여가 시행되어야 한다. 물론 치료는 쉽지 않으며, 많은 비용과 오랜 기간이 소요된다.

조기에 발견해서 특수 교육기관에서 치료를 받는다 해도 그 중에서 극소수만이 사회에서 독립적인 생활을 할 수 있게 된다. 대개의 환자들은 장기적인 치료로 인한 경제 상태의 악화 등으로 보다 치료비가 싼 요양원 등으로 밀려나게 된다.

차마 요양원에 맡기지 못하는 가족들은 환자와 집에서 지내게 된다. 그럴 경우 이 글의 서두에서 예로 든 자폐증아의 어머니처럼 자신의 생활을 모두 희생하게 된다.

이처럼 장기 치료로 인한 엄청난 경제적·심리적 부담과 안심하고 맡길 수 있는 치료기관의 부족으로 너무나 많은 환자와 가족들이 지금도 불안한 가슴을 쓸어내리며 지역 사회와 격리된 채 지내고 있다.

자폐증아 부모들이 무엇보다 불안해하는 것은, 복지정책이 미비한 우리나라에서 부모 등 돌봐주는 사람이 죽은 후 이 환자가 어떻게 될 것인가 하는 문제이다.

　　아버지의 유산으로 좋은 치료기관에서 자신만의 세계에 빠진 채로 여생을 보낼 수 있는 더스틴 호프만은 정말 운 좋은 자폐증 환자이다.

　　"나보다 앞서 눈을 감아 준다면…."

　　자폐증아를 둔 어머니가 면담을 끝내며 한숨처럼 토해낸 말이다.

아마데우스
불공평한 세상에서 살아가는 법

우리와 너무나 닮은 살리에르의 시기와 질투

밀로스 포먼 감독의 〈아마데우스〉를 보면 궁정악장인 살리에르는 모차르트가 가진 천재적인 음악성에 대해 항상 시기한다.

살리에르의 아버지는 음악이라고는 전혀 모르고 자식에게 전혀 관심도 없는 사람이었다. 그러니 음악을 하고 싶은 살리에르의 꿈은 요원하기만 했다. 그래서 살리에르는 어린시절부터 매일 교회에서 기도를 한다. 자신의 음악으로 신을 거룩하게 찬미해 달라고. 그의 소원대로 그의 앞길을 방해하기만 했던 아버지가 죽고, 그는 피나는 노력을 통해 궁정악장에까지 이르게 된다.

하지만 그의 앞에 나타난 것은 모차르트라는 천재적인 음악가였다. 그는 하나님을 찬미하기는커녕, 방정맞고 버릇없기 이를 데 없었다.

그런 모차르트는 부모까지 잘 만나서, 그의 아버지는 음악에 조예가 깊은 사람이었다. 그래서 어린 모차르트에게 음악교육을 시키고, 그의

증보2판 프로이트와 영화를 본다면

천재성을 일찍 알아보고, 유럽 여러 나라에 순회연주를 시키기도 했다.

살리에르는 이런 모차르트의 배경과 그의 천재성 때문에 황당하다 못해 절망스럽기까지 했다. 매일매일 하나님께 기도를 하고 신심이 깊은 자신에게 신은 천재적인 음악성을 주지 않았다. 하지만 여자들 뒤꽁무니나 쫓아다니고, 천한 행동이나 일삼는 버릇없는 모차르트에게 신은 천재적인 재능을 준 것이다.

그는 신을 원망하기 시작한다. 그리고 세상이 공평하지 않다고 한탄을 한다.

정말 세상은 공평한가

우리는 세상은 공평하다는 얘기를 듣고 어린시절을 보낸다.

하지만 나이가 들수록 세상은 공평하지 않다는 것을 느끼기 시작한다. 세상이 공평해야 하는데, 왜 나는 가난한가? 왜 나는 친구들처럼 좋은 옷을 입지 못하고 비싼 장난감을 갖지도 못하며, 좋은 집에서 살지도 못하는가?

학교에서, 또 책에서 배웠던 것은 모두 거짓말뿐이다. 세상은 이리도 불공평한데 말이다.

나이가 들어 주변을 둘러보면 기막힌 일을 더 많이 겪게 된다.

학비를 대느라 아르바이트를 몇 개씩 해도 제대로 등록금 낼 돈을 모을 수도 없는데, 자가용을 몰고 학교에 오는 친구들도 있다.

밤을 새워 공부를 해도 도대체 성적이 올라갈 생각은 않는데, 놀 것 다 놀면서도 조금만 공부해도 항상 성적이 상위권인 친구도 있다.

신혼살림을 값싼 전세방에서 시작하기도 빠듯할 정도로 경제적으로 어려운데, 친구는 처음부터 부모가 사준 커다란 아파트에서 신접살림을 시작한다.

그런 아파트를 장만하려면 10년 동안 먹지도, 입지도 않고 돈을 모아도 힘든데 말이다.

앞의 사례들에서 보았지만, 자신의 처지가 남보다 못한 것에 대해 억울하다 못해 한이 맺힐 수 있다.

어린시절 선생님의 얘기나 동화책에서는 세상은 공평하다고 해놓고선 왜 현실은 다른가?

'세상은 공평하지 않다.'

진정으로 또 가슴으로 이런 말을 받아들인다면 그 사람은 세상에 대해 냉소적이거나 부정적인 사람이라고 할 수 없다.

도리어 있는 현실을 그대로 받아들인 사람이다.

'세상은 공평하지 않다'고 생각한다면, 인생을 받아들이는 첫 단추는 이미 채운 것이나 마찬가지다.

왜 우리는 자신의 처지가 남보다 못한 것에 대해, 자신의 외모나 재능이 남보다 떨어지는 것에 대해, 집안 환경이 남들보다 가난한 것에 대해 억울한 생각이 들까?

그건 무조건 세상은 공평해야 한다고 우기기 때문이다.

사실 세상이 공평하지 않다는 것을 모르는 사람이 어디 있는가? 하지만 그걸 인정하고 싶지 않은 것은 자신이 가진 재능이나, 능력, 재산, 환경 등이 다른 사람보다 못하다는 것을 받아들이지 못하기 때문이다.

즐겨라. 인생의 불공평함을

인생의 불공평함을 인정하지 않으면 어떤 현상이 일어날까?

남은 길은 자신이 처한 환경이나 재능, 나를 낳아준 부모를 원망하는 수밖에 없다. 왜 하필 나는 그런 부모를 만나서 이렇게 가난한 집에서 태어났을까? 왜 나는 좋은 재능을 부모에게 물려받지 못했을까?

또한 자신이 가져야 할 돈이나 지위, 직업을 남들이 다 뺏어갔다고 생각한다. 그리고 사회를 탓하기도 한다.

'이렇게 불평등한 사회구조는 내가 아무리 노력해도 아무것도 이룰 수 없게 만들어져 있을 뿐이야.'

'내 재능을 알아보는 이는 아무도 없어, 단지 운이 좋은 인간들이나 부모의 배경을 잘 타고난 자들만이 좋은 자리를 다 차지하고 있을 뿐이야.'

그리고 이런 불평등한 세상에 대해, 또 인생에 대해 한탄을 하고 원망만 하며 지낼 뿐이다. 사실 이런 생각이 잠깐씩 들지 않는 사람은 없을 것이다.

하지만 이런 생각이 굳어진다면 인생은 점점 더 힘들어질 수밖에 없다.

왜냐하면 내 주변에는 나를 이렇게 만든 가해자만 존재하기 때문이다. 내 환경, 내 부모, 내가 속한 사회 모두 나를 위해 존재하는 것이 아니라 나를 망가뜨리기 위해 존재한다고 생각한다.

그리고 더한 것은 이런 정해진 운명으로 인해 나는 영원히 인생의 구렁텅이에서 벗어날 수 없다고 확신한다.

나는 운명의 희생자일 뿐이다. 나의 의지로 내 인생에 관여한 부분이 하나도 없기 때문이다. '운명적으로 정해진 것인데, 도대체 내가 해봐야 무슨 소용이 있을까' 하는 생각만 하게 되고, 앞으로 한 발자국도 나가려 하지 않게 된다.

하지만 속이 쓰리고 상하지만 세상은 불공평하다는 생각을 받아들이면 인생에 대한 태도는 달라진다.

'자 어쩌겠는가? 내가 가난한 집안에서 태어났고, 나의 재능이 다른 사람보다 부족한 것을 말이다.'

이런 받아들임은 절대 패배주의적인 생각이 아니다. 내가 운명의 희생자에서 벗어나는 첫걸음이 될 수 있다.

내가 처한 운명에 대해 원망만 하고 지내는 사람은 영원히 자신의 운명은 주변 환경에 의해 좌지우지된다고 생각하면서 살아갈 뿐이다. 뭘 해도 되는 게 없고, 소용없다는 패배주의적인 생각에 사로잡히는 것이다.

하지만 불공평한 세상을 받아들이게 되면, 이제부터 내가 인생에 대한, 세상에 대한 주도권을 쥐게 된다.

'주어진 환경이나 재능은 어쩔 수 없는 것이고, 그건 누구의 탓도 아니다. 물론 남들보다 불리한 부분도 있지만 말이다.'

이런 생각을 품는다면 다음 생각으로 이어질 수 있다.

'그렇다면 내가 처한 환경이 불리하지만, 내가 재능이 떨어지지만, 내가 유복한 집안에서 태어나지 못했지만, 내가 내 손으로, 내 힘으로 할 수 있는 것은 어떤 것인가?'라고 말이다.

그리고 더 이상 자신이 인생이나 세상의 희생자라고 생각하지 않게 된다. 그냥 현실을 있는 그대로 받아들일 때 우리는 남을 원망하고, 세상을 원망하면서 지내는 것을 멈출 수 있다. 그리고 내가 이제 능동적으로 바뀔 수 있다.

불공평함이 내게 준 선물

우리도 잘 알고 있는 사실은 불행이, 안 좋은 환경이, 역경이 많은 사람들을 강하게 만들어 주었고, 그것이 축복이 되었다는 것을 말이다.

사람들은 쉽게, 편하게 인생을 시작하고, 인생을 순조롭게 살아가려 한다. 하지만 순조로운 인생은 없다. 어느 누구도 인생에서 부딪쳐야 할 어려움이나 커다란 문제에 봉착하지 않는 사람은 없다.

우리가 축복이라고 생각한 환경에서 자란 사람들이, 이런 역경이나 시련 앞에서 힘없이 무너지는 것을 볼 때가 있다. 인생의 어려움에 대한 저항력을 가지지 못했기 때문이다.

모든 것이 갖추어진 환경에서 살게 되면, 스스로 할 수 있는 능력이 떨어지게 된다. 그렇게 성인기를 맞게 되면 인생의 혹독한 시련 앞에서 굴복하거나 쓰러지는 수가 많다. 그래서 소위 우리가 말하는 축복받은 환경이나 재능이 어떤 사람에게는 재앙을 가져다 줄 수도 있다.

그렇게 생각하니, 인생은 다시 공평해지게 된다.

어려우면 어려운대로 그 사람이 얻는 것이 있는 반면, 좋으면 좋은 대로 또 잃는 것도 있다. 인생은 얼마나 공평한 것인가?

살리에르가 만약 세상은 불공평하다는 것을 받아들였다면 그의 인생은 달라졌을 것이다. 그는 말년에 자신이 절대 불행하다고 생각지 않았을 것이다. 그는 무지한 아버지로 인해 음악교육도 받지 못했지만, 자신의 힘으로 궁정악장에 올랐다는 것에 자부심을 느꼈을 수도 있다.

넓은 마음으로 모차르트의 재능을 인정해주고 그의 음악에 경의를 표했을 것이다.

'세상은 불공평한 법이니까. 모차르트는 그런 인생을 살아가는 것이고, 나는 내 인생을 살아가는 것일 뿐이다. 누가 더 낫지도, 그렇다고 누가 못나지도 않은 것일 뿐. 나름대로 내 음악적인 재능이 떨어질지라도 나는 진심으로 신께 내 음악을 바치고 있으니, 얼마나 행복한 삶인가 말이다.'

모차르트는 어린시절부터 음악의 천재로 인정받았고, 그런만큼 아버지의 그늘 아래 살아왔다. 그래서 그는 온실 속의 화초처럼 자랐고, 어른이 되어서도 자신의 앞가림을 하지 못했다.

모차르트는 경제적으로 파산상태에 이르렀고, 자신의 가정을 돌보지 못할 정도로 무능했다. 그는 자신의 천재성과 궁핍하고 불행한 결혼생활을 맞바꾸었던 것이다.

우리가 생각한 축복이 불행이 되며, 우리가 생각한 불행이 축복이 되는 것이 인생이다.

그래서 인생은 공평한 것이다.

파니핑크
외로움, 나와의 대면

떼려야 뗄 수 없는 우리의 외로움

우리는 가끔 또는 종종 외로움을 느낀다. 외롭다는 감정을 제대로 표현하기는 힘들다. 자신이 이 세상에 혼자 있는 것 같은 느낌, 주변에 아무도 없는 느낌, 나 혼자만 덩그러니 놓여져 있는 느낌, 누구도 나에게 아무런 관심이 없는 것 같은 느낌, 내가 속한 가족, 친구, 직장에서 떨어져 홀로 있는 느낌 등이라고 할 수 있을 것이다.

사람은 태어나면서부터 자신이 원하든 원치 않든 사회적인 관계를 맺어야 한다.

태어나자마자 처음으로 맺는 관계가 부모자식간이다. 점차 자라면서 또래 친구들을 만나게 되고, 조금 더 나이가 먹게 되면 그 관계는 폭넓게 증가한다.

중고등학교 동창이 생기고, 또 연인을 만나기도 한다. 직장에 취직해서는 직장동료를 만나고, 직장상사로서 또는 부하직원으로서 다른 사람

2부_벽 속에 갇힌 달팽이

과 관계를 맺는다.

결혼을 하게 되면서 남편으로, 나중에는 아버지로서, 또는 어머니로서 자식과 관계를 또 맺는다.

인간관계는 넓히면 넓힐수록 점점 더 커질 수 있다. 특히 사람 만나는 것을 좋아하는 사람은 그 관계가 무궁무진해질 수 있다. 같은 고향사람들로 이루어진 향우회의 임원이 되기도 하고, 동창회의 간부가 될 수 있고, 동네 자치위원이 되어 폭넓은 대인관계를 맺기도 한다.

인간은 사회적인 존재인지라, 이런 관계에서 오는 즐거움도 무시할 수 없으며, 이런 관계에서 인간은 상처도 받지만, 행복감을 느끼는 것도 사실이다.

아무리 많은 인간관계를 맺고 있다고 하더라도, 인간은 누구나 외로움을 느낀다.

어떤 모임에 가서 즐겁게 수다를 떨고, 농담을 하며 기쁜 시간을 가졌지만, 집에 돌아와 세수를 하고 세면대 거울을 보는 순간 갑자기 공허하다는 느낌을 받기도 한다. 그렇게 즐거운 시간을 가졌음에도 불구하고 그런 기쁨은 오래 지속될 수 없다는 것도 알게 된다.

이런 외로움이 싫어 항상 누군가를 자신의 곁에 두려는 사람도 있다. 혼자 있는 것을 견디지 못한다. 인간이 가진 실존적인 외로움이 참기 힘든 것이다.

결국 어떤 사람도 내 마음을 정확하게 알 수 있는 사람이 없으며, 내게 닥친 문제는 아무도 대신 풀어줄 수 없다는 것, 느닷없이 밀려오는 인생이 가진 공허감과 허무함을 참기 힘들 때가 많다.

이때 많은 이들은 누군가 내 곁에 있어준다면 이런 문제가, 이런 외로움이 해결될 것이라 생각한다.

아무도 나를 사랑하지 않는다

도리스 되리 감독의 〈파니핑크〉란 영화가 있다. 원래의 제목은 〈아무도 나를 사랑하지 않는다 ; Keiner liebt mich〉이다. 이 제목처럼 29살의 공항검색원인 파니핑크는 자신을 아무도 사랑하지 않는다고 생각한다. 그녀는 항상 외로움에 젖어 산다.

그녀는 '죽음을 배우는 모임'에 참석해서 자신이 죽어서 들어갈 관을 만들기도 하고, 죽음에 대한 의식을 치르기도 한다. 이는 그녀의 외로움을 대변하는 상징적인 행위들이다.

그녀는 항상 자신의 외로움을 구원해줄 남자를 기다린다. 좋은 남자만 만난다면 그녀는 단박에 자신의 외로움이 떨쳐지리라 생각한다.

우연히 파니핑크는 점성술사인 오르페오(피에르 사누시 - 불리스 분)를 만나게 되고, 그에게 남자를 만날 수 있는 방법을 알려달라고 한다.

엉터리 점성술사인 오르페오는 그녀에게 멋진 남자가 나타날 거라고 하며, 밤에 촛불을 켜고 주문을 외우라고 한다. 물론 그의 점괘는 들어맞지 않는다.

어떻게 하면 그녀의 외로움은 치유될 수 있을까? 과연 그녀에게 맞는 남자가 나타난다면 그녀의 외로움은 단숨에 없어질까?

외로움을 극복하는 여러 가지 방법들

파니핑크처럼 자신의 외로움을 달래기 위해 많은 이들은 연인을 만나기 위해 애쓴다. 하지만 연인을 만난다고 해서 외로움이 해소되지는 않는다. 연인이 생기면 연인을 항상 자신의 곁에 두려 한다. 언제든 자신이 연락하면 달려와야 하고, 언제든 자신이 부르면 자기 곁에 달려올 수 있게 준비하고 있어야 직성이 풀린다.

막상 자신이 좋아하는 사람과 만났을 경우, 좀처럼 상대방을 보내려

하지 않는다. 상대방이 가야할 시간임에도 불구하고, 자신의 곁에 계속 붙들어 두려한다.

이런 외로움은 사랑의 감정으로 포장된 채 대개 표현된다. 항상 연인과 떨어지기 싫고 같이 있고 싶다는 감정으로 말이다. 연인이 집에 돌아갈 시간이 되어 헤어지려 해도, 그 사람은 자신을 진정으로 사랑하지 않기 때문이라고까지 생각한다.

이렇게 누군가를 꼭 자신의 곁에 두고 외로움을 견디려는 것은 결혼생활에서도 반복된다.

결혼을 해서 한 집에 살더라도, 인간이 가진 외로움은 사라지지 않는다. 그런 외로움을 느끼고 싶지 않고 부정하고 싶어, 항상 아내는 또는 남편은 배우자가 자신과 모든 것을 함께 해야 한다고 생각한다. 주말에도 배우자가 자신을 남겨두고 혼자 놀러가거나, 친구들과 어울리는 것을 견디지 못한다.

그건 자신을 사랑하지 않기 때문이라고 생각한다.

그럼 같이 있다고 해서 그 외로움은 해결될 수 있을까?

이번에는 같이 있는 과정에서 불만이 터져 나온다. 진심으로 자신을 위하는 마음에서 같이 있는 것이 아니라고 여긴다. 예를 들어 놀이공원에 같이 놀러갔다고 해보자.

하지만 배우자가 아주 즐거워하지 않았다는 이유로, 다시 불만이 터져 나온다.

왜 자신과 같이 있는데 즐겁고 행복하지 않느냐고 따지는 것이다. 아니면 나를 배려한다면 좀 즐겁게 하루를 보내줄 수 있는 성의도 없냐고 불만을 터뜨린다.

물론 우리가 인간관계 속에서 즐거움과 행복감을 느끼는 것이 문제가 있는 것은 아니다.

모든 것은 과하면 모자람만 못한 법이다.

지나치게 인간관계 속에서 자신의 외로움을 해결하려 하고, 모든 자신의 행복과 즐거움을 추구한다면 문제가 생긴다는 것이다.

외로움, 그래 한번 같이 가볼까

인간이 가진 외로움은 이런 관계 속에서 어느 부분 완화되고, 희석되는 것도 사실이다.

그러나 자신이 안고가야 하는 외로움은 그냥 외로움일 뿐이다.

어린시절 우리가 처음으로 상처를 받는 것은 유치원이나 초등학교에 들어가면서 시작된다.

이때부터 우리는 아무리 하기 싫어도 내 손으로 많은 걸 해야만 한다.

이전에는 내가 힘들었던 것, 하지 못했던 것, 내가 하기 싫었던 것을 부모가 대신해 주었다. 그래서 부모와 자신 사이에 분리감이 없었다. 부모와 자신은 하나라고 착각하며 살아왔던 것이다.

자신이 꼭 해야 할 일이 있다는 걸 알고 나서 부모와 자신은 따로 떨어진 별개의 존재라는 자각을 하기 시작한다. 그런 분리감이 인간을 외롭게 한다. 내가 홀로 서야 하고, 내가 혼자 할 수밖에 없는 일들이 있고, 누구도 대신할 수 없는 어떤 것들이 너무 많다는 사실이 외로움을 더욱 느끼게 한다.

그리고 친구들과 생기는 소소한 문제들, 공부를 하면서 느끼는 어려움, 선생님에게 잘 보이고 싶지만 제대로 자신의 능력이 따라주지 못한다는 열등감도 생길 수 있다.

이런 문제는 아무리 어린이라고 해도 부모가 해결해 줄 수 없다는 걸 깨닫는데 오랜 시간이 걸리지 않는다.

'이 모든 어려움을 내가 다 풀어내야 하는구나. 내가 안고가야 하는구나. 누구도 대신해줄 수 없는 것이구나' 하는 생각들이 이제 마음속에 자리잡게 된다.

이런 외로움은 어른이 될수록 점점 커지게 된다. 물론 그런 외로움을 극복하기 위해, 또는 눈가림하기 위해 일부러 바쁘게 지내기도 하고, 많은 대인관계 속에 숨기도 한다.

하지만 외로움은 숨어 있다가 문득 문득 고개를 쳐들고 우리를 어김없이 방문한다.

'나는 이 세상에 혼자 있어, 누구도 나와 같은 생각을 하는 사람은 없구나. 누구도 나의 마음을 완벽하게 이해할 수 없고, 어느 누구도 이런 곤란한 선택을 대신 해줄 수 있는 사람도 없구나. 사랑하는 부모님, 연인, 친구가 있다고 하더라도, 내가 해결해야 하는 것을 다른 사람이 해줄 수 없을 뿐 아니라, 인생이란 이렇게 홀로 가야 하는구나' 하는 생각이 들 때가 많아진다.

우리는 흔히 외로움은 좋지 않은 것이라고 생각한다. 그런데 어쩌겠는가? 외로움은 그냥 우리가 가지고 가야 하는 타고난 감정인데 말이다. 아무리 없애려 해도 없어지지 않는, 우리가 인간이기 때문에 이성을 가질 수 있었고, 또 눈물을 흘릴 수 있었듯이 외로움도 그냥 존재하는 감정이다.

외로움 안에 깃든 그 슬픔과 축복

외로움을 진정으로 느낄 수 있고, 심지어 즐길 수 있다면, 또 다른 축복이기도 하다. 외로움이야말로 자신은 이 세상에 유일한 존재라는 것을 깨닫게 해준다. 자신이 가진 독특한 개성과 자신만이 가진 감정, 자신만이 가진 취향을 느낄 수 있게 해주는 것이 외로움이다.

우리는 외로움을 느낄 때 자신 안에 몰입할 수 있다. 외로운 감정을 느낄 수 없다면 우리는 자기 자신을 거들떠 보려하지도 않을 것이다. 그저 다른 사람의 관계 속에서 자신이 매몰된 채 지낼 것이 분명하다.

우리는 사회적인 관계가 너무 많고, 그것을 지나치게 소중하게 생각하다 보니, 자신을 잊어버리고 사는 경우가 많다.

그저 누구의 아들, 누구의 아버지, 누구의 아내, 어느 직장의 과장, 누구의 친구, 누구의 동생 등, 모든 관계는 타인지향적인 것들뿐이다. 그리고 나란 사람은 외부에 존재하는 어떤 것에 의해 규정된다.

그렇다면 나는 누구인가? 내가 다른 사람과 다른 점은 무엇인가?

이런 의문들은 외로움을 통해서만 풀 수 있다.

외로움을 느낄 때 우리는 이 세상에 나 혼자라는 자각을 하게 된다.

그래야 이제까지 실타래처럼 얽혀있던 대인관계 속의 나로부터 벗어날 수 있다. 그동안 남을 위해, 또는 남의 기대에 부응하기 위해, 사회가 원하는 사람이 되기 위해, 또는 사회가 정한 틀에 맞추기 위해 살아오느라 잊었던 나를 찾을 수 있는 실마리를 외로움이 찾아준다.

그동안 다른 사람과 어울리고, 거기에 도취되어 지내고, 다른 사람의 칭찬에 우쭐해 하고, 비난에 금방 위축되어 버리기만 했던 타인지향적인 삶에서 벗어나게 하는 것도 외로움이다.

이 세상에 나만 홀로 존재한다는 절실한 느낌이 들 때 누구 눈치 볼 것도 없고, 누구의 비위를 맞출 필요도 없으며, 누구의 기대에 맞춰서 살 필요가 뭐가 있겠는가?

그렇게 외로움은 외부와 나를 차단시켜준다. 그리고 깊은 외로움은 이제 본격적으로 내 자신에 몰입할 수 있게 해준다.

2부_벽 속에 갇힌 달팽이

99

내가 누구인지, 내가 무엇을 하고 싶은지, 나는 남과 어떻게 다른지 돌아보게 되는 것이다.

그러려면 외로움이 몰려왔을 때 푹 빠질 수 있어야 한다.

그 외로움의 문을 열고 들어가야 우리는 내 자신 안에 숨겨진 많은 것들을 발견할 수 있다. 그래서 외로움의 시간도, 인간관계를 맺는 시간만큼 중요하다.

혼자서 산책하는 시간을 가질 수도 있고, 짧은 여행을 혼자 떠나는 것도 방법이다.

또한 항상 남과 같이 했던 일들을 혼자 해보는 거다. 혼자 커피숍에 앉아 우두커니 창밖을 바라보며 혼자만의 시간을 즐겨보는 것도 좋을 것이고, 창피해서 하지 못했던 혼자 영화보기도 한 가지 방법이다.

그렇게 되면 외로움은 내 친구가 되어준다. 외로움은 내가 이 세상에 유일한 존재라는 것을 깨닫게 해주며, 그동안 관계 속에서 지쳤던 나를 쉬게 해주는 편한 친구가 된다.

그래서 가끔 우리는 혼자 놀기에 빠져들 필요가 있다.

파니핑크의 마지막은 환상적인 장면으로 마무리 된다. 점성술사인 오르페오는 자신이 지구를 떠나 다른 행성으로 떠난다는 말을 한다. 그리고 파니핑크에게 이런 말을 한다.

"겁내지마."

"과거는 죽음 뒤의 뼈와 같은 거야, 미래가 네 앞에 있어."

"계속 앞으로만 가, 시계는 보지 마, 항상 지금이란 시간만 가져."

외로움을 통하지 않고는, 우리는 현재 시간에 집중할 수 없다. 바로 지금 그 시간을 또 값지게 살 수 있게 하는 것이 또 외로움인 것이다.

증보2판 프로이트와 영화를 본다면

드라이빙 미스 데이지
이젠 피할 수 없게 된 우리의 운명

아버지에 관한 추억

어린시절 어느 시기까지였던가, 나는 아버지가 언제나 아무 말 없이 곁에서 나를 지켜주며, 이 세상에서 못하는 일이 없는 커다란 인물이라고 믿었던 기억이 난다. 그러나 이런 믿음이 깨지게 된 계기가 왔다. 한창 동네 아이들 사이에 야구 붐이 일던 무렵이었다. 며칠 동안 어머니를 졸라 타낸 돈으로 야구 글러브와 공을 사들고 집으로 돌아왔다. 그런데 당연히 야구도 잘 할 줄 알았던 아버지가 뜻밖에도 어설프기 짝이 없는 동작으로 공을 받아내느라 쩔쩔 매는 게 아닌가.

아, 아버지에게도 못하는 일이 있었구나! 이 새로운 사실에 나는 적잖이 당황했다.

말수가 적고, 감정 표현을 거의 않던 아버지는 좀처럼 당신이 살아온 얘기를 하는 일이 없었다. 그런 아버지가 어느 날인가, 술이 거나하게 취해 밤늦게 돌아와서는 모처럼 당신의 어린시절 이야기를 들려주었다.

아버지가 열 살 때였다고 한다. 할아버지는 이미 오래 전에 집을 나가 행방불명이 되었고, 할머니마저 3남매를 버려둔 채 재가를 했다는 것이다. 3남매는 뿔뿔이 흩어지게 되어 아버지도 한 친척 집에 맡겨졌다. 그 집에서 꽤나 홀대를 당했던지, 아버지는 불기 하나 없는 골방에서 그해 겨울을 났다고 한다. 그리고 그 집에서 나와 전국을 떠돌기 시작했다는 것이다. 그 후에도 가끔 아버지가 중강진의 추위에 대해서, 그리고 청진항의 풍광에 대해 들려 준 것은 모두 이때의 경험에 의한 것이었다.

아버지가 그토록 그리워하던 할머니가 어느 해인가 우리 집으로 오게 되었다. 재혼에 실패한 할머니는 홀홀 단신으로 먼저 큰아버지 댁을 찾아 그 집에서 살아왔으나, 몇 년 후 큰댁이 이민을 가게 되자 우리 집으로 오게 된 것이었다.

지금 생각하면, 그때 이미 할머니는 치매 증상이 시작되었던 것 같다. 대학입시 준비 때문에 거의 학교에서 지내다 밤이 깊어야 돌아오곤 하던 때라 나는 할머니와 마주칠 기회가 별로 없었다. 그러나 공부에 쫓기면서도 집안 분위기는 어느 정도 눈치 챌 수 있었다.

할머니는 치매 증세가 점점 심해져 아버지까지도 수발에 나서야 할 정도가 되었다. 대소변을 못 가려 자주 옷을 더럽히는 할머니를 아버지와 어머니가 목욕시키는 모습도 몇 번이나 눈에 띄었다. 그저 모든 게 운명이란 듯이 예의 무표정한 얼굴로 할머니에게 새 옷을 갈아 입혀 주던 아버지의 모습이 지금도 이따금씩 떠오른다.

할머니는 어쩌다 나와 마주치면 내가 당신의 손자란 사실을 까맣게 잊은 채 겸연쩍은 웃음만 짓곤 하더니 얼마 후부터는 아버지조차 알아보지 못했다.

몇 년 후 할머니는 돌아가셨다. 아버지는 여전히 무표정한 얼굴로,

그러나 아주 많은 눈물을 흘렸다.

시간의 마술은 어느새 나를 두 아이의 아버지로 만들었다.

아버지는 자식들이 다 장성하자 새로운 취미 생활을 시작했다. 뜻밖에도 그것은 고기잡이였다. 낚시가 아니라 투망으로 하는 고기잡이였다. 나는 아버지를 따라 강가에 나간 적이 있다. 냇물 가운데 서서 역광을 받아 커다란 장승같은 형체로만 보이던 아버지의 모습이 아직도 내 기억 속에 선연히 남아 있다. 아버지는 그렇게 선 채 가만히 고기떼의 움직임을 지켜보고 있다가 어느 순간 모아 쥐고 있던 그물을 힘껏 던지곤 했다. 그물이 반짝이는 냇물 위로 부채살처럼 퍼져 나가던 모습은 한 폭의 그림 그대로였다. 아버지는 내게도 그물 던지는 법을 가르쳐 주었다. 그러나 내가 던진 그물은 번번이 퍼지지 않고 뭉쳐진 그대로 물속으로 풍덩 떨어져 버리곤 했다. 아버지는 그렇게 하루 종일 개울가를 누비며 여름 내내 전국의 유명한 강과 내를 찾아 다녔다.

생애의 반 이상을 떠돌이로 살아온 아버지는 노동으로 단련이 되어선지 몸이 돌처럼 단단했다. 그래서 나는 아버지의 건강 문제에 대해서는 전혀 신경을 쓰지 않았다. 그런데 그 언젠가 어색하게 야구공을 받던 때처럼 아버지의 건강에 대한 나의 믿음은 맥없이 허물어지게 되었다. 아버지의 투망을 위한 출타 횟수가 눈에 띄게 줄어들기 시작한 것이었다. 그리고 다리에도 힘이 빠져 개울가에서 넘어지는 일이 잦아졌다. 노년엔 나이를 감안하여 스스로 주의를 해야 한다고 하지만, 개울가 바위에 긁힌 아버지의 상처를 볼 때마다 내 가슴은 무언가 무거운 것이 짓누르는 느낌이었다.

좀처럼 아프다는 말을 모르던 아버지가 잠이 안 온다고 투정을 하기 시작했다. 낮잠을 충분히 자면서도 불평은 계속되었다. 점차 입맛도 잃어갔다. 급기야는 자신의 건강에 대한 걱정을 입 밖에 내기 시작했다. 병원으로 가 여러 차례 검사도 받아 봤지만 아버지의 신체 기능은 정상이었다.

혹시 아버지에게 치매 증상이 시작되는 건 아닐까? 불현듯 불길한 예감이 들었다. 예감은 적중했다. 점차 아버지는 기억력이 떨어지기 시작했다. 충분한 잠을 자는데도 잠이 안 온다던 불평이 그 시초였다. 그 이후 아버지는 술을 들기 시작했다. 이어 옷에 오줌을 지리는 증상이 나타났다.

아버지의 증상이 심해지면서, 당신이 정성들여 가꾸어 오던 정원과 텃밭은 잡초로 뒤덮이기 시작했다. 5월이면 온 담장을 뒤덮으며 그토록 흐드러지게 피던 장미꽃도 잡초 덩굴 속에 묻혀들었다. 여름이면 아버지가 자랑스럽게 상 위에 올려놓곤 하던 손수 키운 상추도 볼 수 없게 되었다.

이제 아버지의 증세는 형과 나를 구분하지 못할 만큼 악화되었다. 눈이 마주치면 그 옛날의 할머니처럼 그저 겸연쩍게 웃기만 할 뿐이다.

아버지는 내가 어린시절을 보낸 집에서 아직도 살고 있다. 바쁘다는 핑계로 자주 찾지 못하는 그 집 담장에는 손을 보아 주지 않아 찔레인지 해당화인지 구분이 안 되는 초라한 모습의 장미가 몇 송이 피어 있다. 오랜만에 아버지를 뵙고 오던 길에 나는 무심코 가시에 손을 찔리면서 그 장미 몇 송이를 꺾어 집으로 가져왔다. 다음날 일어나 보니 장미는 점점이 꽃잎을 책상 위에 떨어뜨린 채 앙상한 줄기를 화병에 기대고 힘든 숨을 내쉬고 있었다.

치매, 그것은 생명 연장의 대가

유사 이래 인간들은 죽음을 극복하려는 끈질긴 꿈을 키워 왔다. 신화나 전설 속에 단골로 등장하는 영원한 생명, 또는 부활의 소망이 그것이다.

이 같은 인간의 염원은 기원전 3천 년경에 씌어진 바빌론의 시詩《길가메시의 모험》에도 기록되어 있다.

길가메시와 엔키두는 굉장한 힘을 가진 장사들이었으나, 그만 하늘의 황소를 죽이는 바람에 신의 노여움을 사고 만다. 신들은 둘 중 엔키두를 벌하기로 결정한다. 엔키두의 죽음을 보며 길가메시는 이렇게 절규한다.

"나는 죽음의 얼굴을 보았노라. 나도 언젠가는 엔키두처럼 되지 않겠는가?"

길가메시는 죽음을 피하려고 바다 밑에서 회춘하는 풀을 구하게 되지만, 그만 뱀이 먹어 버려 희망은 물거품이 되고 만다.

동양에서도 일찍이 진시황이 불로초를 구하려 머나먼 우리나라에까지 사람을 보냈었다는 전설이 전해 온다. 하지만 그 역시 나이 오십 남짓에 수천 명의 기마 토용과 함께 무덤 속으로 들어가고 말았다.

이제 사람들은 죽음을 피할 수 없는 것으로 받아들인다. 그래서 죽지 않으려는 노력 대신 수명을 늘리기 위해 노력하고 있으며, 실제로 인간의 평균 수명은 놀랄 만큼 길어졌다.

그러나 모든 일은 대가를 치러야 한다. 이러한 생명 연장 역시 마찬가지다. 수명이 증가할수록 질병도 같이 증가하게 된 것이다. 이전에는 없었던 질병들이 사람의 수명이 연장되면서 나타나기 시작하였다. 그 중 대표적인 질병이 노년기 치매로서 하루가 다르게 환자가 증가하는 추세이다.

신화나 전설에서는 이 같은 현상을 예언했던 것 같다.

그리스 신화를 보면 새벽의 여신 오로라는 트로이의 왕 라오메돈의 아들 티토누스를 사랑하였다. 오로라는 티토누스를 납치하고는 제우스를 설득하여 티토누스가 영원히 살 수 있도록 해달라고 설득하였다. 그러나 이 때 그녀는 티토누스에게 영원한 젊음까지 달라는 말을 깜박 잊고 말았다. 그래서 티토누스는 영원히 살 수는 있었지만 점차 노쇠해 가면서 지능이 떨어지기 시작했다. 그는 이 괴로움에서 벗어나기 위해 신에게 죽음을 달라고 간절히 기도하였다. 그는 매미로 변해서야 치매에서 벗어날 수 있었다. 그래서 치매에 걸린 노인의 목소리가 매미 우는 소리를 닮았다는 것이다.

영화가 인간의 삶을 반영한다고 하지만, 치매 증상을 가진 노인의 모습을 그린 영화는 그다지 많지 않다. 그것은 노화에 대한 우리의 의식적인 외면일 수도 있고, 노인 혐오증 때문인지도 모른다.

〈드라이빙 미스 데이지〉*Driving Miss Daisy*에서 브루스 베레스포드 감독은 보기 드물게 치매에 걸린 주인공을 등장시키고 있다. 이 영화는 미국의 커다란 변화 시기를 배경으로 유대인인 미스 데이지(제시카 탠디 분)와 그녀의 운전기사인 흑인 호크(모건 프리먼 분)와의 25년간의 우정을 다루고 있다.

원칙주의자이며 자존심이 강한 미스 데이지는 초등학교 교사직에서 은퇴한 후 혼자 살고 있다. 그녀는 어느 날 아침 자동차를 타고 외출을 하려다 기어를 잘못 넣는 바람에 옆집 꽃밭을 망쳐 버리고 만다.

어머니가 운전을 하기에는 너무나 늙어 버렸다고 생각한 그녀의 아들은 어머니의 허락도 받지 않고 운전기사를 고용한다. 자신이 늙었다는 것을 인정하고 싶지 않았던 미스 데이지는 한사코 운전기사를 부르지 않지만, 호크는 집요하게 그녀를 설득하여 차에 태우게 된다.

이렇게 시작된 그들의 관계는 점차 종속적인 위치를 벗어나 서로 위해 주고 이해하는 관계로 변한다.

미스 데이지의 나이가 아흔 살이 넘은 어느 날 호크는 문득 그녀가 이상해진 사실을 발견한다. 여느 날처럼 미스 데이지의 집으로 출근한 호크는 그녀가 머리를 풀어헤친 채,

"호크, 학생들 숙제 어디 있지? 학생들이 기다릴 텐데."

라고 횡설수설하며 흥분한 모습을 보고 크게 놀란다.

데이지는 결국 양로원에 옮겨지고, 호크는 그곳으로 그녀를 찾아 간다. 그녀는 간신히 호크를 알아보지만, 이미 지나가 버린 과거 얘기만을 되뇌인다.

치매는 그 종류가 여러 가지이다. 그 중 가장 대표적인 것이 알츠하이머 *alzheimer* 병이다. 우리가 흔히 알고 있는 노망은 대부분 알츠하이머 병이다. 이 병은 노년기에 가장 많이 발병하지만, 기록에 의하면 30대에 나타난 경우도 있다.

노인 인구가 급속도로 늘어나는 오늘날 치매는 누구에게나 가장 무서운 질병 중의 하나가 되었다. 현재 미국에만 백만 명 이상의 환자가 있으며, 우리나라도 65세 이상 인구 중 2%를 차지하고 있는데, 2000년에는 20만 명을 넘을 것으로 추정되고 있다.

나이가 많을수록 치매의 발병 가능성은 높아진다. 물론 가족 중에 치매 환자가 있는 경우, 가족력이 없는 경우보다 발병 가능성이 3~4배 높게 나타난다.

〈드라이빙 미스 데이지〉에서 시나리오 작가가 하고 싶은 얘기는 따

로 있었지만, 치매에 대한 오해를 불러일으킬 수 있는 장면이 보인다.

알츠하이머병은 아주 서서히 진행되기 때문에 환자는 물론 가족들도 초기에는 모르고 지나치는 경우가 많다. 그러나 영화에서는 발병과정을 생략한 채 병이 이미 상당히 진행된 후의 모습을 갑자기 보여주고 있다. 또한 치매로 인해 생기는 환자의 비참한 모습과 가족들이 겪는 심리적·경제적인 부담감은 보여주지 않고 있다. 그저 치매에 걸린 데이지가 조용히 치료기관에 수용되어 말년을 보내는 것으로 영화는 끝을 맺고 있다.

알츠하이머의 희생자

보통 치매를 단순히 노화 과정의 일부로 받아들이기 때문에 진단이 늦어지는 경우가 많다. 특히 우리나라에서는 노화 과정에 대해 보다 관용적이기 때문에 노화와 치매를 분명하게 구분하지 않는 경향이 있다. 그래서 가족들은 기억을 더듬어 보고서야 초기 발병 때의 상황을 아는 경우가 많다.

이 병은 초기에 불면증이 찾아온다. 작은 일에 짜증을 내거나 쓸데없는 일에 신경을 쓰고, 기운이 떨어진다고 호소하기도 하며 작은 스트레스를 이기지 못한다. 어떤 환자는 자식이 나가서 교통사고를 당하지 않을까, 또는 도둑 걱정을 하며 문단속을 지나치게 철저히 하는 등의 행동을 보이기 때문에, 가족들은 일종의 노파심 정도로만 받아들인다.

이 밖의 특징적 증세는 지적 기능이 떨어지면서 적응을 필요로 하는 일들을 피하고, 자기 방식의 일상적인 일에만 몰두하게 된다. 따라서 여행을 떠나거나 사람을 사귀는 일 등 새로운 일을 피하게 된다. 그러면서 성격도 예전에 비해 매우 경직된다. 이때에도 가족들은 으레 늙으면 고집이 세어지기 때문에 그렇다고 별 의심을 갖지 않는다. 그러나 시간이 지나면서 이런 증상들이 심화되어 눈에 띄게 이상한 점을 드러내게 된다.

흔히 나타나는 변화로는 환자들의 성격이 충동적으로 변하여 작은 일에도 필요 이상 화를 내게 되는 것이다. 그리고 심한 건망증에다 집중력이 떨어지면서 간단히 할 수 있는 장보기, 목욕, 요리 등의 일도 하지 못하게 된다.

레이건 미국 전 대통령이 자신이 알츠하이머병을 앓고 있다는 사실을 공개한 적이 있다. 신문지상에 발표된 것을 보더라도 레이건의 상태는 이미 병의 말기 상태에 접어든 것으로 보였다. 레이건은 이제 오랜 친구들도 알아보지 못하며, 책과 서류뭉치를 보고 "저 나무들을 치우라"고 했다는 것이다.

치매 증상이 분명한데도 불구하고 가족들은 여전히 이를 단순히 정상적인 노화 과정의 일부나 노년기에 보이는 우울증 정도로 쉽게 생각하기도 한다. 그러나 이미 지적 기능이 떨어진 환자들은 자동차 운전 중 사고를 내기도 하고, 길을 잃는 경우가 많아지며, 거리에서 소변을 보기도 한다. 그리고 건강에 대한 염려증도 동반되어 자신에게 커다란 질병이 있는 게 아닐까 하는 두려움을 가진다. 심한 경우 피해망상이 심해져, 가족들이 자기의 재산을 빼앗지나 않을까 걱정을 하는데, 이것은 기억의 공백을 메우기 위해 나타나는 현상이다.

어떤 환자는 가족이 자신을 속인다고 생각하여 동사무소에다 자기 이외에는 아무에게도 인감을 떼어 주지 못하도록 부탁을 하기도 하고, 거래처마다 돌아다니며 가족들과는 절대로 돈거래를 못하도록 조치하기도 한다.

사실 알츠하이머병에 대한 치료 방법은 현재 신통한 것이 없다. 그저 치매로 인한 여러 가지 장애를 최소화시킬 뿐, 지능 저하의 진행을 막는 방법은 없다. 치매에 동반되는 우울증·불안·망상·수면장애에 대한 약물을 투여하여 증상을 완화하는 길밖에 없다.

치매 환자의 평균 수명은 치매 증상이 명확하게 나타난 후 3~8년 정도인데, 사망하는 것은 그 질병 자체 때문이 아니다. 치매의 말기에 거동이 불편해지고 누워 지내는 경우가 많아져서 폐렴이나 감염에 의한 다른 질병으로 죽게 되는 것이다.

'알츠하이머의 희생자 *alzheimer's victim*.'

치매 환자의 가족들을 이렇게도 부른다. 가족들은 환자를 돌보느라 많은 부분을 희생해야 한다. 기본적으로 환자의 위생 상태를 해결해 주는 것에서부터 시작해서, 혹시 집을 나가 길을 잃어버리지 않을까 하는 걱정 때문에 항상 문단속에도 신경을 써야 한다. 심한 환자의 경우 밤새도록 집안을 돌아다니기 때문에 가족들 모두가 잠을 이루지 못하기도 한다. 또한 피해망상 때문에 가족들에게 이치에도 닿지 않는 트집을 잡는 등 괴로움을 준다.

그러기 때문에 한 사람으로는 부족하고, 모든 가족들이 환자를 돌봐 주어야 한다. 그래서 치매 환자의 치료에는 가족들이 힘을 합쳐야 한다.

치매 환자의 가족들과 면담을 하다 "정말 힘드셨군요" 하고 위로의 말을 건네면 그들은 한결같이 눈시울을 적신다. 이들은 또 뭔가 환자에게 제대로 못해 주고 있다는 가책에 시달리고 있다. 그래서 외국에서는 치매 환자의 가족들이 모여 서로를 위로하고, 자신이 품고 있는 환자에 대한 원망과 힘든 점을 솔직히 털어 놓는 모임도 결성되어 있다. 이곳에서 가족들은 다른 이들도 자기와 비슷한 고민을 가지고 있다는 안도감과 더불어 자신이 환자에게 최선을 다하고 있다는 지지를 받을 수 있게 된다.

길거리에 버려지는 환자들

잦은 건망증 때문에 일상적인 일들을 가르쳐 주어도 자꾸 잊고 개인의 위생도 유지 못하는 환자들과 같이 생활하다 보면 짜증도 나고 환자를 원망하는 마음이 생길 수밖에 없다. 또한 가족 중 누군가가 전적으로 환자에게 매달려야 하다 보니 경제력에도 그만큼 주름살이 질 수밖에 없다.

우리나라는 아직도 유교적인 가치관이 일반화되어 있기 때문에 자신이 환자를 위해 헌신하고 있음에도 불구하고 마음속에 동요가 일 때마다 강한 죄책감을 느끼게 된다. 또한 환자의 증세가 좀 나아져야 보람이 따를 텐데, 이 병은 시간이 지날수록 악화되기만 하는 것이 특징이다. 정성이 모자라서 그런 건 아닌지, 아니면 비밀스럽게 간직한 환자에 대한 원망 때문은 아닌지 별 생각이 다 든다. 급기야는 자기가 못돼먹었고 환자 하나 간병할 능력도 없는 사람이라는 자책감이 들기도 한다. 그리고 아침에 일어날 때마다 환자를 보다 잘 보살펴 주어야겠다고 마음먹지만, 끝이 없는 환자의 뒤치다꺼리는 가족들을 지치게 한다.

상태가 심해지면 치료기관에 환자를 맡기기도 하지만, 가족들은 마음이 편치 못하다. 마치 환자를 버리기라도 한 것처럼 바라보는 주위의 시선과 이런 시선에 한없이 움츠러들게 만드는 죄책감 때문이다.

치료기관에 환자를 입원시킬 수 있는 경우는 상황이 꽤 괜찮은 경우다. 많은 수의 환자들이 길거리에 버려지고 있다. 병원에선 버려진 환자들에게 인적 사항 등을 물어보지만, 그들은 아무것도 기억할 수 없다. 물론 버린 사람들은 그 점을 잘 알고 한 짓이다. 이렇게 버려진 환자들은 결국 대형 정신병원의 행려병자 입원실에서 죽음을 맞이하게 된다.

미스 데이지가 입원한 병원은 제법 시설이 잘돼 있고, 가족들이 안심하고 맡길 수 있다는 느낌을 주지만, 우리나라에는 아직 이렇다 할 전문 치매 환자 병동이 없다.

치매는 되도록 치료기관보다 집에서 치료하는 쪽이 낫다는 것이 정설이다. 이유는 환자의 지적 기능이 떨어져 있어 새로운 환경으로 옮기게 되면 매우 혼란스러워하기 때문이다. 그러나 환자의 가족들이 겪는 어려움이 워낙 크기 때문에 미국에서는 집과 병원의 중간 정도의 시설을 만들어 치료해 보려는 시도를 하고 있다. 그럼으로써 환자를 자신이 살고 있던 곳에서 완전히 격리시키지 않고, 가족의 부담도 줄일 수 있다는 발상이다.

마치 탁아소처럼 노인이 낮 동안 머물면서 보살핌을 받고, 저녁에는 다시 집에 돌아와 잊혀진 기억들을 조금이나마 되살릴 수 있다는 점에서, 가족들의 부담도 덜고 전문적인 치료와 상담 그리고 가족들에게 환자의 상태에 대한 자문을 해줄 수 있는 괜찮은 제도로 생각된다. 우리나라에서도 몇몇 병원에서 치매 환자 '낮 병원'을 운영하고 있다.

물론 심한 환자는 입원이 필요하며, 치매를 전문적으로 치료할 수 있는 병원도 꼭 필요하다. 결국 이런 낮 병원 같은 중간 단계의 치료 시설이나 전문적인 치료 기관은 모두 국가의 지원이 뒷받침되어야 하는 제도이다. 국민소득 1만 달러를 넘어선 우리나라도 이제는 예산이 국민 모두가 혜택을 받는 복지 부문에 골고루 쓰여져야 할 것이다. 사실 치매 환자에 대해 관심을 기울이는 것은 바로 우리 자신의 미래를 준비하는 것과 마찬가지다.

아버지의 병세는 이제 돌이킬 수 없을 정도로 깊어졌다. 얼굴에는 죽음 꽃이라는 검버섯이 돋아난 지 오래고, 거의 누워서 지내고 있다. 간병에 지친 어머니의 얼굴에서도 웃음기가 사라진 지 이미 오래다. 아버지가 어쩌다 한 번 알아보고 내 이름을 부를 때는 반가움보다는 안타까움이 더 크다. 그것은 다 죽어가는 고목 안에 갇힌 가녀린 한 생명체가 두꺼운 껍질을 뚫고 온힘을 다해 신음소리를 내는 것 같은 느낌이다. 하지만 그 껍질은 이내 닫히고 아버지는 다시 이파리를 몇 장 달고 있는 고목 안에 갇혀 버린다.

초점 없는 눈으로 천장바라기를 하며 하루하루를 보내는 아버지는 무슨 생각을 하고 있을까. 고통은 얼마나 클까. 어쩌면 아버지는 가족들을 모두 낯선 사람으로 생각하여 불안에 떨고 있는 것은 아닌지.

어머니는 두 명의 치매 환자를 치러내 이제 환자를 돌보는 데는 이골이 났다. 어머니는 할머니의 경험에서 이 질병의 비참한 경과를 너무나 잘 알고 있을 것이다. 시어머니와 같은 병으로 누워 지내는 남편을 지켜보는 어머니의 심정은 어떨까?

어머니는 아무런 반응도 없는 남편을 씻기고, 먹이고, 입히고, 짜증스런 질문에 대답하고 그리고 자꾸 잊혀진 기억을 되찾아 주기위해 반복해서 자식들의 이름을 들려준다. 그 모습을 보면서 나는 〈드라이빙 미스 데이지〉의 마지막 장면이 떠올랐다. 그렇게 자존심 강하고 꼬장꼬장하던 데이지가 어린애처럼 호크에게 음식을 받아먹는 모습이….

5월의 어느 날 무심코 둘러본 텃밭에는 잡초가 말끔하게 뽑혀져 있고, 잔돌도 치워져 있었다. 소리 없이 곁으로 다가온 어머니는 오랜만에 나에게 엷은 미소를 지으며

"몇 년간 땅이 쉬었으니, 올해는 상추가 아주 잘 될 거다. 올해부터는 내가 네 아버지 대신 채소를 가꿔야겠다."

고 말했다.

얼마 후 다시 가본 그 텃밭에는 무슨 채소인지 파란 싹이 돋아나 있었다. 내 아이들은 신기한 듯 호기심에 찬 눈길로 그 새싹들을 바라보며 텃밭 주위를 돌고 있었다.

포레스트 검프

미국을 구하러 떠난 바보 왕자

미국 역사의 원죄

그림 _Grimm_ 동화집에 《생명수》라는 작품이 있다.

옛날 어떤 곳에 한 왕이 오랫동안 병으로 누워 지내고 있었다. 이 왕에게는 세 명의 왕자가 있었다. 어느 날 한 노인이 나타나 왕자들에게 생명수를 구해 오면 왕을 살릴 수 있다고 가르쳐 주었다.

첫째와 둘째 왕자가 먼저 생명수를 구하러 떠났는데 이들은 도중에 마술에 걸려 실패하고 만다. 교만한 언행 때문이었다. 그러나 마지막으로 생명수를 찾아 나선 셋째 왕자는 마음씨가 곱고 순진하여 마침내 생명수를 구해 올 수 있었다.

1900년대 중반을 넘어서면서 미국은 정치·사회적으로 연속적인 위기에 봉착한다.

먼저 이른바 매카시 선풍으로 인한 미국판 분서갱유의 파란이 지식인 사회에 휘몰아쳐 양심 있는 지식인은 입을 다문 채 폭풍이 잠잠해지기만을 기다린다. 흑백 분규가 절정에 달하여 마틴 루터 킹, 말콤 X 등의 흑인 민권 운동가가 등장한다. 이어 베트남전의 구렁텅이에 빠져들게 되어 많은 젊은이들이 전쟁터에 끌려가고, 그 반작용으로 치열한 반전운동이 일어난다. 그리고 젊은이들 사이에는 허무주의와 히피 문화가 그들의 신으로 자리 잡는다. 또한 미국의 도덕성에 치명상을 입힌 흑인 민권 운동가와 케네디 형제의 암살사건이 잇달아 일어난다. 여기에 탄핵으로 마무리된 닉슨 대통령의 워터게이트 사건은 땅에 떨어진 미국의 도덕성에 마지막 결정타를 먹였다.

자유라는 이상을 좇아 메이플라워호를 타고 대서양을 건너온 유럽의 난민들이 피땀으로 일으켜 세운 나라가 미국이다. 그러나 그들은 자신들이 쟁취한 자유의 크기만큼 인디언과 흑인을 가혹하게 탄압했다. 그것은 미국이라는 나라의 원죄이다. 그런 어두운 그림자 위에 세운 나라였지만 그들은 그래도 언젠가는 자신들의 국가적 이상을 성취할 수 있을 것이라는 확신을 버리지 않았다. 그러나 그들이 꿈꾼 이상 사회는 결국 실현되지 못하고 사회적·인종적 갈등과 부도덕성이 춤추는 혼란의 구렁텅이로 빠져 들어가기만 했다.

누가 이런 미국을 구할 것인가?

그림 동화집에서 병든 왕을 구하기 위해 떠난 왕자들처럼 처음으로 생명수를 찾아 떠난 것은 〈포레스트 검프〉의 여자 주인공 제니이다. 그러나 제니는 반전운동과 히피 문화에 사로잡히고, 그로 인한 허무와 체념은 그녀를 마약과 술에 빠뜨린다.

마치 동화 속의 첫 번째 왕자처럼 그녀는 마법에 걸려 옴짝달싹 못하게 되고 만 것이다.

다음으로 병든 미국의 발목을 잡고 있는 베트남전을 해결하기 위해 댄 테일러 중위라는 두 번째 왕자가 출발한다. 하지만 그 역시 베트남전을 해결하지 못하고 두 다리가 잘린 채 귀국하고 만다. 그리고 술독에 빠진 채 상이 용사로 전락한 스스로를 저주하며 살아간다.

이제 마지막으로 세 번째 왕자가 출발할 차례가 되었다. 《생명수》와 유사한 동화에서 으레 보이듯이 세 번째 왕자는 덜떨어지고 모자란 사람으로 그려진다. 〈포레스트 검프〉에서도 예외 없이 IQ 75의 바보 검프가 주위의 비웃음을 사며 생명수를 구하기 위해 떠난다. 병든 왕처럼 지치고 힘이 빠져버린 미국을 구하기 위해….

'포레스트 나단 베드포드'는 남북전쟁 당시 남군을 이끌었던 장군이다. 1865년 전투에서 북군에 패배한 그는 종전 후 멤피스에 정착하여 KKK단의 첫 번째 지도자가 된다. 이 영화는 왜 하필 가장 지독한 흑인의 박해자이며, 노예제도를 고수하려 한 포레스트 장군의 이름을 따서 주인공의 이름을 지었을까?

검프의 이름인 포레스트는 백인들의 그림자를 상징한다. 포레스트는 밝음 뒤에 숨어 있는 백인들의 치졸하고 어두운 그림자를 한 몸에 받고 태어난 것이다. 그래서 그는 어눌하고 지능이 모자라는 것이다.

'포레스트 검프'는 미국 역사의 어두운 부분을 그 이름 속에 함축하고 있다. 즉, 흑백 차별, 베트남전, 워터게이트 사건, 케네디 암살 등을 그 이름 속에 모두 포함시켜 놓고 있다.

포레스트는 병든 미국을 구하기 위해, 어두운 미국의 그림자에 면죄부를 주기 위해 나타난 것이다.

하지만 포레스트의 출발은 처음부터 매끄럽지가 못하다. 미국 사회

어느 곳에도 그가 발붙일 수 있는 곳은 없다. 이 영화에선 포레스트가 버스를 타는 장면이 두 번 나온다. 첫 번째는 그가 처음으로 학교에 가던 날이다. 버스에 오른 뒤똥 맞은 포레스트에게 자리를 권해주는 아이는 아무도 없다. 마지막으로 제니만이 그를 옆자리에 앉게 해준다. 다음은 군에 입대하기 위해 버스를 타는데, 여기서도 흑인인 버바만이 그에게 자리를 내어준다. 제니와 버바는 모두 소외된 사람들이다. 제니의 아버지는 알코올 중독자로서 딸인 제니에게 성추행까지 한다. 또한 버바도 힘든 새우잡이를 하며 어렵게 살아온 하류 계층의 흑인이다.

미국인들은 자신들의 어두운 그림자인 포레스트를 인정하지 않고 무시해 버린다. 포레스트와 직면해서 그 실체를 인정하기에는 용기가 없으며, 제발 없어졌으면 하는 부분이기 때문이다. 그러나 그를 끌어안은 것은, 그에게 자리를 권한 것은, 제니와 버바로 상징되는 미국 사회의 소외된 이들이었다.

그는 치열한 베트남전에서 전우들을 구하고, 탁구 선수가 되어 중국에 가기도 하며, 버바와의 약속대로 새우잡이를 해서 큰 돈을 벌기도 한다. 로버트 제멕키스의 역사 바꾸기 수법(〈백 투 더 퓨처〉 역시 그의 작품으로서, 그는 어느 누구보다 잘못된 역사에 참을 수가 없는 사람인 것 같다. 그는 이 영화에서 미래로 과거로 넘나들며 역사를 바로 잡는다)에 따라 포레스트는 아슬아슬하게 미국의 치부를 건드리며 종횡무진 누빈다.

포레스트가 지나간 곳에는 마법처럼 과거의 심각했던 사건이 가벼운 에피소드로 보이는 착각을 일으킨다. 그리고 이렇게 모든 살풀이를 마친 미국은 이제 상처가 치유되고 안정기에 들어갔다는 것을 보이기 위해 포레스트의 낙향으로 귀결된다.

심리 유형론으로 본 세 왕자의 동화

포레스트는 생명수를 구해 왔다. 동화에서처럼 포레스트는 모든 것을 얻었고, 모든 것이 순조롭게 풀려 나갔다. 그리고 동화에서처럼 착한 셋째 왕자 포레스트는 마법에 걸려 집에 돌아오지 못하는 두 형을 구하고 돌아온다.

포레스트는 마약과 우울 상태에 빠져 있는 첫 번째 왕자 제니에게 새 삶을 안겨준다. 두 번째 왕자인 테일러 중위에게도 술과 자포자기로부터 벗어나도록 격려하여 새우잡이로 큰 성공을 거두게 한다. 테일러 중위의 마법을 풀어 자신의 길을 갈 수 있도록 만들어 준 것이다.

이제 모든 일을 성취한 바보 포레스트는 마지막으로 제니의 임종을 지켜본다. 공주를 만나 행복하게 살게 되는 《생명수》와는 다른 결말을 보여주지만, 제니의 대역 인물인 아들이 그의 곁에 남겨지게 된다.

세 번째 왕자가 생명수를 구할 수 있었던 이유는 무엇일까? 왜 영화에서는 왕과 세 왕자의 얘기가 우연히도 반복되는 것일까?

이 의문에 대해서는 융 *C. G. Jung*의 '심리적 유형론'으로 설명이 가능하다.

융은 어떻게 의식이 실제로 작용하고 있는지 흥미를 가지고 있었으며, 서로 다른 사람들이 어떻게 다른 방식으로 외계의 사건에 적응하는지 관찰하여 의식의 심리적 유형론을 정립하였다.

융은 사람이 갖는 태도의 유형을 두 가지로 나누었는데, 외향성*extrovert*과 내향성*introvert*이다. 여기서 일반인들이 흔히 알고 있는 외향성과 내향성은 융이 주장한 원래의 개념과는 적잖이 다르다.

외향성과 내향성은 정신 에너지가 흐르는 방향을 말하는데, 사람들마다 외향 혹은 내향이라는 양극 중에서 어느 한쪽으로 더 기울어진다고 보았다.

외향성이란 어떤 사람의 정신 에너지가 습관적으로 외부의 대상을 향하고 있을 때를 말한다. 그래서 외향성의 사람들은 외적세계에 초점이 맞추어져 있으며, 외부의 대상이 판단과 인식의 기준이 된다. 따라서 돌아가는 주변의 상황에 잘 적응하기 때문에 다른 사람들의 눈에 매우 활동적으로 보인다.

내향성은 정신 에너지의 흐름이 내적세계로 향해 있다. 이들은 자신의 내면세계가 가지고 있는 기준에 따라 행동하며, 외부세계의 대상에 휩쓸리지 않는다. 따라서 그들은 생각을 많이 하며, 경험보다는 자신이 가진 기준에 따라 행동한다. 그래서 주위 사람들은 내향성의 사람들을 정적靜的이라고 본다.

이러한 의식의 두 가지 태도 유형 외에 의식에는 네 가지 기능이 외계의 사건에 적응하기 위해 존재한다. 융은 네 가지 기능을 다시 합리적 기능과 비합리적 기능으로 나누었다. 합리적 기능에는 사고*thinking*와 감정*feeling*이, 비합리적 기능에는 직관*intuition*과 감각*sensation*이 있다.

사고와 감정을 합리적 기능이라고 한 이유는 '사고'와 '감정' 기능이 주어진 관념 내용을 서로 연결시키는 기능을 하고, 기준에 따라 판단하고 결정하기 때문이다. 그러나 '직관'과 '감각'은 옳고 그름의 판단 과정을 거치지 않고 무엇을 감지하는 기능이기 때문에 비합리적이라고 본 것이다.

이 네 가지 기능을 좀 더 자세히 설명하면, '사고' 기능은 어떤 사물이 무엇인가를 알아내며, 이에 적절한 이름을 붙이기도 하고, 다른 사물과 연관을 맺기도 하는 역할을 한다. 또한 이 기능은 객관적인 판단 기준을 가지고 정보를 분석하고 결론을 내리는데, 일관성과 타당성을 중요하게 여긴다.

'감정' 기능은 우리가 흔히 말하는 기분과는 다른 것으로서, 어떤 사물의 가치에 대한 중요성을 객관적인 가치가 아닌 자신이 가진 관점에 따라 결정하는 역할을 한다.

비합리적 기능인 '직관' 기능은 사실에 대한 증명이나 사전 지식이 없이 어떤 일의 가능성을 알아내는 것으로서, 흔히 육감이라고도 할 수 있다. 이 기능은 새로운 가능성을 빨리 알아채며 따라서 상상력과 영감이 많이 필요하다.

'감각' 기능은 모든 감각 기관에 의존하여 사물을 받아들이는 것을 말한다. 이들은 현실에서 일어나는 사실을 그대로 수용하고 처리하기 때문에 현실적이고 실용적이다.

그런데 왜 어떤 사람은 외향성이고, 어떤 사람은 내향성의 태도를 보이며, 어떤 사람은 직관형이고, 어떤 사람은 사고형일까?

융은 이러한 차이는 사람들이 선천적으로 가지고 태어나는 것이라고 하였다. 그래서 한두 살 정도만 되어도 아이들이 가진 심리적 유형을 관찰을 통해 어렴풋이나마 알 수 있다고 하였다.

사람들마다 네 가지 의식의 기능이 모두 균등하게 작용하지는 않는다. 네 가지 기능 중 각각 한 가지 기능이 주 기능과 열등 기능으로 나뉜다. 그런데 주 기능과 열등 기능은 항상 한 배를 타고 있다. 합리적 기능중 하나가 주 기능이 되면, 나머지 합리적 기능은 열등 기능이 된다. 상식적인 생각으로는 합리적 기능인 '사고'가 주 기능인 사람이 있다면, 당연히 비합리적 기능인 '직관'이나 '감각'이 열등 기능이 되리라고 생각할 수 있다. 그러나 열등 기능은 같은 합리적 기능인 '감정'이 열등 기능이 된다. '사고' 기능이 뛰어난 사람은 '감각'이나 '직관' 기능을 보조 기능으로 가지고 있으며, '감정'이 열등 기능인 것이다.

　그런데 융은 왜 같은 합리적 기능인 '사고'와 '감정'이 서로 주 기능과 열등 기능이라는 반대편에 있다고 생각하였을까? 이유는 서로 합리성이 있기 때문에 반대로 서로 배척하며, 마찬가지로 '직관'과 '감각'도 서로 비합리적인 면이 있기 때문에 주 기능과 열등 기능의 반대 역할을 하게 된다고 설명한다.

　그래서 사람들을 심리학적 유형으로 나눌 때, 의식의 태도(내향성·외향성)와 네 가지 기능(사고·감정·직관·감각)이 짝을 이루어 여덟 가지 심리학적 유형으로 분류하게 된다. 당연히 네 가지 기능 중 가장 주요한 기능을 하는 것이 그 사람의 유형이 된다. 그래서 외향적 사고형, 내향적 사고형, 외향적 감정형, 내향적 감정형 등등으로 나누어진다.(주 : 여덟 가지 심리적 유형론 참조)

　의식의 네 가지 기능에서 주 기능과 열등 기능의 관계는 《생명수》의 동화에서처럼 왕과 세 명의 왕자로 비유해 설명할 수 있다. 왕은 두 명의 왕자는 좋아하지만, 가장 나이 어린 왕자는 바보이기 때문에 무시한다.

　이 바보 왕자가 열등 기능의 일반적인 행태를 보이고 있다. 《생명수》에서 왕은 '사고' 유형이고, 세 번째 왕자는 '감정' 유형임을 알 수 있다.

　그러나 넓은 의미로는 왕과 셋째 왕자는 사실 주 기능과 열등 기능을 각각 상징한다.

　그런데 왕은 왜 병이 들어 생명수를 찾게 되었을까? 왕이 병든 이유는 주 기능만을 너무나 오랫동안 사용했기 때문이다. 주 기능이란 자신이 자유자재로 움직일 수 있는 부분이다. 반면 열등 기능은 덜떨어지고 동작도 굼뜨며, 어떤 일을 할 때 시간도 많이 걸린다. 따라서 사람들은 보통 편리한 대로 자신의 주 기능만을 사용하며 지내게 된다.

이렇게 되면 인생은 재미가 없고 지루해진다. 그래서 동화처럼 '사고'가 주 기능인 왕이 병든 모습을 하고 나오게 된다. 주 기능만을 사용하다 보면 마치 오래된 차처럼 털털거리고, 기름이 다 떨어진 것처럼 움직일 수 없게 된다.

이 때 자신의 열등 기능에 눈을 돌리면, 새로운 인생의 잠재력을 발견하게 된다. 그러나 이는 자신의 보기 싫은 부분을 들여다봐야하는 어려움이 따른다. 그래서 왕자는 바보로 나온다.

〈포레스트 검프〉에서는 미국이라는 나라 자체가 주 기능이고, 제니와 댄 테일러 중위는 보조 기능을 하고 있으며, 포레스트 검프는 열등 기능을 상징한다. 그러나 제니가 첫째 왕자라고 하는 데는 반론이 제기될 수 있다. 왜냐 하면, 동화에서 첫째 왕자는 왕의 총애를 받았지만, 포레스트 검프에서 제니는 소외된 계층이다. 그래서 이것만은 동화와 영화가 들어맞지 않는 내용이다.

열등 기능이 더 필요할 때
미국은 사고 기능의 나라라고 할 수 있다. 모든 것이 명확하며, 논리적인 부분을 중요시한다.

현대 사회에서 사고 기능은 생존과 직결된다. 그래서 현대의 교육, 즉 성인이 되어 자신의 직업을 갖기 위한 어린시절의 교육은 모두 사고 기능의 증진에 중점이 두어진다. 예전처럼 사고 기능이 그리 필요치 않았던 사회는 이미 없어져 버렸다.

사고 기능이 뛰어난 자만이 행복을 찾아낼 수 있고 신분의 상승을 가져올 수 있다. 이런 사고 기능이 모든 것을 해결해 주고 미국에 행복을 가져다 줄 것이라고 생각했다. 그러나 실제에서는 어떠한가?

이런 사고 기능을 중요시하는 미국 사회(사실 사고 기능의 중시는 미국만의 문제가 아니라 현대사회의 공통적인 문제이다)는 그만큼 많은 부분을 잃고 말았다.

사람들 사이의 관계는 소원해졌으며, 논리적으로 맞지 않는다고 생각하면 가차 없이 잘라 버린다. 그리고 사고 기능 이외의 것은 불합리하고 비과학적이라고 몰아붙이게 되었다.

미국은 너무 주 기능만을 사용했고, 이로 인해 의욕이 상실되고 권태가 찾아 왔다. 이런 허탈함, 그리고 지루함을 어떻게 극복해낼 수 있을 것인가. 동화처럼 미국은 이제 병들어 눕고 말았다.

미국은 열등 기능을 들여다보아야 활력을 찾을 수 있다. 융이 언급했듯이, 주 기능이 지치고 힘이 빠졌을 때는 열등 기능을 동화시켜야 한다고 했다. 그래서 바보 포레스트가 생명수를 구하러 떠나게 되는 것이다.

〈포레스트 검프〉는 자로 잰 듯이 정확하고 논리 정연한, 숨 막히는 미국 사회로 하여금 열등 기능을 돌아보도록 깨우쳐 주고 있다.

그런데 이 같은 심리적 유형론이나 성격판단 도구는 도그마 dogma 가 되어서는 곤란하다. 이러한 것은 오랜 세월 동안 사람들의 행태를 관찰하여, 사람들 사이의 차이를 발견하고, 나름대로의 규칙성을 정립한 것이다. 무조건 자신의 성격을 이런 이론에 맞추는 것은 큰 도움이 되지 못한다.

유형론을 통해 다른 사람은 나와 다른 것에 가치를 두고, 어떤 사건에 대해 다르게 반응한다는 것을 아는 것이 보다 도움이 될 것이다. 나 자신에 대한 이해뿐 아니라 상대방과 내가 근본적으로 다르다는 상호 이해의 기반이 될 수 있기 때문이다.

또한 나와 다른 상대방은 내가 보지 못하는 점과, 내가 못 가진 능력을 보완해 줄 수 있는 사람이다.

그리고 굳이 이런 유형론에 맞추어 자신의 주 기능을 알았다고 하더라도, 어떤 사람의 사고 기능이 뛰어나다고 할 때, 그는 감정 기능이 뛰어난 사람을 무시할 수 있다. 그러나 네 가지 기능은 외계에 적응하는 데 필요한 도구일 뿐, 사고가 감정보다 나은 기능도 아니며, 직관이 감각 기능보다 낫다고 볼 수도 없다.

자기의 생각이 최고라는, 즉 진리를 알고 있는 것처럼 행동하는 것은 독선이다. 그는 단지 전체 진리의 4분의 1만을 알고 있을 따름이다.

〈포레스트 검프〉에는 새의 상징이 두 번 나온다. 제니가 아버지의 성추행을 피하기 위해 밭으로 뛰어가며, 제발 새가 돼서 이곳을 벗어나고 싶다고 기도를 하는데, 그러자 밭에서 많은 참새가 날아온다.

서양에서는 참새가 비속하고 하찮은 것을 상징한다. 구약 성서 《시편》(102:7)에 보면 '하나님의 제단에서 참새도 제 집을 얻는다' 라는 구절이 있다. 참새 같은 하찮은 것도 하나님의 사랑과 포용 속에 듦을 의미하는 말씀이다. 이것은 제니의 참담한 현실과 아울러 어쩌면 미국의 어두운 그림자를 보여주고자 한 의도적인 삽화인지도 모르겠다.

이런 하찮은 새의 이미지와는 달리 〈포레스트 검프〉의 첫 장면에선 하얀 깃털이 바람에 하늘거리며 날리다가 운명처럼 검프의 발아래 내려앉는다. 그리고 검프는 그 깃털을 주워 책갈피에 끼워 놓는다.

깃털은 일반적으로 깃털이 달린 동물, 즉 새와 유사한 것을 상징한다. 부분은 전체를 대표한다는 원리*principles of pars prototo*에 의해서도 깃털은 새를 의미한다.

새는 심리학적으로 의식으로 하여금 무의식의 깊은 세계로 이끌어가는 역할을 한다. 그리고 새는 고대부터 영혼의 인도자라는 상징을 가지고 있었다.

그가 깃털을 가졌다는 것은 검프가 병든 미국 사회의 인도자라는 것을 의미한다.

그런데 깃털은 바람에 따라 하늘거린다. 바람은 종교나 신화에서 정신력을 뜻한다. 바람의 방향을 알 수가 없다. 그래서 우리가 바람 따라 흐른다고 할 때 자유를 상징하지만, 한편으로는 자연의 섭리를 따라가는 것으로 해석할 수 있다.

깃털의 날아가는 방향은 아무도 알 수 없다. 단지 그것은 초자연의 힘에 따르는 것이고, 합리적인 생각이나 과학적인 지식이 접근할 수 없는 영역이다. 바보는 세속에 물들지 않고 진실하기 때문에 삶에 소박하고 순진한 태도를 취한다. 어쩌면 바보만이 이런 불합리한 것을 받아들일 수가 있다.

그는 순수한 마음으로 운명에 거스르지 않고 바람에 운명을 맡긴다. 그래서 그는 영화 도입부의 가벼운 깃털처럼 바람에 흩날리듯 순리대로 살아간다.

♠ 여덟 가지 심리적 유형

네 가지의 합리적 기능으로는,

첫 번째로 외향적 사고형을 들 수 있는데, 열등 기능은 내향적 감정형이다.

이 유형의 사람들은 대개 관료나 사업계·법조계·과학자 중에서 조직을 맡고 있는 사람들이다. 이들은 과학의 방해 요소인 게으름이나 불명확한 언어를 제거해 버린다. 또한 외계의 상황을 파악한 후 정확한 자리매김에 의해 순서를 정한다. 혼란스럽고 무질서한 것을 견디지 못하고, 뭔가 정돈되고 차례가 있어야 편안함을 느낀다. 이 유형이 회의에 참석하게 되면, 기본적인 원리를 강조하며, 이로부터 어떤 일이 진행되어야 한다고 주장한다. 법률가가 이 유형이라면, 양측의 혼란스러운 자료를 받아서 우수한 사고 기능으로 어느 것이 실제적인 갈등인지 파악하고, 모든 사람들에게 만족스러운 해답을 내놓는다.

두 번째는 내향적 사고형으로, 열등 기능은 외향적 감정형이다.

외향적 사고형과의 차이는 위에서 설명했듯이 사고가 안으로 향해 있다는 점이다. 그래서 이들은 외계 대상의 순서를 정립하려고 그리 노력하지 않는다. 그들은 개념에 더욱 신경을 쓴다. 그들은 눈에 보이는 사실보다 먼저 개념을 명확히 해야 한다고 말한다. 그래서 그 사람이 과학자라면 자신의 동료가 개념을 잊고 방황할 때 제자리를 잡도록 해주며, 우리가 지금 무엇을 하고 있는가 하는 의문을 제기한다.

세 번째는 외향적 감정형인데, 열등 기능은 내향적 사고형이다.

이들은 외계 상황을 적절히 평가하고 유연하게 관계를 맺는 적응 능력이 있다. 이 유형은 쉽게 친구를 사귀고, 사람들에 대한 착각이 드물고, 남들의 긍정적인 면과 부정적인 면을 적절하게 평가할 수 있는 능력을 가지고 있다. 이들은 주변을 부드럽게 하는 장기가 있으며, 다른 사람들이 볼 때 인생을 참 쉽게 사는 사람처럼 보인다. 따라서 이들은 많은 친구들에 둘러싸인 채 지내게 된다.

이 유형은 사고형을 싫어하는데, 왜냐하면 자신의 열등 기능이기 때문이다. 특히 내향적 사고형을 싫어해서, 철학적 원칙 또는 기본적인 삶의 의문들을 싫어한다. 따라서 이런 심오한 의문은 피하며, 이러한 문제를 생각하는 것은 그들을 의기소침하게 한다.

마지막으로 내향적 감정형이 있는데, 열등 기능은 외향적 사고형이다.

그들은 내향적인 방식으로 감정을 통해 삶에 적응한다. 융은 '잔잔한 물은 깊다' 라고 표현하였다. 이 유형은 매우 이해하기 어렵다. 그들은 분화된 영역의 가치 체계를 가지지만, 외계로 표현하지는 않는다. 이들은 그 안에서 영향을 받을 뿐이다.

이 유형은 도덕 또는 윤리적인 개념을 조용하게 전도하여 집단의 윤리적인 근간을 형성한다. 아마 마더 테레사가 이 유형에 속할 수 있을 것이다.

이들은 소리 없이 퍼지는 향기처럼 주변 사람들을 물들게 한다. 따라서 그 사람이 어느 집단에 나타나서 자신의 의견은 내놓지 않아도, 존재하는 것만으로도 다른 사람들이 올바른 행동을 해야겠다고 마음을 먹게 만든다.

비합리적인 네 가지 기능으로는,

첫 번째로 외향적 감각형을 들 수 있는데, 열등 기능은 내향적 직관형이다.

이 유형은 외부의 대상과 실제적인 방법으로 관련을 맺는 데 재능을 가지고 있다. 감각형의 사람들(외향적이건 내향적이건)은 모든 것을 관찰하고, 모든 것을 냄새 맡고, 방에 들어서면서 방안에 얼마나 많은 사람들이 있는가를 대번에 알아 버린다. 어느 어느 사람이 저기에 있고 어떤 옷을 입고 있는지도 안다. 이런 것을 '직관' 형에게 물어본다면, '직관' 형들은 전혀 알지 못한다. 감각형은 상세한 세부까지 아는 데 능숙한 사람들이다. 이들은 사진을 찍듯이 사물을 관찰하며, 외부의 사실을 객관적으로 빨리 안다. 그래서 산악인, 엔지니어에 이런 타입이 많은데, 이유는 상세하게 외부의 현실을 정확하고 폭넓게 알기 때문이다. 이 유형의 열등 기능은 '직관' 이기 때문에, 이들은 '직관' 이란 보이지 않는 것을 근거한 미친 환상이라고 평가 절하한다.

두 번째는 내향적 감각형으로, 열등 기능은 외향적 직관형이다.

매우 민감한 사진판과 같은 느낌을 갖게 하는 사람이다. 어떤 이가 방에 들어오면, 이런 타입은 그 사람의 머리 스타일, 얼굴 표정, 의상, 걸음걸이의 모양을 단번에 알아챈다. 이런 모든 것이 내향적 감각형에게는 순간적으로 흡수된다. 그러나 이 사람들은 외향적 감각형과 달리 외견상 모자라 보인다. 왜냐하면 이 유형은 단지 앉아 허공을 바라보고 있는 경우가 많기 때문이다.

그 사람들이 무엇을 생각하고 있는지 모르는 경우가 많다. 마치 나무토막처럼 아무런 반응도 보이지 않지만, 마음속으로 모든 사물이 흡수되고 있다. 그들은 내부에서는 빨리 반응을 보이지만, 외적으로는 늦게 반응을 나타낸다. 이 유형이 아침에 농담을 들었다면, 저녁때야 웃을 것이다. 이 사람들의 내면에서 일어나는 것을 남들이 알 수 없기 때문에 남들로부터 오해를 받거나 잘못 이해되기 쉽다.

세 번째는 외향적 직관형인데, 열등 기능은 내향적 감각형이다.

직관 기능이란 가능성을 인지하는 것을 말한다. 직관이란 보이지는 않지만 미래의 가능성 또는 잠재성을 알아내는 기능이다.

외향적 직관형은 그래서 이런 기능을 외계에 적용한다. 따라서 미래에 일어날 주변의 발달을 미리 추측한다. 선견지명이 있는 사업가에 이런 유형이 많다. 그들은 제품과 시장성을 미리 파악한다. 이 유형이 출판업에 종사한다면, 미리 시장 상황을 예측하여 베스트셀러를 출판할 수 있을 것이다. 물론 증권업자가 직관 기능이 주 기능이라면 증권의 오름과 내림세를 잘 예측하여 부를 축적할 수 있을 것이다.

마지막으로 내향적 직관형이 있는데, 열등 기능은 외향적 감각형이다.

그들도 외향적 직관형처럼 미래를 예측할 수 있지만, 그러나 그의 직관은 마음속으로 향하고 있다. 원시적인 측면에서는 대개 샤먼들로서, 종교의 신과 귀신을 알고 있고, 영혼이 자신들의 부족에게 전하는 메시지를 알아내는 사람이다. 구약의 선지자들이 이런 유형에 속한다. 이들은 나라가 평화 시대를 구가하고 있을 때도, 야훼가 백성들에게 원하는 것이 무엇인지, 그리고 야훼의 분노를 전달하곤 하였다. 그러나 백성들은 이런 예언자의 소리를 듣는 것을 별로 달가워하지 않았다.

여인 사십

불혹의 숫자 속에 깃든 절망과 희망

갑자기 들이닥친 숫자

작년에 아내가 갑작스럽게 수술을 받게 되었다. 생전 처음 당하는 일이라, 아내는 겁을 잔뜩 집어 먹고 수술실로 들어가게 되었다. 아내는 수술을 받고 나서 통증도 잘 견뎌내고, 아픈 몸을 이끌고 일부러 걷는 운동을 하는 바람에 회복도 빨랐다.

분명 알고 있는데도 불구하고 자신의 눈앞에 턱 들이대면 마치 모르고 있던 사실처럼 느껴질 때가 있다.

아내를 병문안하기 위해 아침 일찍 아내의 병실 앞에 도착했을 때였다.

무심코 병실 문 옆에 걸려있는 환자 신상에 관한 명패가 눈에 띄었다. 투명 플라스틱 명패에 꽂혀 있는 환자 신상카드에 주치의와 아내의 이름과 나이가 적혀있었다.

그런데 아내의 나이가 40이라고 적혀있는 것이다. 분명 아내의 나이가 40이라는 것을 모르는 바 아니었지만 그 40이란 숫자가 잠깐 동안 믿기지 않는 것이다. 아내는 26살에 시집와서 나와 같이 살기 시작했는데, 벌써 40이 되었으니 참 세월이란….

여자 나이 마흔, 아내의 몸에 이상이 생겨 수술도 받았으니, 조금씩 아내도 나이를 먹어간다는 증거인 모양이다.

여인 사십이 겪어야 하는 외로움과 고통

허안화 감독이 만든 〈여인 사십女人 四十〉이란 대만 영화가 있다. 여러 영화제에서 상을 받은 수작인데, 40대가 된 여성이 겪는 어려움을 담고 있다.

여자 나이 마흔이면 어떤 의미가 있을까?

여자 나이 마흔이면 대개 아이들은 청소년기에 다다랐을 것이고, 남편은 40대 중후반 정도 일 것이다. 시부모는 이제 연로한 상태이거나 이미 돌아가셨을 수도 있다.

가장 힘든 것은 한참 아이들 뒷바라지 하느라 여념이 없는 시기라는 것이다. 도대체 우리나라의 입시제도는 어찌나 복잡한지 그것에 맞추느라 아이들도 어머니도 모두 피곤한 시기임에 분명하다.

청소년기의 자녀들은 이제 어머니를 상대하려 하지 않는 시점에 이르게 된다. 어머니를 무시하고, 함부로 말하기도 하고, 변덕스런 감정과 행동을 드러내서 40대 어머니들의 마음을 졸이게 한다. 아이들은 어머니가 공부나 강요하는 마녀 정도로 생각한다. 그래서 40대의 어머니는 아이들에게 상처도 많이 받을 수밖에 없다.

어린시절 어머니를 졸졸 따라다니고, 귀여운 짓을 했던 그런 자녀의 모습은 이제 어머니들의 기억 속에만 존재할 뿐이다.

대개 남편과의 관계도 결혼한지 꽤 오랜 세월이 흘러갔기 때문에 그저 대면 대면한 경우가 많다. 남편은 남편대로 친구들끼리 어울리기도 하고, 돈 버느라 피곤하다며 일요일에는 낮잠만 자는 경우가 많다. 좀 적극적인 남편이라면 자기만의 취미생활을 즐기기도 한다. 그런데 거기에 아내를 끼워주려고 하지 않는다. 사실 같이 취미생활을 하려해도 아내는 아이들에게 시간을 온통 빼앗기기 때문이다.

그렇게 바쁘게 보내다가도 예전의 자신을 문득문득 회상할 나이인지도 모른다.

꿈 많던 학창시절과 이루어질 수 없었던 첫사랑을 떠올릴지도 모른다. 그리고 인생을 살면서 할 수 없이 접어야 했던 많은 꿈들을 아쉽게 반추할지도 모른다.

이런 40대를 맞게 된 한 여성과 치매를 앓고 있는 시아버지의 이야기를 〈여인 사십〉에서는 잔잔하게 다루고 있다.

시아버지는 심한 치매 상태로, 자신의 아내가 죽었다는 사실도 모를 정도다. 화장실과 식당의 위치도 잘 알지 못해 매일 가르쳐 줘야 한다. 게다가 심하게 권위적이어서 치매 상태에서도 며느리를 구박하고, 부려 먹기만 한다.

이렇게 이 영화의 주인공인 손부인은 집에서는 시아버지 수발하느라 점점 지쳐간다.

게다가 직장에서도 그리 편한 것만은 아니다. 컴퓨터를 아주 잘 다루는 젊은 여직원이 들어오는 바람에 손부인은 회사에서의 입지도 점차 좁아지는 어려움을 겪는다.

증보2판 프로이트와 영화를 본다면

시아버지의 치매 상태는 도저히 집에서 간병할 정도를 넘어서 병원에 모시게 된다.

어느 날 가족들은 입원한 아버지를 위로하기 위해 아버지를 모시고 나들이를 간다. 이때 시아버지는 어쩐 일인지 들꽃을 따서 딸에게 선물을 한다. 잠깐 정신이 들었는지도 모른다. 그리고 얼마 후 시아버지는 죽음을 맞는다.

40대, 과연 무엇을 할 수 있나

이 영화는 40대 여성들이 겪어야 하는 어려움을 과장되지 않게, 객관적으로 보여주려고 한다.

이 영화의 주인공인 손부인처럼, 요즘의 어머니들은 직장 생활을 하는 경우가 많고, 여전히 가사일에 매달려야 한다. 두 가지 일이 힘들지만 영화 속의 손부인처럼 많은 40대 주부들은 묵묵히 자신에게 주어진 일을 하는 경우가 많다. 그냥 자신의 운명처럼 받아들이는 것이다.

아무리 피하려고 한들, 외부에서 밀어닥치는 인생의 어려움을 피할 수 있는 방법은 없다. 이때 많은 이들은 그걸 피하려 하지만, 결국 받아들이는 것이 제일 현명한 방법이라는 것을 깨닫게 된다. 그래서 손부인도 자신이 처한 어려움을 묵묵히 받아들일 뿐이다.

40대는 본격적으로 사회생활에서 중추적인 역할을 하고, 자신의 경험이 생산성으로 이어지는 시기이다. 이제 20~30대가 가졌던 불안정감이나 미래에 대한 불안감도 어느 정도 없어지는 시기이기도 하다.

그런 긍정적인 측면만 있는 것은 아니고, 그만큼의 책임감도 따르는 시기이다.

여자 나이 40은 받는 것은 하나도 없고 주기만 해야 한다.

자식 뒷바라지 하느라 모든 정성을 다 쏟게 된다. 또한 연로하신 부모님을 돌봐드려야 한다. 손부인처럼 시부모가 치매나 중풍 같은 중병에 걸리게 되면 그런 수발은 모두 아내의 몫이다.

어떤 사람들은 이렇게 자꾸 주다보니, 마음이 공허해지기도 한다. 그래서 그나마 없는 시간을 쪼개서 취미생활을 하기도 하고, 쇼핑을 하면서 자신의 내면을 채워 보려한다.

계속 그런 공허함을 물질로 채우기만 한다면 40대는 계속 공허함의 연속일 것이다.

어떤 사건이 일어났을 때 또는 어떤 어려운 환경이 나에게 주어졌을 때 자신이 힘들고, 이런 일까지 해야 하나 억울하게 생각하면 점점 더 힘들어진다.

어떤 사건 자체는 중요하지 않다.

그것에 대한 해석이 중요한 것이다.

여자 나이 40, 이제 그 나이는 가장 왕성하게 활동할 수 있고, 이제 그동안 내가 받았던 것을 돌려주는 시기라고 생각해 보자.

우리는 자신이 이렇게 나이가 들 때까지 자신이 잘나서, 아니면 나 혼자만의 노력으로 이 정도 위치에 왔다고 생각한다.

하지만 자신의 인생을 곰곰이 살펴보자. 내 자신이 여기까지 오는 동안 많은 인연이 있었다. 그런 인연은 부모, 형제. 친구, 선생님 등 무수히 많다.

그런 많은 이들로부터 우리는 많은 것을 받아 왔던 것이다.

이제 젊음의 미숙함도 벗어나고, 집안에서 중요한 위치에 서게 된 40대야 말로 자신이 받은 것을 적극적으로 돌려줄 수 있는 나이인 것이다.

어떤 사람은 40대가 너무 힘들다고 한다. 아이들도 챙겨야 하고, 시부모도 돌봐야 하고, 내 자신을 위해 시간을 낼 틈도 없어 빨리 지나갔으면 한다고 푸념을 늘어놓는다.

우리네 인생은 어린시절부터 죽을 때까지 사실 편한 시기는 없다.

어릴 때는 부모의 간섭이 싫어, 어른이 빨리 돼서 대접을 받고 싶다. 20대에는 내가 어떤 것을 해야 할지 몰라 혼란스럽다. 그리고 감정의 기복도 심하고 불확실한 미래 때문에 불안하다. 그래서 또 빨리 지나가기만 바란다. 30대는 경제적으로 자리를 잡느라고 열심히 돈을 버느라 바쁘다. 집 한 칸이라도 마련하기 위해 작은 돈도 아껴 쓰고 정말 열심히 일을 한다. 그래서 안정된 40대가 되기를 기대하며 산다.

50대는 이제 일에 염증을 느끼는 시기다. 그래서 은퇴할 날만 손꼽아 기다린다. 은퇴해서 멋지게 인생을 누리고 싶어 한다. 60대부터는 이제 과거를 그리워한다. 10년만 젊었어도 어떤 일이든 할 것만 같다.

도대체 우리네 인생에서 행복하고 즐거운 시기는 언제인가? 나름대로 힘들지 않은 시기는 없다. 이렇게 어렵다고 계속 미래만 바라보고 현재는 무시하고 산다면 우리는 언제 제대로 인생을 살아볼 수 있겠는가?

사십대가 우리에게 주는 선물

40대부터라도 인생을 피하려 하지 말고, 정면으로 맞서 봐야 한다. 그리고 인생의 깊이에 푹 빠져 봐야 하는 시기다.

내가 자식에게, 또 시부모나 친정부모에게 그동안 받았던 것을 수동적으로, 마지못해 돌려주는 것이 아니라, 내가 적극적으로 그들에게 내가 가진 모든 것을 준다고 생각한다.

주는 재미에 맛을 들이면, 이것도 참 인생을 풍요롭게 이끌어 준다.

2부_벽 속에 갇힌 달팽이

나로 인해 자식이 또 부모가 행복해질 수 있고, 그들의 삶이 조금 더 나아진다면 이것처럼 보람된 삶이 어디 있겠는가?

좀 더 시야를 넓힌다면 내가 사랑하는 사람, 내 가족에게만 주는 것이 아니라, 내가 모르는 사람에게도 줄 수 있다면 더할 나위 없이 좋을 것이다.

그렇게 되면 진정 다른 사람에게 베푸는 행복감을 맛볼 수 있다.

눈에 보이지 않지만, 내가 받은 것을 가족에게 돌려주게 되면 그건 어김없이 계속 세대를 달리하며 전달된다. 또한 내가 모르는 사람에게 주었던 것을 받았던 사람은 또 다른 누군가에게 줄 것이다. 이 얼마나 멋진 베풂의 사슬인가?

그 사슬의 중간에 내가, 바로 40대가 중요한 연결고리로 당당하게 버티고 있는 것이다.

40대는 그렇게 힘든 시기만은 아니다. 적극적으로 남에게, 가족에게 베풀 수 있는 혜택받은 시기이다.

그런 역할 인식을 통해 가장 자신에게 자부심과 만족감을 느낄 수 있는 나이이기도 하다.

물론 남에게, 또 가족에게 베푸는 것이 쉬운 일은 아니다. 하지만 그 과정을 통해 자신 안에 숨겨진 힘과 자신이 굉장히 커다란 역할을 하고 있다는 자부심을 가지게 된다면, 40대만큼 소중한 시기도 없을 것이다.

우리가 이렇게 적극적으로 주기만 하는 시간도 유한하다. 짧은 인생에서 주기만 하는 시기는 그리 큰 시간을 차지하지도 않는다.

줄 수 있는 시간이 가장 행복한 시간이다.

영화의 마지막 장면에서 손부인과 남편은 옥상에서 비둘기의 모이를

주는 장면으로 끝이 난다.

항상 시아버지는 비둘기 한 마리 없는 옥상에서 비둘기 모이를 주곤 했었다. 모두들 그런 시아버지의 행동에 대해 치매에 걸린 노인의 노망이라고만 생각했다.

영화의 마지막 장면에서 비둘기가 옥상에 모여들고 손부인과 남편은 치매에 걸린 시아버지의 행동을 이제야 이해하게 된다. 비둘기가 날아온 장면은 아무리 치매에 걸렸다고 하더라도, 인간이 가진 소중한 가치는 그 안에 숨 쉬고 있다는 것을 보여주고자 함일 것이다.

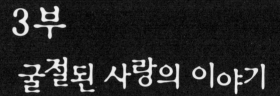

3부
굴절된 사랑의 이야기

"가질 수 없고 가져서도 안되는 사랑"

- 그럼에도 사랑은 멈출 수 없다 -

데미지

조제 호랑이 그리고 물고기들

사랑 또 다른 구속

걷지 못하는 소녀와 착한 소년의 만남

영화에는 참 많은 사랑이야기가 나온다. 그런 사랑이야기를 식상하지 않게 담백하게, 과장되지 않으면서 우리 모습 그대로 보여주는 영화가 이누도 잇신 감독의 〈조제 호랑이 그리고 물고기들〉이다.

다리를 쓰지 못하는 소녀 조제(이케와키 치즈루 분)의 원래 이름은 쿠미코. 하지만 그녀는 굳이 프랑소와즈 사강의 소설에 나오는 여자 주인공 조제라는 이름을 쓰고 있다.

조제는 다리를 쓰지 못하기 때문에 할머니는 그녀를 커다란 유모차에 태우고 아침마다 동네를 한 바퀴 구경시켜주곤 한다. 할머니가 조제를 유모차에 싣고 다니는 이유는 동네 사람들에게 조제를 드러내고 싶지 않기 때문이다. 담요에 푹 덮인 채 조제는 담요 사이로 보이는 세상을 조금씩 구경할 뿐이다. 어느 날 유모차는 할머니의 실수로 언덕에서 굴러 내려가 버리고, 그 곁을 지나던 대학생 츠네오(츠마부키 사토시 분)가 유모차를 막아서게 된다. 그렇게 조제와 츠네오의 만남은 시작된다.

그 일로 조제의 집에서 식사대접을 받게 된 츠네오는 조금씩 조제에게 매력을 느낀다. 조제는 할머니가 주어다 준 책을 보면서 하루 종일 소일하는 것이 유일한 낙이다. 그녀의 폐쇄된 생활에 츠네오가 발을 들여놓지만, 조제가 상처받을 것을 두려워한 할머니는 츠네오에게 조제와 만나지 말아달라고 한다. 물론 츠네오 자신도 다리를 쓰지 못하는 조제를 사랑할 용기가 없었던 것도 사실일 것이다.

한동안 조제를 잊고 살았던 츠네오는 어느 날 조제의 할머니가 사망했다는 소식을 듣게 되고, 그녀의 집으로 찾아가게 된다. 이제 혼자 남은 조제와 츠네오는 다시 만나게 되고 둘은 동거를 시작한다.

처음 둘의 사랑은 순탄하게 진행되는 듯 했으나, 어디를 가든 조제를 업고 다녀야 하는 츠네오의 어깨와 다리는 점점 부담감을 느낀다. 게다가 조제가 타고 다니던 유모차마저 고장 나서 더 이상 사용하지 못하게 되었지만, 굳이 조제는 휠체어를 타고 싶어 하지 않는다. 오로지 츠네오의 등에 업혀 다니는 걸 좋아할 뿐이다.

이별여행을 떠나는 연인

동거를 한지 1년 후 둘은 츠네오의 집으로 상견례를 하기 위해 여행을 떠난다. 하지만 조제는 츠네오의 집으로 가지 않고 바다를 보고 싶다고 우기기만 한다. 츠네오의 등에 업힌 채 조제는 처음으로 바다를 보게 되고, 조제가 그렇게 원하던 물고기를 보기 위해 수족관을 찾지만, 수족관은 닫혀있었다. 이윽고 날이 저물어 둘은 모텔에 머물게 되는데, 그 모텔 이름이 물고기의 성이다.

증보2판 프로이트와 영화를 본다면

실제로 조제가 물고기는 보지 못했지만, 조제는 모텔 방에서 조명으로 비추는 물고기를 보게 된다. 둘은 이렇게 여행을 하고 돌아와서는 헤어지고 만다.

츠네오는 자신이 예전에 알던 여자친구에게 돌아가고, 이제 조제는 전동휠체어에 몸을 싣고 장을 보고 와서는 자신을 위해 생선을 굽는다.

사랑, 지나치게 과장되고 부풀려진

사랑은 그동안 지나치게 과장되고, 신격화 된 점이 있다. 사랑을 위해 목숨을 바치고, 사랑을 위해 모든 것을 버리고, 사랑을 위해 모든 것을 희생하는 그런 모습들이 영화, 소설, 만화, 드라마에 자주 등장하곤 한다.

우리는 이렇게 학습된 사랑을 어린시절부터 배우고 자라 성인이 된다. 그리고 그것이 사랑의 전부라고 확신하고 나도 모르게 따라하게 된다.

학습으로 각인된 사랑은 모든 사람들에게 사랑의 방정식은 불변이라는 압박감을 주게 된다. 내가 진정 상대방을 사랑한다면, 상대방을 위해 모든 것을 포기해야 하고, 어떤 희생도 감수해야 하며, 모든 것을 버릴 각오가 되어 있어야 한다는 강박관념. 이런 사랑을 하지 않는다면 그런 사랑은 거짓이고, 상대방에 대한 기만이라고까지 생각한다.

이런 사랑에 대한 전형적인 모습은 우리의 문화 속에 뿌리 깊게 배어 있다. 특히 음악과 영상이 어우러진 뮤직비디오를 보면 우리가 생각하는 사랑의 정형이 그대로 드러난다.

뮤직비디오에는 자주 등장하는 줄거리가 있다. 아름다운 젊은 남녀가 등장하고, 둘은 곧 사랑에 빠지게 되고, 한 사람은 사랑하는 사람을 위해 기꺼이 죽는 내용이 부지기수다. 대개 남자가 죽는 경우가 많은데, 사랑의 강렬함을 강조하기 위해 죽는 방법 또한 잔인하다. 깡패에게 맞아 죽고, 차에 치여 죽고, 총에 맞아 죽고, 경찰의 추적을 피해 도망가다 죽고, 사랑하는 사람을 지키다 칼에 찔려 죽고 등등.

정말 살벌하기만 한 사랑의 결말이 아름다운 노래를 꾸며주는 뮤직비디오에 등장하는 것이다.

왜 그녀는, 그는 헤어져야 했을까

사랑도 사람의 일인지라, 변하는 것이 인지상정이다. 또한 어떤 것도 영원하지 않다는 진리에서 어찌 사랑이라 해서 예외가 될 수 있을까?

츠네오는 다리를 쓰지 못하는 조제와 사랑은 했지만 점점 그와 사는 것을 힘겹게 생각한다. 항상 그녀의 수발을 들어줘야 하고, 어디를 가도 그녀를 업고 다녀야 한다. 그는 점점 지쳐가고 그의 사랑은 변하게 된다.

조제도 자신을 돌봐주던 할머니가 사망하자 츠네오에게 의존을 하게 되지만, 그가 자신 때문에 힘겨워 하는 것을 알고 있다.

그녀는 영화의 초반부에 유모차를 타고 등장한다. 이는 여전히 할머니의 보살핌이 필요한 미성숙한 상태라는 것을 의미한다. 그런데 츠네오와 동거를 시작하고 시간이 흐르자 영화에서 조제의 유모차는 망가지게 되고, 더 이상 고칠 수 없는 지경에 이르게 된다.

이제 조제에게 유모차는 없다. 사라진 유모차는 그녀가 이제 좀 더 성숙해졌다는 걸 상징한다. 그럼에도 불구하고 그녀는 휠체어를 사자고 하는 츠네오의 제안을 거절한다.

여기에는 두 가지 의미가 있다. 하나는 여전히 다른 사람에게 의존하고자 하는 조제의 욕구가 남아있다는 것이다. 휠체어를 타게 되면 이제 혼자 힘으로 거리를 다닐 수 있는 도구가 생긴다. 하지만 그녀는 여전히

증보2판 프로이트와 영화를 본다면

츠네오에게 기대고 싶은 것이다. 그리고 세상 밖으로 혼자 나가는 것이 두렵기 때문이기도 하다.

휠체어가 없는 한 조제는 츠네오에게 계속 업혀서 다녀야만 한다.

조제는 츠네오와 오래 살지 못한다는 것을 알고 있다. 그녀는 휠체어를 타게 되면, 츠네오의 어깨는 가벼워 질 수 있지만, 츠네오가 자신의 곁을 떠날 수 없게 될지도 모른다는 것을 알고 있다. 그녀는 자신의 인생의 무게를 츠네오에게 실어주고 싶은 것이다.

츠네오가 자신의 무게를 힘들어할수록 빨리 조제의 곁을 떠나가도록 말이다.

결국 츠네오는 조제의 곁을 떠난다. 츠네오는 이렇게 얘기한다.

"나는 조제에게서 도망쳤어."

하지만 이 영화를 보는 누구도 츠네오를 탓하지 않을 것이다.

우리가 영화나 드라마에서 봐왔던 "상대방을 위해 영원히 마음 변하지 않고 헌신하는 사랑"은 존재하지 않는다는 것을 누구나 알기 때문이다. 츠네오가 조제를 사랑하고 있지만, 현실의 무게에 짓눌려 그녀와 헤어져야 했던 츠네오를 동정하는 마음까지 들 수도 있다.

만약 츠네오가 여느 다른 드라마처럼 그녀 곁에서 평생을 같이하며 돌봐주고, 헌신하는 사람으로 등장했다면 관객들은 식상했을 것이다. 물론 그런 이야기는 실제로 존재하기는 하겠지만, 그런 사랑은 정말 현실에서 존재하는 사랑인지, 그리고 정말 그게 진정한 사랑인지 의문이 들기 때문이다. 동화나 교과서에 등장하는 또는 미담의 기사거리는 될 수있지만, 자꾸 마음이 변하고 현실에 흔들리는 우리네 일반인의 감정과는 거리가 있는 이야기이기 때문이다.

이별이 남긴 그녀의 홀로서기

츠네오가 떠나간 후, 조제는 이별을 담담하게 받아들인다.

그래서 영화의 마지막 장면에 전동휠체어를 타고 거리를 돌아다니는 조제의 장면이 나온다. 물론 그녀의 모습이 쓸쓸하고 슬퍼 보이지만, 그녀는 혼자서 자신만의 식사를 준비하는 것이다.

그녀는 이제 츠네오의 발이 아니라 자신이 조종하는 전동휠체어를 타고 독립된 존재로 살아가게 되었다. 물론 그 삶이 어렵고 고달프고 힘들다는 것을 누가 짐작하지 않을 수 있겠는가?

하지만 조제가 츠네오에게 집착을 하고 그를 놓아주지 않았다면, 조제와 츠네오 모두 불행한 사랑의 결말로 치닫게 되었을 것이다.

떠나보내야 할 때 떠나보낼 줄 아는 사랑, 상대방을 구속하지 않으려는 사랑, 자기 감정에 충실한 사랑, 이런 사랑의 모습이 우리가 보고 싶은 사랑의 모습이다.

지나치게 신격화되고, 미화되고, 조작된 사랑이 아니라, 우리가 정말 느끼고, 우리 마음속에서 변화되고, 움직이는 사랑을 우리는 이 영화에서 볼 수 있었다.

조제가 유모차를 벗어던지고, 또 츠네오의 튼튼한 다리도 보내버리고, 휠체어를 타고 다닐 수 있게 된 건, 그녀의 용기 때문이다. 그녀는 동정을 받으면서 츠네오의 곁에 머물 수 있었을지 모르지만, 평생 한번도 독립된 삶을 살아가지 못했을 것이다. 혼자 가는 길이 외롭지만, 또 힘들지만 사랑하는 사람을 보내야 하는 아픔이 크지만, 조제는 츠네오를 놓아버린다.

우리 인생에서 무엇을 소유하고 가지려 하는 것보다 있는 것을 놓는 것이 더 힘이 들 때가 많다. 양손에 가득 물건을 쥐고 있으면서 우리는 놓지 않으려 한다. 너무 아깝고, 그걸 놓게 되면 꼭 죽을 것만 같고, 세상 사는 맛이 없어질지 모른다고 여기기 때문이다.

두 손을 놓게 되면 아깝기는 하지만 이제 두 손은 자유로워진다. 이제 그 두 손으로 나무를 어루만지고, 꽃을 쓰다듬고, 다른 사람에게 가볍게 악수를 청할 수도 있으며, 가벼운 스킨십도 할 수 있다. 사실 더 많은 자유와 경험을 할 수 있는 계기가 찾아온 것이다.

그럼에도 불구하고 가진 것을 놓으려는 사람은 많지 않다. 놓아버리는 습관을 우리는 어린시절부터 가져본 적이 없기 때문이다.

조제는 츠네오를 놓아버리고 혼자 살아가게 되었다. 그녀가 자신을 위해 생선을 굽는 장면으로 이 영화는 끝맺음을 한다.

소리에 놀라지 않는 사자같이,
그물에 걸리지 않는 바람같이,
물에 때 묻지 않는 연꽃처럼,
무소의 외뿔처럼 혼자서 가라.
– 숫타니파타

해바라기

남자다움에 대한 진혼곡

주먹을 접은 조폭의 귀향

'술 마시지 않는다.' '싸우지 않는다.' '울지 않는다.'

한때 조직폭력배로 이름을 날렸던 오태식(김래원 분)은 10년의 수형생활을 마치고 가석방 된다. 그는 과거 물불을 가리지 않은 싸움꾼으로 동료들 사이에서 전설적인 인물로 알려져 있었다.

그가 석방됐다는 사실에 경찰을 비롯해 과거 그의 동료였던 조폭들도 긴장을 하게 된다.

하지만 그는 낡아빠진 수첩에 위의 3가지를 적어 놓고, 새 사람이 되기 위해 노력한다.

집도 절도 없는 오태식이 그나마 자리를 잡은 곳은 덕자(김해숙 분)의 식당이다. 덕자는 오태식이 죽인 상대편 조직원의 어머니다. 덕자는 아들을 죽인 원수지만 오태식을 자신의 아들로 맞아들인다. 덕자는 감옥에 있는 오태식을 면회 갔다가 자신의 원한을 사랑으로 바꾸기로 마음먹었기 때문이다. 그래서 석방 후에 오태식을 자신의 집으로 불러들인 것이다.

덕자의 딸인 희주(허이재 분)는 오태식을 처음에는 무시하고 경멸한다. 하지만 오태식이 가진 착한 천성 앞에 서서히 그를 오빠처럼 따르게 된다.

이제 오태식은 죄를 씻고 새로운 어머니와 여동생과 함께 행복한 나날을 보낼 수 있었다.

여기서 오태식의 불행이 끝났다면 얼마나 좋았을까.

하지만 그는 아직도 해결해야 할 과거의 업보業報가 남아 있다.

조폭들은 이제 합법적으로 사업을 확장하려 하게 되었고, 그들은 덕자의 터전인 해바라기 식당을 사들이려 한다. 그 식당자리만 매입하면 이제 거기에 커다란 상가건물을 지을 수 있기 때문이다. 하지만 덕자는 그 식당을 팔 생각이 없다. 점점 더 조폭들은 덕자의 목을 조여 오게 되고, 이제 어머니가 된 덕자를 구하기 위해 오태식은 자신이 정한 세 가지 규칙을 어겨야 하는 처지에 놓이게 된다.

싸움꾼인 오태식은 극단적인 남성세계를 상징하는 조폭의 일원이었다. 그는 살인을 저지르고 감옥에 가서야 자신의 잘못을 깨닫게 된다. 그리고 아들을 죽인 원수를 받아주는 덕자를 통해서 사랑을 알게 된다.

그는 덕자를 통해 한번도 들어가 보지 못했던, 그리고 그 안에서 쉬지 못했던, 여성의 세계, 모성의 세계에 발을 들여놓게 된다.

3부_굴절된 사랑의 이야기

남자들의 약점, 너 계집애구나

남자다움을 강조하는 남자들은 여성의 세계를 무시한다. 여성은 울기나 하고, 약하며, 남자에게 의존적이며, 남자가 좌지우지할 수 있는 나약한 존재라고 생각한다.

남자다움을 강조하는 남성들은 자신이 여성스럽다는 말을 제일 싫어하고 두려워한다.

"너는 계집애처럼 울기만 하니?", "너는 계집애처럼 숫기가 없니?", "너는 계집애처럼 소극적이니?", "너는 계집애처럼 운동도 못하니?", "너는 사내자식이 계집애처럼 엄살을 부리니?", "너는 계집애처럼 얻어맞고 다니니?"

이렇게 남자아이들은 어린시절부터 '여자 같다'는 말은 곧 열등하다는 식으로 교육을 받고 자란다. '남자답기' 위해 '울지 않고, 잘 싸워야하고, 적극적으로 자신의 의견을 표현해야 하고, 아파도 아프다고 얘기를 하지 말아야 한다'고 생각한다.

오태식은 살인을 통해서, 남자다움을 강조하는 남성의 세계가 얼마나 파괴적이고 잔인한지 깨닫게 된다. 그리고 모성의 세계, 여성의 세계에서 지금까지 갖지 못했던 안정감과 행복감을 일시적으로 맛본다.

그가 하고 싶은 것을 적은 그의 수첩에는 자신이 정한 세 가지 규칙말고도, 자신이 하고 싶었던 일들도 적혀있다.

'하늘을 쳐다보기', '선물하기', '목욕하기' 등등.

특히 그는 출소 후 처음으로 탄 월급으로 덕자와 희주에게 선물을 한다.

그는 이제 여성성의 원형인 상대방에 대한 배려, 헌신, 보살핌을 자신

의 정체성으로 받아들인다. 그가 과거에 아주 익숙했던 지배하고, 뺏고, 정복했던 남성의 영역을 포기하기 시작했다는 것을 의미한다.

쉬고 싶어도 쉴 수 없는 모성의 세계

하지만 남자가 여성(모성)의 세계 속에 계속 머문다는 것은 현실에서 매우 힘든 일이다.

아무리 가부장제가 시들해졌다고 하지만, 여전히 사회는 남성 중심으로 움직인다.

이제 여성적인 세계에 첫발을 들여놓은 오태식은 남성 중심의 사회에서 탄압과 핍박을 받을 각오도 해야 한다.

역시나 영화에서 그가 잠시 머물렀던 여성(모성)의 세계는 순식간에 남성세계의 공격성과 폭력성 앞에 짓밟힌다.

여동생이나 다름없던 희주가 폭력배들에게 테러를 당해 입원하게 되고, 수양어머니인 덕자마저 죽음을 당한다.

남성 중심의 사회에서 얼마나 여성적인 가치가 무력하며, 쉽게 부서질 수 있는지 보여주는 사건들이다.

이제 그에게 다른 방법은 없게 되었다. 잔인하고, 피도 눈물도 없는 남성의 세계로 돌아가는 수밖에 없다. 그나마 그의 인생에서 잠깐 동안 쉴 수 있었던 보금자리가 모두 망가져버렸기 때문이다.

모성의 세계가 이렇게 어이없이 부서져 버린데 대한 분노감으로 그는 자신의 보금자리를 망가뜨린 남성세계의 중심으로 뛰어든다.

아이러니하게도 그가 마지막 원수를 갚는 장소는 오라클 *oracle* 나이트클럽이다.

신탁을 상징하는 오라클에서 그는 자신의 모든 것을 앗아가 버린 조폭들과 한판 대결을 벌인다.

그는 다시는 폭력과 정복을 상징하는 남성의 세계로 돌아가고 싶어 하지 않았다.

하지만 남자가 사회생활을 하기 위해서는 두 가지밖에 없다는 것을 깨닫는다.

첫째, 남성의 세계에서 '남성다움'을 가장하거나, 남성다움을 드러내며 사는 것. 둘째, 죽는 수밖에 없다는 것.

둘 중 하나밖에 없는 것이 남자의 현실이다.

오태식은 결국 두 번째 방법을 선택한다.

그는 조폭의 중심지인 오라클 나이트클럽에 찾아가 자신의 마지막 싸움을 벌인다.

그 마지막 싸움에서 오태식은 물론이고, 어느 누구도 살아남지 못한다.

오라클 나이트클럽은 불에 휩싸이고 모든 것은 파괴된다.

오라클, 그 불길한 신탁의 예언

오라클은 신탁이나 예언을 상징한다. 오라클이라는 이름을 감독이 의도적으로 붙였던, 아니면 우연히 그렇게 지었던 간에 나이트클럽의 이름처럼 남성들의 세계는 불길한 예언을 보여주었다.

남자다움 또는 남성다움의 끝은 죽음뿐이라는 사실 말이다.

그걸 알기에 오태식은 출소 후 남성의 세계에 발을 들여놓지 않으려 했던 것이다. 그는 지금까지 자신의 내면에는 존재했지만, 그동안 거들

떠보지 않았던 여성의 세계에 눈을 돌리고, 그 안에서 쉬고 싶었던 것이다. 보살핌을 받고 보살펴주고, 감정의 교류를 나누고, 경쟁자가 아니라 조력자와 동반자로서 다른 사람들을 대하는 여성의 세계 말이다.

남자라고 해서 여성적인 면이 없는 것은 아니다. 단지 '계집애 같다'는 말을 듣지 않기 위해 남자들은 자신의 여성적인 면을 거세하면서 성장한다.

그렇게 거세된 남자들은 삭막한 생존경쟁, 죽음을 부르는 자리다툼, 동료 인간인 남자에 대한 적개심과 폭력을 드러내며 살아간다.

그들은 모성의 세계가 상징하는 편안함, 부드러움, 공존공생을 무시하면서 살아오느라, 인생의 의미를 반밖에 모르고 살다 죽을 수밖에 없다.

내 안에 존재하는 여성과의 만남

동양에서는 음양의 조화를 강조한다. 이는 심리적으로는 우리 내면 안에 존재하는 남성적인 면과 여성적인 면의 조화를 빗댄 것이기도 하다. 지나치게 남성적이거나, 지나치게 여성적일 때 우리는 우리 안에 존재하는 다양한 측면을 돌아보거나 체험하지 못하고 반쪽짜리 인생을 사는 경우가 많다.

남성들은 여성들에 비해 취약한 성 정체감을 가지게 된다. 남성다움이 상징하는 삭막한 조건들로 인해 남성들은 평생 자신의 내면에서 울리는 여성적인 목소리를 무시하면서 살아야 한다.

그렇게 자기 배반적인 삶으로 인해 남성들이 여성에 비해 수명이 짧은지도 모른다. 지나치게 스트레스를 많이 받고 항상 경쟁하고, 다른 남자를 견제하고, 자신의 영역을 지켜야 하기 때문이다.

이 영화의 마지막 장면을 보면, 남성들이 쌓아놓은 남성의 세계가 얼마나 취약한지 알 수 있다. 그들은 더 좋은 타이틀과 더 많은 돈을 벌기 위해 다른 사람들을 협박하고, 때리고, 빼앗았으나, 그들은 그로 인해 죽음을 당하고 만다.

현실에서 남자가 내면에 존재하는 여성적인 측면을 돌아보고, 그걸 자신의 정체감으로 받아들이는 것은 쉽지 않다. 하지만 그것만이 남성들의 자기 파괴와 자기 소외를 막을 수 있는 유일한 방법이다.

그렇다면 오태식은 감옥에 다녀온 후 내면에 존재하는 여성적인 측면을 모두 살려낼 수 있었을까? 그렇지는 않다.

그가 정한 세 가지 규칙 '술 마시지 않는다', '싸우지 않는다', '울지 않는다' 중에서 '울지 않는다'는 것은 여전히 남성들의 덕목이다.

자신이 힘들었을 때 힘들다고 얘기하지 못하고, 혼자서 몰래 눈물을 훔쳐야 하는 남자다움에 대한 편견에 여전히 오태식은 머물고 있었던 것이다.

따라서 그는 완전하게 자신의 여성적인 정체감을 받아들이지 못하고 어정쩡한 상태에 머물러 있었다는 걸 알 수 있다. '울지 않는다'는 그 규칙은 그가 결국 남성의 세계로 돌아갈 것이라는 복선을 깔고 있다.

그런 오태식이 딱 한 번 눈물을 흘린다. 자신의 보금자리를 파괴하고, 심지어 어머니를 죽이기까지 했던 조폭들과의 마지막 대결이 시작되기 전 그는 눈물로 모든 것을 빼앗아간 그들에게 넋두리를 한다.

이는 다시는 남성세계로 돌아가고 싶지 않았던 오태식이 결국 어쩔 수 없이 자기 파괴적인 남성의 세계로 들어갈 수밖에 없는 자신의 운명에 대한 연민의 눈물이다. 또한 남성다움으로 모든 것이 파괴된 자신에 대한 애도의 눈물이기도 하다.

안나 이야기

피해자와 가해자의 성폭행 심리학

1. 〈안나 이야기〉 (Dispara)

강간의 가해자 심리

강간을 흔히 '주체할 수 없는 성욕을 해결하지 못한 남자가 성관계에 동의하지 않는 여성을 대상으로 자신의 성적 만족감을 얻기 위해 저지르는 행동'이라고 정의한다. 하지만 강간의 심리적 원인은 실은 성욕에 있는 것이 아니라 분노, 또는 공격성과 더욱 관련이 깊다. 즉, 강간은 분노와 공격성을 성의 형태로 나타낸 폭력일 뿐 성적 만족 그 자체를 얻기 위한 것은 아니라는 것이다.

카를로스 사우라 감독의 〈안나 이야기〉에서 안나(프란체스카 네리 분)는 달리는 말 위에서 총으로 풍선을 쏘아 맞히는 묘기를 보이는 서커스 단원이다. 서커스를 취재하러 왔던 마드리드의 신문기자 마르코(안토니오 반데라스 분)는 안나에게 관심을 가진다. 안나는 여러 나라를 떠돌며 공연을 해야 하기 때문에 마르코의 접근을 부담스럽게 생각하지만, 결국 둘은 사랑에 빠지게 된다.

어느 날 안나가 공연을 마치고 숙소로 돌아가는 길이었는데, 세 명의 청년이 그녀에게 다가와 데이트 신청을 한다. 한창 실랑이를 하는데 우연히 현장을 목격한 서커스단 남자 단원이 이 청년들을 쫓아버린다. 그날 밤 청년들은 안나의 트레일러에 침입하여 차례로 그녀를 폭행한다.

청년들은 성적 만족을 위해 안나를 폭행한 것이 아니었다. 그것은 자신들의 제의가 거절당한 것과 덩치 큰 남자 단원에게 맥없이 쫓겨난 것에 대한 분풀이였다.

분노와 공격성을 표현하는 방편으로 강간 행위를 한다는 것을 뒷받침하는 사실로는, 강간 가해자의 3분의 1은 성폭행 시에 사정, 또는 발기 장애를 보이며, 성욕이 거의 없거나 아예 없는 상태에 있었다는 조사 결과를 들 수 있다. 그들은 단지 피해자를 때리고, 모욕을 주며, 업신여기는 것이 주목적이었다. 그래서 그들은 피해자에게 필요 이상의 폭력을 행사한다. 피해자가 가해자의 의사대로 따르겠다는 데도 불구하고, 무차별적인 구타와 욕설을 가한 후 성행위를 하게 된다. 이들은 분노감의 표현을 위해 가능한 폭력을 모두 구사한 후 그 연장선상에서 상대방에게 가장 큰 상처와 무기력감을 안겨줄 수 있는 성행위를 택하는 것이다.

〈안나 이야기〉에서는 자기들을 모욕했다고 생각한 안나에게 직접 분노를 표현하지만, 심리적으로 강간의 원인이 되는 분노와 공격성은 자신의 어머니나 아내에게 품었던 불만이 다른 여자에게 표현된다고 보고 있다. 그리고 이들은 여자란 남자를 귀찮게 하고 믿지 못할 존재라는 불신감에 가득 차 있어 항상 여자들에 대한 잠재적인 폭력성을 가지고 있다.

특히 자기주장이 강하고 독립적이며 직업적으로 성공을 거둔 여성들

은 자칫 남자들의 열등감을 자극하기 쉽다. 어떤 강간의 가해자는 이런 성향을 가진 여성만을 선택하기도 하는데, 안나도 그 중의 한 예라고 볼 수 있다.

페미니스트가 보는 강간의 원인은 좀 더 과격하다. 그들은 '강간은 남자들의 타고난 본성'이라고 규정하여 구제될 수 없는 남자의 짐승 같은 면을 강조하기도 하고, 어떤 이는 강간의 가해자들이 다른 남자들에게서 받은 설움과 위축감으로 생긴 분노를 약한 여자에게 표현하고 있다고 주장하기도 한다.

후자의 이론대로라면 청년들의 행위는 안나의 거절에 대한 앙심보다는 덩치 큰 남자 단원에게 무기력하게 쫓겨난 분풀이를 안나에게 표현한 것인지도 모르겠다.

실제로 강간의 가해자들은 강하고 자신만만한 사람이 아니라, 의외로 매우 심약하며 무능하고 침울한 성격을 가지고 있는 경우가 많은데, 이런 내적인 공허를 메우기 위해 자신의 남성성을 과시하고, 확인하고 싶은 공상을 행동으로 옮기고자 그 같은 일을 저지르는 것으로 본다.

이와 유사한 심리적인 현상으로, 전쟁 중에는 이전에 범죄나 강간전과가 없던 사병들도 강간을 흔히 저지르는데, 적지에서의 강간은 적의 사기를 떨어뜨리기 위해서이기도 하지만, 전쟁으로 인해 쌓인 공격성과 공포를 줄이고, 강간을 통해 자신의 힘이 증가되는 느낌을 갖기 위한 행위로도 분석된다.

강간은 또한 여성을 남성의 사유물이나 재산으로 생각하는 데서도 비롯된다. 한동안 사회를 시끄럽게 한 가정 파괴범들처럼 강도짓을 하고 피해자로 하여금 범행 사실을 경찰에 신고하지 못하도록 하기 위한 방편으로 강간을 저지르기도 한다. 이는 피해자가 수치심 때문에 피해를 신고하지 못하도록 하는 방편이기도 하지만, 침입한 집의 재산이나 사유물과도 같은 여자에게 씻을 수 없는 흠집을 내는 것으로써 있는 자(남편)에 대해 분풀이를 하는 것으로 볼 수도 있다.

안나가 강간을 당하며 받은 고통은 어떠했을까?

희생자들은 성폭행을 당할 때 자신이 죽을지도 모른다는 공포와 심하게 다치치 않을까 하는 두려움에 떨게 된다.

성폭행을 당하는 도중 안나는 악몽 같은 현실이 빨리 지나가기만을 바랄 뿐이다.

어떤 강간 가해자는 '일반적으로 여자들은 남자들에게 거칠게 다루어지기를 바란다'고 생각한다. 그래서 희생자가 가해자로부터 빠져 나오기 위해 벌이는 저항을 일종의 게임의 몸짓이라고 여겨 희생자의 저항이 클수록 더욱 흥분이 고조되어 공격적이 된다.

실제로 가해자의 폭행에 저항하게 되면 피해자는 신체적 손상의 위험이 증가하게 되며 심지어 죽음을 당하기도 한다. 그러나 목숨을 부지하기 위해 저항하지 않고 순순히 가해자를 받아들일 수도 없다는 것이 여성들로서는 이중의 구속이다.

여성을 평가하는 사회의 잣대는 너무도 단순하다.

'좋은 여자는 정숙하다.'

강간은 한 인격을 '좋은 여자'에서 '나쁜 여자'로 단숨에 전락시키기 때문에 여성들에게 그것은 죽음보다 가혹한 운명이 된다. 따라서 강간을 피하기 위해 죽음을 택하기도 한다.

죽음의 위협에서 벗어난 안나는 만신창이가 된 몸을 이끌고 청년들을 찾으러 나선다.

증보2판 프로이트와 영화를 본다면

안나는 자동차 정비소에서 세 명의 청년을 차례로 쏘아 죽인다. 결국은 자기도 외딴 농가에서 경찰과 대치하다, 설득하러 들어간 마르코의 품에 안겨 눈을 감는다.

안나는 이미 살아갈 희망을 놓아 버렸던 것 같다.

2. 〈피고인〉 (The accused)

강간 피해자에 대한 이중의 편견

강간은 가장 빠르게 확산, 증가하는 범법 행위임에 반해 피해자들의 신고율은 그에 못 미치는 범죄이다. 최근까지도 피해자들은 강간 사건을 신고하려면 여러 가지 어려움을 이겨낼 만한 다부진 마음의 준비가 있어야 했다.

"여자가 꼬리를 쳤을 거야." "야한 옷을 입지 않았어." "난잡한 여자 아니야." "아마 술에 취했을 거야."

강간의 희생자들은 일반인, 특히 남자들로부터 은연중에 피해자 쪽에 문제가 있는 듯한 말을 듣게 되며, 심지어 같은 여자들로부터도 오해를 받는다. 이러한 남성 위주의 추측은, 남성들이 주도권을 쥐고 있는 수사 기관이나 법정에서도 그대로 적용된다.

도둑이나 강도 피해를 접수했을 때 수사 기관은 그 범죄를 입증하기 위한 조사를 펴는 것이 원칙이다. 어떤 경로로 범인이 집 안에 침입했는지, 피해자 주변 사람의 짓은 아닌지, 동일 범행 수법을 가진 전과자는 없는지, 범인이 우연히 떨어뜨리고 간 증거물은 없는지 등등을 조사하는 것이 기본이다.

그러나 강간 사건의 경우 상황은 정반대로 전개된다. 피해자의 평소 사생활은 어떤지, 과거에 강간을 당한 적은 없는지, 주변 사람들에게 구조 요청을 할 수 있었는데도 하지 않았던 것은 아닌지, 몇 번이나 성관계를 가졌는지 등 모든 것을 피해자에 대해 초점을 맞춘다.

〈피고인〉에서는 남자 친구와 싸우고, 홧김에 만취한 상태로 술집 주크박스 앞에서 유혹적인 춤을 추다가 흥분한 술집 손님들에게 윤간을 당하는 사라 토비아(조디 포스터 분)가 나온다. 사라 토비아는 물론 모범적인 시민이 아니다. 요조숙녀도 아니다. 그녀는 과거에 마약 소지 혐의를 받은 적이 있었으며, 그저 그런 남자와 동거를 하고 있고, 거의 하층 계급 신분이다. 따라서 그녀는 법정에서 매우 불리한 상황에 놓이게 된다.

강간 희생자는 다른 범죄의 피해자와는 달리 사생활의 신뢰성과 범죄에 대한 법적인 책임을 져야 하는 이중의 불이익을 받아야 하는 것이다. 그러므로 강간 피해자들이 신고를 꺼리는 것은 어쩌면 당연한 일이다.

사라는 강간의 구체적 증거인 상처가 있음에도 그녀의 사생활로 인해 강간의 입증이 어려웠지만, 이러한 증거마저 없는 피해자는 강간에 동의했다는 억울한 오해를 받기도 한다. 사람들은 피해자가 강간에 동의하고도 나중에 마음이 변했다고 생각하는 것이다.

"여자가 동의하지 않는데 강간이 어떻게 이루어질 수 있나?"

심지어 이렇게 생각하는 사람마저 있다.

봅 라펠슨 감독의 〈포스트맨은 벨은 두 번 울린다〉에서 떠돌이 프랭크(잭 니콜슨 분)는 허름한 식당에 취직하는데 식당 여주인인 코라(제시카 랭 분)를 강간한다.

처음에는 반항하던 코라(제시카 랭 분)가 나중에는 프랭크에게 적극적으로 자신의 몸을 열어 주는 장면이 나온다. 이것은 삼류에로 영화의 단골 주제가 되다시피 하고 있다. 사실 이런 것은 남성들의 공상 속에서 만들어낸 장면일 뿐이다. 더군다나 이 같은 영화나 영상물에 투사된 남성들의 생각은 이러한 선입관을 확고하게 고정시켜 놓는다.

최근의 연구에 의하면, 성적인 폭력물이 아닌데도 여성을 대상으로 폭력을 행사하는 장면들은 여성을 성폭행하는 태도마저도 둔감하게 만든다고 한다. 또한 폭력적인 포르노그래피는 강간에 대한 잘못된 선입관을 제공한다. 〈포스트맨은 벨을 두 번 울린다〉의 코라처럼 여자는 은연 중 강간을 원하며, 이러한 폭력적인 섹스를 원하고 있다는 터무니없는 생각을 남성들에게 주입시키기 때문이다.

사라는 결국 재판에서 이긴다. 가장 공정하고 엄정한 법정에서마저 겪어야 했던 편견을 사라는 모두 이겨낸 것이다.

하지만 이 영화는 사라를 승리자로 그리고 있음에도 불구하고 강간의 실제 피해자들에게 일반인들이 흔히 가지고 있는 편견을 기정사실로 굳혀 버린 잘못도 범하고 있다.

첫째, 사라는 남자 친구와 싸우고 술집에서 만취한 상태에서 강간을 당한다. 사람들은 흔히 강간 피해자들이 가만히 집에 있었으면 아무 일도 없었을 텐데 괜히 밤거리를 쏘다니다 당하고 말았다고 생각한다. 그러나 이것은 실제 강간 사건의 대부분이 이처럼 어두운 밤거리에서가 아니라 집 안에서 일어난다는 점을 간과한 지적이다. 집 안에 가만히 있다가 당한 피해자들에게는 또 뭐라고 비난할 것인가.

둘째, 사라는 사실 술에 취해서 유혹적인 옷차림과 행동을 보였으며, 이 점은 피해자에게도 과실이 있는 것처럼 보일 수 있다. 실제로 일어난 강간 사건을 보면, 두 아이를 둔 30대의 한 가정주부는 책 외판원을 가장한 강도에게, 어느 여대생은 늦은 시간까지 공부하다 귀가 도중 대학 구내로 몰래 침입한 불량배에게, 집안을 혼자 지키던 나이 어린 여중생은 놀러 온 동네 아저씨에게 성폭행을 당했다고 한다.

강간의 피해자들은 이처럼 평범한 우리 주변의 여성들일 뿐 어떤 유혹적인 말이나 행동을 한 적이 없다. 그들은 단지 그 자리에 있었다는 것이 굳이 잘못이라면 잘못일 뿐 어떠한 책임을 물어서도 안 된다.

셋째, 사라는 우연히 만나게 된 술 취한 남자들에게 당하는데, 이것은 마치 강간이 영화에 흔히 등장하듯이 우연히 가해자의 시야에 포착된 여성이 희생자가 된다는 생각을 갖도록 한다. 그러나 실제의 강간 사건은 전혀 모르는 사람에 의해 우발적으로 일어나는 것이 아니라 대부분 아는 사람에 의해서 계획적으로 행해지는 경우가 많다.

그래서 이런 〈피고인〉에서 보이는 강간에 대한 잘못된 편견은, 피해자의 인권을 위해 강간범을 처벌하긴 하지만, 그녀의 행동에도 비난받을 여지가 있다는 생각을 가질 수 있게 한다.

강간에 대한 편견은 이처럼 강간 피해자들을 위로하고 감싸주기보다는 그들의 과실부터 찾게 하고, 법적 대응을 포기하도록 만든다. 그리고 이런 점이 바로 강간범들이 노리는 틈이다.

강간의 희생자들은 특정 계층이나 특정한 과거를 가진 여성에게만 국한되지 않는다. 강간범은 무차별적인 폭력을 휘두르며, 강간 피해자의 연령은 생후 15개월부터 82세의 여성까지, 대상은 미혼 여성·가정주부·레즈비언·거리의 여자 등 누구도 피해자가 될 수 있다.

3. 〈델마와 루이스〉 (Thelma and Louise)

강간의 후유증

강간은 희생자들에게 신체적인 손상만 남겨 주는 것은 아니며, 그보다 더한 마음의 상처를 오랫동안 남겨 놓는다.

여성을 남성의 소유물 정도로 생각하는 남편과 결혼 생활을 하는 델마(지나 데이비스 분)는 식당 종업원으로 일하는 루이스(수잔 서랜든 분)와 함께 주말여행을 떠난다.

남편의 시시콜콜한 간섭에서 벗어난 델마는 술집에서 데릴이라는 건달을 만나 춤을 추는 등 신나게 기분을 낸다. 그러나 술에 취한 델마는 바람을 쐬기 위해 주차장으로 나갔다가 데릴에게 얻어맞고, 강간을 당하려는 찰나 이 때 나타난 루이스에 의해 위기를 모면한다. 화가 난 데릴은 루이스에게 악담을 퍼붓다가, 루이스의 권총에 가슴을 맞고 그 자리에서 죽는다.

둘은 경찰이 자신들의 말을 믿지 않을 것이라고 생각하고 도피의 길을 택한다.

리들리 스콧 감독의 〈델마와 루이스〉에서 자신이 성폭행을 당한 것도 아닌데 루이스가 그토록 흥분했던 것은 그녀가 이전에 텍사스에서 강간을 당한 경험 때문이었다. 그녀는 그 사건 이후 소름끼치는 그 텍사스를 떠나 왔고, 심지어 데릴을 살해하고 멕시코로 도망치는 급박한 상황에도, 강간의 상처로 인한 그 가위눌림 때문에 텍사스를 우회하여 지나간다.

강간의 희생자들은 루이스처럼 자신의 거주지를 옮기기도 하며, 사고가 일어났던 인근에 가는 것을 한사코 피하기도 한다.

강간당한 직후에 피해자들은 창피함과 당혹감·혼란·공포·분노를 느낀다. 또한 누군가 쫓아오는 느낌과 혼자 있는 것에 대한 두려움 때문에 집에서도 혼자 있으려 하지 않는다.

이러한 반응은 피해자마다 다르지만, 강간의 후유증을 극복하는데 누구나 수년 이상이 소요된다.

무엇보다 희생자를 가장 괴롭히는 것은 자책감이다. 자신의 잘못된 판단이 이런 재앙을 불러들였다고 여기는 것이다.

'그때 그 남자에게 문을 열어 주지 말았어야 했는데….' '왜 그날 학교에 밤늦게까지 남아 공부했을까?' '아무도 없는데 동네 아저씨를 집 안에 들이지 말았어야 했는데…' 등과 같은 후회다.

성폭행은 성행위와 관련된 행동에 많은 후유증을 남긴다. 따라서 희생자 중 많은 이들이 강간당한 후 정상적인 성관계를 갖지 못하며, 어떤 경우에는 평생 복원되지 않는다. 가해자인 남성에 대한 불신감이 모든 남성에게 일반화되어 나타나기 때문에 남성과의 대인관계를 어렵게 만드는데, 그래서 영화에서도 루이스는 남자 친구가 있지만 독신으로 살고 있는지도 모른다.

강간의 후유증은 여성의 생활사에도 커다란 영향을 미치는데, 사건 당시 여성이 어떤 연령에 있는가에 따라 다르게 나타난다.

결혼하지 않은 젊은 여성의 첫 경험이 강간일 경우, 그녀는 평생 폭력과 성행위에 대한 구분을 못하고, 그 두 가지를 같은 것으로 생각한다. 이제 막 집에서 독립하여 혼자 생활하려는 여성은, 강간으로 인해 독립된 생활은 위험하며, 자기는 스스로를 돌보지 못한다는 생각을 갖도록 하여, 부모로부터의 독립을 늦추게 한다. 남자와 교제중인 여성은 사건이 남자에게 알려질까봐 전전긍긍하게 되며, 사실을 숨긴다는 점 때문에 불안과 죄책감으로 어려움을 겪게 된다. 중년 여성은 자기를 제대로 돌보지 못했다는 자책감으로 인해, 조금씩 쌓아온 자신감이 무너진다.

〈델마와 루이스〉는 상징적인 장면을 보여준다. 그랜드 캐년의 아름다운 절벽으로 달려가는 무개차 앞 절벽 아래에서 갑자기 헬기가 솟구친다. 헬기의 강한 바람은 델마와 루이스의 모자를 단숨에 날려 버린다. 델마의 모자는 그녀들이 고속도로에서 우연히 마주칠 때마다 혀를 날름거리며 치근거리던 남자를 혼내 주고 뺏은 것이고, 루이스의 모자는 늙어 거동도 하지 못하는 노인의 것을 얻어 쓴 것이다. 남자들로부터 얻은 이 두 개의 모자는, 그녀들을 보호하기에는 너무나 미약한 존재이며 볼품없기 짝이 없다. 이 두 개의 모자는 여성들이 남자들로부터 얻을 수 있고 뺏을 수 있는 것이란 보잘 것 없으며, 그녀들을 보호해 줄 수 없다는 것을 상징하고 있다. 결국 두 여인은 그랜드 캐년의 아름다운 골싸기로 남자들의 여자 사냥을 피해 몸을 던진다.

강간 희생자는 자신의 존재에 대한 압도적인 공포와 심각한 무기력을 느낀다. 강간은 궁극적으로 자아를 침범하며, 한 개인의 내적이고 가장 사적인 공간을 침범하는 범죄다. 강간은 성적인 행동이 아니며, 폭행이자 테러요 굴욕을 주는 범죄이다. 강간은 희생자에게는 정신 건강의 응급 상황으로서 심리적인 응급 처치가 요구되며, 오랜 기간 동안 후유증을 야기하는 성적 학대의 한 형태이다.

강간이 없는 세상, 여자들이 남자를 무서워하지 않고 다닐 수 있는 세상이야말로 여자들이 가장 절실하게 바라는 세상일지도 모른다. 사실 여성들이 느끼는 성폭력의 공포는 너무나 커서 이는 남성의 거세 공포와도 비교할 정도이다.

여권이 신장되어 여성의 사회 진출이 늘어나며, 성적인 농담도 성희롱으로 처벌을 받는 세상은 어쩌면 허구인지도 모르겠다. 폭발성을 지닌 남성의 분노나 공격성은 여전히 만만한 여성들은 향해 존재하고 있으며, 성폭행에 대한 죄의식의 결여가 이런 현상을 부추기고 있다.

공식적인 자리에서는 소리 높여 남녀 간의 평등을 주장하지만, 마음속에 깊이 자리 잡은 우리 남성들의 생각은 부지불식간에 성범죄를 부추기고 있다.

〈피고인〉에서 사라는 여러 명의 남자들에게 붙잡혀 주크박스 위에서 윤간을 당한다. 사지를 남자들에게 붙잡힌 사라는 소리를 지르고 필사적으로 반항을 하지만 주위의 남자들은 환호성을 지르고 박수를 쳐댄다.

혹시 내가 사라의 사지를 붙잡고 있지는 않더라도 환호와 박수를 보내는 무리 중의 하나는 아닌지, 아니면 델마와 루이스를 절벽으로 밀어내기 위해 포위망을 좁혀 들어가는 비열한 남자들의 무리 속에 심정적으로 끼어 있는 것은 아닌지 모르겠다.

현실적으로 여자들의 삶은 고단하기만 하다.

데미지

상처받은 영혼의 위험한 사랑

아들의 연인을 사랑한 남자

스테판(제레미 아이언스 분)은 우연하게 아들의 연인인 안나(줄리엣 비노쉬 분)를 만나게 된다. 그 순간 그는 안나와 사랑에 빠지게 되고, 이로부터 스테판 일가의 불행이 시작된다.

루이 말 감독의 〈데미지〉는 이런 파격적인 내용 때문에 우리나라에 들어오는 데 상당한 우여곡절을 겪은 것으로 알고 있다.

빈틈없는 처신에 뛰어난 능력을 인정받아 온 유망 정치가인 스테판 의원은 그녀와의 맹목적인 사랑에서 헤어나지 못하고 이혼까지도 각오한다. 그는 이런 자신의 상태에 혼란과 당황함을 느끼면서도 감정을 제어하지 못한다. 그녀와의 관계를 끊으려고 결심해 보지만 뜻대로 되지 않는다.

결국 둘 사이의 보아선 안 될 장면을 목격한 아들 마틴은 분노와 충격으로 뒷걸음질을 치다 그만 계단에서 떨어져 죽고 만다.

안나에게는 오빠가 있었다. 남매는 매우 다정했다. 아버지를 따라 여러 나라를 다니며 어린시절을 보낸 그들은 둘이서만 있는 시간이 많았다. 그러던 어느 날 안나의 생애 중 최악의 날이 오고 말았다. 안나가 열다섯 살 때였다. 오빠가 그날 밤 안나에게 동침을 요구해 왔던 것이다.

안나의 방 앞에서 문을 열어 달라고 울며 애원하던 그 오빠는 다음날 시체로 발견되었다. 스스로 목숨을 끊은 것이었다.

영화에서 안나의 연인인 마틴과 죽은 오빠를 동일시하여 묘사하는 장면이 나온다. 안나의 어머니가 마틴의 가족과 식사를 하는 자리에서 마틴을 보고는 자살한 자기의 아들과 많이 닮았다고 말하는 장면이다. 이 말에 안나는 매우 난처해한다.

이 같은 암시를 통해서 마틴이 죽은 오빠의 상징적 대리 인물이라는 것을 짐작할 수 있다.

그러면 안나는 오빠를 두 번이나 죽음으로 몰고 간 셈인가? 그러나 좀 더 영화의 구도를 자세히 들여다보면 의외의 다른 한 인물이 죽은 오빠의 대리 인물에 더욱 가깝다는 것을 알 수 있게 된다.

〈데미지〉에는 등장해야 할 한 인물이 빠져 있다. 바로 안나의 아버지이다. 어떤 의도 때문인지, 아니면 우연인지 모르지만 아버지가 보이지 않는다. 그냥 그녀가 어린시절 외교관이었던 아버지를 따라 여러 나라를 돌아다녔다는 것으로만 처리된다.

이런 점으로 미루어 아버지는 안나에게 어떤 영향을 줄 만한 인물이 아니었음을 알 수 있다. 그렇다면 여기서 아버지의 역할을 오빠가 대신 했을지도 모른다는 추측이 가능해진다. 그녀에게 오빠의 역할이 매우 컸다는 것을 알 수 있는 것으로는, 어머니도 자식들을 건사할 능력이 없어 보인다는 점이다. 몇 장면 나오지는 않지만, 어머니는 매우 수다스럽고, 이혼을 밥 먹듯이 하며, 자녀의 양육에는 별 관심도 없는 사람으로 묘사된다. 죽은 오빠는 안나에게는 아버지와 어머니, 그리고 연인의 역할을 동시에 하는 중요한 인물이었음을 짐작할 수 있다. 그렇기 때문에 아버지는 영화에 등장하지 않으며 별다른 언급이 없는 것이다.

안나에게는 그토록 중요한 인물인 오빠가 느닷없이 성관계를 요구한다. 그녀는 도저히 그 소원만은 들어 줄 수가 없었다. 하지만 오빠는 그 때문에 자살을 했다. 오빠를 잃는다는 것은 그녀로서는 모든 것을 잃는 것이나 다름없는 일이었다. 그녀는 오빠의 청을 거절하긴 했지만 결과적으로 오빠이자 동시에 아버지 역할까지 하는 사람을 잃고 만 것이다.

그녀는 성인이 된 뒤에도 오빠의 죽음을 청산하지 못하고 있다. 그래서 안나가 입고 나오는 옷은 모두 검은 색일 수밖에 없다. 처음부터 끝까지 그녀는 검은 옷차림이다. 그녀의 검은 옷은 상복인 동시에 그녀의 기분을 나타내고 있다.

서양에서 검정이 애도의 빛깔로 표시되기 시작한 것은 기원전 323년, 알렉산더 대왕이 죽은 후부터이다.

고대 그리스인들은 우울증의 원인을 담즙이 검은 색으로 변하기 때문이라고 믿었다. 그러니까 영화에서 그녀의 검은 옷은 죽은 오빠에 대한 애도와 자신의 우울 상태를 나타내는 이중의 의미로 쓰이고 있는 것이다.

검은 색은 또한 이 영화의 결말에 대한 복선을 깔기 위한 장치이기도 하다. 그것은 파멸과 죽음을 상징하는 색이다.

사랑과 복수의 양가兩價 감정

그녀는 왜 그토록 오랫동안 오빠에 대한 애도 반응을 계속하는 것일까?

안나는 오빠에 대해 두 가지 생각을 가지고 있을 것이다. 하나는, 자신을 보호하고 양육해 준 소중한 사람인 오빠와 즐겁게 지내던 때로 돌아가고 싶다는 욕구이다. 또 하나는, 오빠와 여동생이라는 관계를 깨고, 그동안 둘이 쌓아온 모든 것을 파괴해 버리고 죽음으로써 자기를 버린 오빠에 대한 증오의 감정이다. 그 오빠는 자신을 평생 동안 죄책감 속에 가두어 놓은 원망스런 사람이다.

그래서 안나에겐 마틴의 아버지 스테판이 어쩌면 마틴 보다 더 오빠처럼 느껴지는 인물일 수 있다. 그것이 그녀가 애인의 아버지를 유혹한 이유라고 할 수 있다.

그녀로서는 죽은 오빠와의 사이에 이루어지는 정신적인 근친상간은 마틴이 아니라 스테판이 더 적격이라고 여겨질 수 있는 것이다. 스테판이야말로 안나의 오빠처럼 아버지의 이미지를 가지고 안나를 보호할 수 있는 관계이다.

연인의 아버지와의 밀회는 죽은 오빠와의 재결합을 상징하며, 그것을 통해서 오빠를 죽게 만들었다는 죄책감에서 벗어날 수 있는 것이다.

'오빠의 소원을 들어 주었으니, 이제 오빠는 나를 버리지 않을 거야.'

그리고 그것은 오빠가 죽기 전 그와 함께 보낸 그녀의 가장 행복했던 시절로 돌아갈 수 있는 방법이다.

하지만 그녀에게는 이와는 상반된 감정도 존재한다.

안나는 불가피하게 끊어 버려야 할 오빠와의 관계가 남아 있다. 좀 더 적극적인 의미로는 자신을 버렸던 오빠에 대한 복수의 마음이 숨겨져 있다. 그녀는 자신을 평생 죄책감 속에 가두어 놓은 오빠를 다시 한 번 죽음으로 밀어 넣는다. 그 대상은 죽은 오빠의 또 하나의 대리 인물인 마틴이다. 안나는 치명적인 결과를 알고 있으면서도, 서서히 마틴의 목을 조르기 위해 스테판과의 관계를 지속한다.

그녀는 관계를 청산하려는 스테판에게 자신의 아파트 열쇠를 보내면서까지 관계를 복원시킨다. 그녀의 의도대로 둘의 정사 장면은 마틴의 눈에 띄게 되고, 그 결과 '오빠'는 다시 한 번 죽게 된다. 어쩔 수 없는 운명대로 그녀는 죽은 오빠와 정사를 벌일 수 없었기 때문에 이런 대체 인물이 필요했던 것이다.

그러면 스테판은 왜 그녀의 유혹에 그토록 쉽게 넘어갔으며, 끝 간 데 없는 미친 열정으로 파멸의 늪에 뛰어들었을까?

차가운 지성과 일에 대한 열성으로 능력 있는 정치가의 길을 가고 있던 스테판은 바보스러울 정도로 맹목적인 사랑에 빠져든다. 그는 모든 것을 포기하고, 오직 그녀와의 결합에만 정신이 팔린다. 심지어는 질투심에 불타 아들과 안나가 여행을 간 곳까지 쫓아가기도 한다.

자신이 그동안 쌓아온 모든 것, 명예와 인격 그리고 가족까지 모두 팽개치고 만다. 그것이 파멸이라는 것을 알면서도 개의치 않는다. 객관적인 눈으로 보면 오직 그 자신만이 모두를 파탄으로 몰고 가는 그 열차의 제동장치를 가지고 있었음에도….

그 해답은 우선 그의 성격 유형에서 어느 정도 찾을 수 있을지 모르겠다. 그의 성격의 단면을 볼 수 있는 대목이 영화 중간 중간에 나온다.

스테판은 성공 지향적으로 살아온 사람이다. 그는 외적 세계에서 성공하기 위해서 사고 기능을 발달시켜야 했을 것이다. 그는 복잡하게 소용돌이치는 정치 상황에서 인정을 받고 스스로를 키워 온 사람이다. 정치판에서는 명석한 머리 회전과 예리한 판단력이 생명이다. 그러다 보면 자연스럽게 감정 기능은 소홀해질 수밖에 없다. 그것을 간접적으로 묘사한 장면이 영화에 나온다.

스테판과 아들 마틴의 관계는 아주 나쁘다고는 할 수 없지만, 그리 좋은 관계도 아니었다. 신문사로 마틴을 찾아간 스테판은 아들에게 사과한다. 그는 아들에게 "내가 모든 일을 완벽하게 처리하는 줄 알았다"고 고백한다. 그리고 아들에게 그동안 냉담했었음을 시인한다.

그 대사에서도 스테판은 감정 기능이 취약하고, 사고 기능의 특징인 냉담성이 두드러진다는 것을 알 수 있다.

〈포레스트 검프〉에서는 열등 기능의 긍정적인 면을 언급했지만 여기서는 반대로 열등 기능의 부정적인 면을 볼 수 있다.

〈포레스트 검프〉에서는 열등 기능을 동화하면 인생의 새로운 가능성을 볼 수 있다고 했지만, 열등 기능의 동화라는 것이 그리 쉬운 일은 아니다.

열등 기능은 표면상 주 기능에 밀려 아무런 역할을 하지 못하고 있는 것처럼 보이지만, 어느 순간 그것이 튀어나오게 되면 그 사람의 모든 것을 지배하게 된다는 것을 스테판의 안나에 대한 맹목적인 열정에서 잘 알 수 있다.

돌이킬 수 없는 어린시절의 상처

사고 기능만을 발달시키다 보면, 감정 기능이 소외된다. 사실 정치판에서 감정 기능은 그리 쓸모 있는 게 못 된다. 그러나 이처럼 배척된 감정 기능이 아주 없어져 버리는 것은 아니다. 단지 억압되어 있을 뿐인 것이다. 그래서 그 열등 기능이 어떤 계기에 의해 튀어나오게 되면 모든 의식을 사로잡고 만다. 그래서 사고 기능의 열등 기능인 감정 기능에 휩싸인 사람은 자신과는 전혀 어울리지 않는 사람과도 사랑에 빠지게 되는 등 현실적 판단이 불가능하게 된다.

만약 사고형의 사람이 자신의 보조 기능인 감각이나 직관 기능을 발휘했다면 이런 비극은 막을 수 있었을 것이다. 감각 기능은 현실을 파악

증보2판 프로이트와 영화를 본다면

하여 자신과 이 여자가 도저히 맞지 않다는 것을 알려주었을 것이고, 직관 기능이 보조 기능으로 자리 잡았다면, 자신들의 미래도 어느 정도 예측할 수 있었을 것이다. 스테판은 불행하게도 이 같은 보조 기능이 전혀 작동하지 않았다.

의식 밑에 잠재하여 발달되지 않은 감정은 매우 거칠고 절대적이다. 따라서 이러한 파괴적인 환상도 튀어나오게 되는 것이다. 일단 어떤 것이 옳다고 생각되면 자신의 내적 가치를 전혀 의심하지 않게 된다. 이러한 숨은 감정은 발달되지 못했기 때문에 유치하다.

열등 기능에 사로잡힌 당사자들은 이런 감정이 나오게 되면 대책이 없다. 어떤 계산이나 계획이 불가능하다. 자신의 감정을 적나라하게 표현하며, 자신의 감정에 확신을 갖기 때문에 어디에건 망설임 없이 뛰어들게 된다.

이렇게 감추어진 열등 기능을 볼 수 있는 계기가 있다. 열등 기능은 의식의 조절이 안 된다고 했는데, 예를 들어 여간해서 속마음을 내색하지 않는 사람이 술을 마시게 되면 떠나가도록 소리를 지르는 등 놀랄 만큼 활달해지는 것을 볼 수 있다. 이렇게 자신의 열등 기능에 사로잡힌 사람은 마치 브레이크가 고장난 차처럼 멈출 수가 없게 된다.

이들은 또 동물적인 성향을 띠기도 한다. 동물적이라고 하는 것은 의식이 조절되지 않는 것을 말한다. 의식상의 모든 계획이나 계산은 아무런 쓸모가 없어진다.

평소 아무 문제없이 지내던 사람들의 스캔들이 그런 경우이다. 사람들은 당연히 고개를 갸우뚱거린다.

"그렇게 빈틈없고 가정에 충실했던 사람이 설마 정말로 그런 짓을 했을까?"

스테판은 바로 이런 억압되고 발달되지 못한 감정에 사로잡히고 만 것이다. 그래서 모든 판단력이 마비된 채 앞만 보고 달려갈 수밖에 없었다.

어린시절 성적 유혹을 받았던 사람은 성인이 되면 지속적으로 성적 자극을 유발한다고 프로이트는 보았다. 이런 어린시절의 상처는 정신을 파괴해서 판단력을 저하시킨다. 그래서 자신을 위험으로부터 보호하는 정신의 기능이 손상된다.

그러나 안나의 비극적인 결말이 안나 만의 죄일까?

그녀의 어린시절 환경은 그녀에게 돌이킬 수 없는 상처를 안겨주었다. 그녀가 그 자리에 서있었다는 것까지 나무랄 수는 없는 일이다. 이것을 사람들은 운명이라고 표현하기도 한다.

거스를 수 없는 운명의 힘은 아무리 분석하고 나누려고 해도 헤아릴 수 없는 인생의 한 부분인 것만은 분명하다.

안나는 아픈 상처의 원점으로 돌아가 버렸다. 그녀는 상복을 끝내 벗지 못하고 두 가지 마음의 갈등도 해결하지 못한다. 그리고 더 큰 데미지가 그녀의 마음속에 남게 된다.

안나의 대사처럼 상처받은 사람은 위험한지도 모르겠다. 그러나 이런 위험은 타인보다는 자신에게 더욱 위험하다.

가을의 전설

살아남은 자의 슬픔

트리스탄과 이졸데의 전설

트리스탄은 리발렌 왕의 아들이자 콘월이라는 나라의 왕 마크의 조카이다.

콘월 국에 갑자기 거인 모홀트가 나타나 마크 왕에게 감히 공물을 요구하다 트리스탄에게 죽음을 당한다. 하지만 트리스탄은 독이 묻은 무기에 깊은 상처를 입고 말았다. 병세가 악화된 트리스탄은 의술이 뛰어난 이졸데 공주(*아일랜드 왕의 딸*)에게 도움을 청하게 되었다.

트리스탄은 이졸데의 도움으로 상처를 회복하고 돌아와 마크 왕에게 이졸데의 미모와 의술을 전했고, 마크는 이졸데를 왕비로 들이기로 마음을 먹는다.

콘월 국의 대사로서 아일랜드에 파견된 트리스탄은 이졸데에게 마크 왕의 의사를 전달하였다. 이졸데는 콘월의 왕비가 된다는 데 마음이 이

끌려 마크의 청혼을 받아들였다. 그러나 잉글랜드로 함께 떠나게 된 둘은 여행 도중 열정적인 사랑에 빠졌다.

이 같은 관계에도 불구하고 이졸데는 마크의 왕비가 되었다. 그 후 둘은 비밀스럽게 만났으며, 왕실에는 악의에 찬 소문이 퍼지게 되었다. 하지만 마크 왕은 이런 소문을 믿으려 하지 않았다.

둘의 밀회는 오래 가지 않아 발각되었고, 트리스탄은 마크 왕의 분노를 피해 브리타니로 떠났다.

잉글랜드로 돌아갈 수가 없게 된 트리스탄은 이졸데가 자신을 잊었다고 생각하여 동명이인인 이졸데와 결혼하였다. 브리타니 국의 공주 '흰 손의 이졸데 Iseult of White Hands'였다.

결혼 후에도 트리스탄은 이졸데를 잊지 못해 남편으로서의 의무를 다하지 않고 여행을 떠났다가 또 상처를 입는다.

병세가 악화된 트리스탄은 자신의 상처는 첫사랑의 연인만이 치료해 줄 수 있다고 생각했다. 트리스탄은 이졸데에게 사람을 보내 자신에게 급히 와 달라는 전갈을 보냈다. 그는 신하에게 이졸데를 데려올 경우 배에 흰 돛을 달도록 하고, 실패할 때는 검은 돛을 달도록 지시하였다.

이졸데를 실은 배는 흰 돛을 달고 항구로 들어왔으나, 질투심에 가득 찬 그의 아내는 트리스탄에게 검은 돛이 올려져 있다고 거짓말을 하였다.

트리스탄은 이졸데가 오지 못하는 것으로 알고 낙담 끝에 죽고 말았다.

배에서 내린 이졸데는 거리의 통곡과 교회의 종소리를 듣고 어리둥절했으나, 곧 트리스탄이 죽었다는 사실을 알게 되었다.

이졸데는 사랑하는 연인의 시체에 입을 맞추고 자신의 영혼을 놓아버려 슬픔 속에 죽었다.

두 연인의 부음을 들은 마크 왕은 급히 바다를 건너와 브리타니에 도착하였다. 그리고 그는 예배당의 양쪽에 둘의 무덤을 만들어주었다.

어느 날 밤 트리스탄의 무덤에서 자라 나온 가시나무 덩굴이 예배당을 넘어 이졸데의 무덤에까지 가 닿았다. 농부는 여러 차례 가지를 잘라주었지만 가시덩굴은 다시 자랐다. 이 이상한 일은 마크 왕에게까지 보고되었고, 그는 가시나무 덩굴을 다시는 자르지 말도록 하였다.

연거푸 맞이한 세 사람의 죽음

에드워드 즈윅 감독의 〈가을의 전설〉에도 트리스탄(브래드 피트 분)이 등장한다. 〈트리스탄과 이졸데〉의 이야기처럼 〈가을의 전설〉에서도 사랑은 불행으로 막을 내린다. 이 영화에서 트리스탄은 이졸데 대신 등장한 스잔나와 이루어질 수 없는 사랑을 하다 방랑 끝에 생을 마친다.

미국의 비인간적인 인디언 정책에 반감을 품고 서부에 정착한 러드로우 대령(안소니 홉킨스 분)에게는 세 명의 아들이 있다. 명확한 설명 없이, 어머니는 가족과 떨어져 도시에서 살며 편지로만 연락을 하는 것으로 되어있다.

이런 남자들 틈에 여자가 한 명 등장한다. 셋째 아들(헨리 토마스 분)인 새뮤엘의 애인 스잔나(줄리아 오몬드 분)이다.

이상주의자인 새뮤엘은 제1차 세계대전에 참전을 결심하게 되고 큰형 알프레드(에이단 퀸)와 둘째 트리스탄도 동생을 보호해 줄 겸 함께 참전한다.

트리스탄은 연약한 새뮤엘에게 행여 무슨 일이라도 일어날까봐 항상 그의 곁에서 맴도는데, 잠깐 자리를 비운 사이 정찰을 나간 새뮤엘이 전사를 하고 만다. 동생의 죽음을 자신의 탓이라고 여긴 트리스탄은 홀로 방황하다가 몇 년 후에야 집으로 돌아오게 된다.

트리스탄은 동생의 연인이었던 스잔나와 사랑에 빠지지만 동생의 죽음에 대한 슬픔을 이겨내지 못하고 집을 떠나 선원 생활을 하는 등 정처 없이 떠돈다.

이 때 스잔나를 사랑했던 큰형 알프레드가 스잔나에게 접근하여 둘은 결혼하게 된다.

그 후 다시 집으로 돌아온 트리스탄은 인디언 혼혈 여성인 이자벨과 결혼하여 두 아이까지 두는 등 안정된 가정을 이루지만, 공교롭게도 경찰이 쏜 총의 유탄에 맞아 아내가 죽는다.

이자벨의 죽음 직후 스잔나도 목숨을 끊는다.

트리스탄은 사랑하는 두 사람을 한꺼번에 잃고 다시 방랑의 길로 나선다.

1년 중 세 계절을 야성적인 생활을 하는 곰은 겨울에는 동굴에서 겨울잠을 잔다. 그래서 시베리아와 알래스카에서 곰은 달과 같은 재생의 의미로 본다. 달이 차면 기울고 다시 보름달이 되듯이 겨울동안 모습을 감추었던 곰이 봄이 오면 다시 활발히 활동하기 때문이다.

트리스탄은 어릴 적 곰의 발톱을 끊어내지만, 그는 팔에 상처를 입는다. 인디언 전설에서는 사람이 동물과 피를 나누면 동물의 속성을 가진다고 한다.

그렇다면 트리스탄은 자기 안의 곰이 야성을 드러낼 때는 정착하지 못하고 떠돌다가, 그것이 가라앉으면 집으로 돌아와 정착하는 것일까?

트리스탄은 사실 자기 안에 존재하는 곰의 본성보다는 외적인 조건에 더 많은 영향을 받았다. 그것은 바로 죽은 자에 대한 애도 과정을 해결하지 못했기 때문이다.

이 영화는 죽은 자의 애도 과정을 처리하지 못했을 때 생기는 불행을 보여주고 있다.

〈가을의 전설〉에서 트리스탄은 세 차례의 장례식을 치른다. 첫 번째는 동생인 새뮤엘, 두 번째는 인디언 혼혈 여성인 아내 이자벨, 그리고 마지막으로 사랑했던 연인 스잔나이다.

이 영화는 사랑하는 사람이 죽었을 때 겪는 애도 반응이 얼마나 왜곡될 수 있으며, 산 자의 삶에 어떻게 영향을 미치는지 보여주고 있다.

반복되는 사랑하는 사람의 죽음이 그를 어느 곳에도 안주시키지 못하고 방랑의 길로 몰아붙이게 한 것이다.

곰은 겨울잠을 자는 동안 야성도 잠든다. 트리스탄이 스잔나와의 사랑에 빠져 정착할 것 같은 태도를 보이는 것은 이때이다. 이자벨과 두 아이를 낳았을 때도 그는 평온해 보인다.

그가 이처럼 안정된 시기를 보낼 때는 사실은 곰이 잠들어 있기 때문이 아니라, 바로 죽은 자에 대한 슬픔이 억압되거나 어느 정도 해결되었던 시기이다.

애도 반응의 세 가지 유형

사랑하는 사람이 죽었을 때 대부분의 사람들은 큰 충격과 깊은 슬픔에 잠기게 된다. 한동안 어떤 일이 벌어졌는지도 이해할 수 없고, 어리둥절해지기도 한다. 도저히 그 사실을 믿을 수 없다. 마치 죽은 사람이 저녁때면 다시 들어올 것 같거나, 먼 여행을 떠나 언젠가는 다시 돌아올 것이라고 믿고 싶어진다. 충격은 또 한숨과 통곡을 불러온다. 사랑하는 사람 없이는 아무것도 할 수 없을 것 같기도 하다.

애도하는 사람들에게 나타나는 신체적인 증상으로는 무기력감, 식욕 감퇴, 체중 감소, 집중력 저하 등이 있다. 또한 수면에도 영향을 미쳐 잠들기가 어려워지는 데 비해 금방 깨어난다. 망자가 자주 꿈에 보이기도 하고, 꿈꾼 이는 꿈이었다는 사실에 대해 매우 실망한다.

이 같은 여러 가지 감정이나 증상을 애도 반응이라 하고, 이런 상태를 해결해가는 것을 애도 과정이라고 한다.

사람들은 대개 1~2개월 정도 애도 반응을 보인다.

이런 애도 반응이 원만하게 해결되지 않을 경우 병적으로 발전, 지속될 수 있다. 어떤 경우에는 애도 반응이 지나쳐 자살하거나, 깊은 우울증에 빠지는 수도 있다. 장례식을 마친 며칠 후 죽은 아내를 좇아 자살을 했다는 남편의 기사를 보기도 한다.

해결되지 않은 애도 반응은 크게 세 가지로 나눌 수 있다.

첫째, 애도 반응이 전혀 없는 경우이다.

이런 경우에 해당되는 사람들은 죽음의 소식을 접한 후에도 마치 사랑했던 사람이 죽지 않은 것처럼 여긴다. 심리적으로 사랑하는 사람의 죽음을 인정하지 않고 부정한다. 도저히 죽음을 인정할 수 없고, 꼭 살아올 것이라는 확신을 갖는다.

이 같은 애도 반응의 완전한 억압은 몇 달이나 몇 년이 지난 후 더 큰 슬픔과 부적응을 가져온다.

둘째, 정상적으로 보여야 하는 애도 반응이 다른 형태로 나타나는 경우이다.

정상적으로 보이는 슬픔과 아픈 감정들, 사자에 대한 그리움이 일부분만 표현되고, 나머지는 신체적인 증상으로 표현되는 경우이다. 일부분만 애도 반응을 거쳐 해결되었을 뿐, 나머지는 그대로 남아 있다.

사랑하는 사람이 사망한 후 점점 심해지는 위장장애와 불면증을 호소하는 여성이 있었다. 이 여성의 남편은 자살을 하였고, 그녀는 남편의 자살에 대한 분노와 남편에게 버림을 받았다는 생각이 신체증상으로 표현된 것이다.

셋째, 처음엔 애도 반응이 나타나지 않다가 나중에 나타나는 경우이다.

지연된 애도 반응은 몇 년 후에도 나타날 수 있는데, 이전에 겪었던 사랑하는 사람의 죽음을 상기시키는 사건을 계기로 갑작스런 슬픔과 우울의 애도 반응이 나타난다.

트리스탄은 새뮤엘이 죽은 후 곧장 집으로 돌아오지 않고 이곳저곳을 떠돌아다니다 집으로 오게 된다. 트리스탄은 그 후 스잔나와 사랑에 빠지면서 점점 새뮤엘의 죽음을 잊는 것처럼 보였으나, 그가 애도 과정을 해결하지 못하고 단지 억압하고 있었다는 것을 알 수 있는 장면이 나온다.

그는 송아지가 철조망에 걸려 치명적인 상처를 입자, 송아지의 고통을 덜어주기 위해 총으로 쏘아 죽인다.

이 장면은 바로 새뮤엘이 철조망에 걸려 트리스탄의 이름을 부르며 죽어가는 장면을 그에게 연상시켰고, 이로 인해 그는 다시 위축되고 슬픈 감정으로 돌아가고 말았다.

트리스탄에게는 지연된 애도 반응도 있지만, 그는 대체로 만성적인 애도 반응을 보이고 있다. 그는 새뮤엘이 죽은 후 그의 생활에서 밝음은 없어지고, 죄책감으로 인한 자학적인 방랑생활을 계속한다. 마치 새뮤엘의 죽음이 바로 어제 일인 듯 그의 생활을 계속 지배하고 있다. 계속 울음을 터뜨리며 동생을 그리워한다. 그러다가 슬픔이 가실 때쯤 되면, 다시 지연된 애도 반응이 나타나 그의 등을 떠밀어 여기저기 떠돌게 한다.

이렇게 애도 반응이 길어지고 슬픔이 가시지 않는 요인은 여러 가지로 추측해 볼 수 있다. 그것은 사망 시의 상황 등 외적인 요인일 수도 있고, 죽음을 맞는 애도자의 태도에 의해 결정되기도 한다.

받아들여지지 않는 죽음

트리스탄의 해결되지 않은 애도 반응 중 가장 눈에 띄는 것은 새뮤엘이 사망할 때의 환경이다. 사망 시의 환경이란 사망의 장소, 사망의 원인, 사망에 대한 살아 있는 사람들의 준비 정도가 어떤가 하는 점이다.

사람들은 사망 시의 환경을 받아들일 수 있고, 어느 정도 이해할 수 있다면 애도 과정은 쉽고 빨리 해결될 수 있다.

사랑하는 사람이 집에서 가족들에게 둘러싸인 채 평화롭게 천수를 다하고 임종을 맞았다면, 남은 가족들은 죽음을 쉽게 받아들일 수 있을 것이다.

이 같은 예견된 죽음은 비록 커다란 슬픔이 있다고는 하더라도, 환자가 앓아오는 동안 가족들은 마음의 준비를 할 수 있게 되는 경우이다.

그러나 갑작스런 죽음은 그에 대한 준비를 할 시간이 없어 커다란 충격과 사후에 닥치는 여러 가지 문제를 해결하느라 당황하게 되고 더 큰고통 속에 놓이게 된다.

새뮤엘의 죽음을 전혀 예상하지 못했던 트리스탄은 준비가 전혀 없었다. 따라서 그가 동생을 잊고 자신의 길을 가기란 쉽지 않은 일이었을 것이다.

공교롭게도 그가 사랑했던 사람들의 죽음은 모두 갑작스런 것들이었다. 새뮤엘은 그의 눈앞에서 전사했으며, 인디언 혼혈의 아내 이자벨은 경찰의 유탄에 맞아 사망했고, 마음속의 연인이었던 스잔나는 자살을 했다. 이런 갑작스런 세 차례의 죽음은 누구라도 견디기 어려운 고통일 것이다.

그는 한 번도 사랑했던 사람을 떠나보낼 마음의 준비 없이 애도 과정속으로 떨어지고 말았다.

증보2판 프로이트와 영화를 본다면

또한 살아남은 자가 사랑하는 사람의 죽음에 책임을 느끼게 되어도 애도 과정은 복잡해진다. 바로 죽음에 대한 죄책감이 애도 자를 괴롭히기 때문이다.

트리스탄은 항상 곁에서 돌보던 동생이 그가 잠깐 자리를 비운 사이. 바로 눈앞에서 철조망에 얽힌 채 죽는 모습을 보게 된다. 그는 자신의 방심이 동생을 죽였다는 죄책감을 가지게 되고, 때문에 집으로 돌아가지 못하고 여러 곳을 떠돈다.

아내 이자벨도 트리스탄이 밀주를 판매하지 않았다면, 경찰이 그를 겁주기 위해 길목을 지키고 있지 않았을 것이다. 트리스탄은 아내의 죽음에도 책임을 느꼈을 것이다.

스잔나의 자살은 어떤가?

스잔나는 트리스탄을 사랑했으며, 그가 방황을 끝내고 돌아오기를 바랐지만, 그는 그녀에게 자신을 포기하라는 편지를 보냈다. 기다리다 지친 스잔나는 사랑하지도 않는 알프레드와 결혼해서 무덤덤한 결혼생활을 하게 된다.

이자벨이 죽은 후, 그녀도 자살하고 만다.

트리스탄이 방황을 끝내고 스잔나를 받아들였다면, 그녀는 자살하지 않았을지도 모른다.

이런 극적인 경우는 아니더라도, 가령 남편이 고혈압이 있다는 사실을 알고 있으면서도 적극적으로 남편에게 병원으로 가서 치료를 받으라고 권하지 않았던 아내는, 남편이 뇌일혈로 죽은 뒤 자신의 잘못을 후회하는 것 같은 일은 흔하다.

사망의 부적절성도 트리스탄의 애도 과정을 끈질기게 잡고 늘어진다.

어느 죽음이든 적절한 죽음이란 없지만, 우리나라에서는 천수를 누리고 편안하게 임종을 맞게 되면 문상객들은 '호상'이라며 가족을 위로한다. 가족들도 이런 생각에 동의하며 애도 과정을 무난하게 마치게 된다.

사랑하는 사람이 죽음의 길로 들어섰을 때의 나이는 그래서 중요하다. 젊은 사람의 죽음은 가족뿐 아니라 여러 사람의 마음을 아프게 한다. 죽은 자가 하늘로부터 받은 명을 충분히 누리지 못했으며, 그의 꿈이 실현되지 못하고 꺾였기 때문이다. 어린 나이의 자녀를 먼저 보낸 부모는 그래서 평생 자식을 가슴에 묻고 살아갈 수밖에 없다.

죽은 새뮤엘은 몇 살이나 되었을까? 기껏해야 갓 스물을 넘긴 나이의 동생이 죽었다고 한다면, 그것을 바라보는 형의 입장은 착잡하기 이를 데 없을 것이다.

사망 전의 상황도 중요한데, 한평생 열심히 직장생활을 한 사람이 정년퇴직 후 이제 여생을 편하게 지내게 되었을 때 죽었다면 어떨까? 사람들은 참 죽음이 공정치 못하며 억울하다는 느낌, 인생이 허망하다는 느낌을 가질 것이다. 마찬가지로 새뮤엘은 자기 나라의 전쟁도 아닌, 남의 나라 땅에서 단지 정의를 세우고자 하는 이상을 좇아 참전했다. 그러나 거기서 그는 너무나 허망하게 시체로 변한 것이다.

원만한 애도 과정의 조건

외적 요인으로 인해 트리스탄의 애도 과정이 실패했다면, 애도 과정에 놓인 사람들의 내적인 요인, 즉 잘못된 생각으로 애도 과정이 길어지고 실패하는 수도 있다.

사람들은 대체로 사랑하는 사람의 죽음으로 인해 생기는 슬픈 감정과 비탄을 용인하지 않으려 한다. 커다란 슬픔을 갖게 되면 자신을 조절하지 못하지 않을까 하는 두려움 때문이다. 한 번 울기 시작하면 도저히 그칠 수 없을 것 같다고 얘기하는 사람도 있다.

증보2판 프로이트와 영화를 본다면

어떤 사람은 그리 슬프게 통곡을 하지 않고 의연히 대처하는데 자기만이 눈물을 흘리며 애도 반응을 보이는 것이 다른 사람에게 또는 스스로에게 약하게 보이지 않을까 하는 두려움 때문이다. 이것은 남자에게 더욱 많이 나타나는 현상인데, 어릴 때부터 남자는 울음을 부끄럽게 여기도록 교육을 받아 왔기 때문일 것이다. 남자는 평생 세 번만 울어야 한다는 등의 얘기 때문에도 남 앞에서 눈물을 흘리는 등 약한 모습을 보이지 않으려 한다. 이렇게 사자에 대한 슬픔의 배출 통로는 막혀 버리고 해결되지 못한 채 가슴속에 남게 된다. 어떤 남자는 돌아가신 어머니가 생각날 때마다 아내 몰래 베갯잇을 적셨노라고 고백하기도 한다.

애도 과정에 스스로 흠뻑 빠져들지 못하고 주변을 맴도는 또 다른 이유로는 무의식적으로 사랑하는 사람의 죽음을 인정하고 싶지 않기 때문이다.

시신 앞에서 통곡한다는 것은 영원히 사랑하는 사람과의 이별을 기정사실화한 것을 뜻한다. 그러기에 한사코 애도 과정으로 들어가지 않으려 버티는 것이다. 그리고 자신의 많은 부분을 차지하고 있는 사람을 떠나보내지 않고 붙잡아 두려 한다.

애도 과정이라는 고통 속으로 들어가는 것 자체를 두려워하여 애도 반응이 해결되지 않는 경우도 있다. 사랑하는 사람이 없는 커다란 상실감을 맞닥뜨리는 것을 피하고 싶은 것이다.

또 어떤 사람은 사자와 자신을 한 몸이라고 생각해서 애도 반응을 질질 끌기도 한다. 자신이 사자에 대한 슬픔을 모두 잊고 일상생활로 돌아간다는 것은 사자에 대한 배신이라고 여긴다. 그래서 사자와 한 몸이 되어 슬픔 속에 휩싸인 채 평생을 보낸다.

3부_굴절된 사랑의 이야기

"사랑하는 사람이여, 당신을 떠나보낼 수는 없어요. 당신이 불행한 죽음의 늪으로 떠났듯이 나도 이제 당신처럼 불행한 생활을 계속하렵니다."

또 어떤 이는 사자와 자신의 관계를 되돌아보는 것이 두려워서 애도 과정을 해결하지 못하기도 한다. 다시 말해 사자에 대한 증오나 분노, 서운한 감정을 갖는 것은 죽은 사람에 대한 예의가 아니며, 자신이 뭔가 문제가 있는 사람이라는 생각이 들기 때문이다. 그는 이런 감정을 묻어둔 채 사자에 대한 죄책감으로 세월을 보내기도 한다.

애도 과정을 해결하는 데 가장 중요한 것은 사랑하는 사람의 죽음을 있는 그대로 받아들여야 된다는 점이다.

애도를 하기 위해서는 사랑하는 사람의 상실을 인정해야 한다. 만약 죽음을 부정하거나 사랑하는 사람이 다시는 돌아오지 못한다는 사실을 거부한다면, 당연히 애도 과정은 시작되지 않는다. 사랑하는 사람은 죽지 않았고, 잠시 헤어져 있을 뿐이라고 생각되는 것이다.

사랑하는 사람의 죽음을 받아들여야만 애도 과정은 시작된다. 애도 과정이 시작되기 위해 시신을 봐야 하는 경우가 생긴다. 시신은 사랑하는 사람이 죽었다는 명백한 증거가 된다. 그것은 사랑하는 사람이 죽었다는 사실을 부정하고 싶은 욕구를 막는다. 죽음을 확인할 때까지 사자에 대한 애도를 할 이유가 없다. 그래서 죽음의 확인은 매우 중요한 것이다.

비행기 추락 사고, 배의 침몰 사고, 건물의 붕괴 사고 등에서 생존자를 구하고 난 뒤 가장 중요한 것은 시신을 찾는 일이다. 시신을 찾기 위해 많은 시간과 노력을 들이는 것은 법적인 절차 외에도 유가족들의 애도 작업을 돕기 위한 하나의 이유가 된다.

사람들이 애도를 할 수 있고, 애도를 시작하려면 사망의 증거가 있어

야만 한다. 이러한 증거가 없으면, 아직도 살아 있다는 희망 또는 그렇게 슬퍼할 이유가 없다는 이유로 애도를 연기한다.

삼풍백화점 사고에서 몇 십 구의 시신을 찾아내지 못했다. 당연히 유가족들은 지금까지도 어쩌면 그가 어딘가 살아있을 것이라는 기대감, 금방이라도 문을 열고 들어올지 모른다는 생각을 가지고 있을 것이다. 아니면 기억상실증에 걸려 어딘가를 헤매고 있을지 모른다는 기대를 가질 수 있다. 나의 도움을 필요로 하는 어려운 상황에 놓여 있는지도 모른다고 생각할 수 있다. 이렇게 피가 마르는 조바심을 가지게 되고, 애도 과정으로 들어가지 못한 채 한 가닥 희망을 놓지 않으려고 안타까운 몸부림을 치게 마련이다. 따라서 그들의 불행은 시신을 찾은 유가족보다 더욱 클 수밖에 없다.

사자에 대한 포기가 이루어지지 않기 때문이다.

새로운 세상에서의 적응

이제 사랑하는 사람의 죽음으로 인한 고통과 이별을 경험해야 한다. 가장 힘든 순간이며, 피하고 싶은 마음뿐이다.

사랑하는 사람의 죽음은 한 인간의 소멸만을 의미하는 것은 아니다. 사망자가 자신에게 했던 많은 역할과 관계마저 한 순간 사라진다는 것을 뜻한다.

아내를 잃은 남편이 있다고 했을 때, 아내는 남편에게 좋은 동료이자 두 아이의 양육을 책임지며, 고민을 들어주는 상담가이자 여행의 동반자이며, 수줍은 성격의 남편이라면 아내는 다른 사람과 연결하는 다리의 역할을 하던 사람이었다.

남편은 위에 열거한 모든 것을 한 순간에 잃게 된다.

고통을 경험하는 것은 쉽지 않다. 특별한 방법이 있는 것도 아니다. 모순적인 얘기지만 고통을 극복하고, 고통 안에 있어야 하고, 고통의 주변에 머물러 있어야 한다. 그러기에 사람들은 애도 과정을 지연시키고 거부하려고 애쓴다. 위에 열거한 많은 상실을 생각하지 않으려 하거나 생각날 때마다 그런 생각을 없애 버리려 한다. 의도적으로 상실을 최소화하려 한다. 다른 가족들의 슬픔을 위로하려고만 할 뿐 자신에 대해서는 신경을 쓰지 않는다.

이런 애도 반응은 쓸데없는 일이며, 사후에 재결합할 것이라는 기대를 할 수도 있다. 상실과 분리의 감정을 느끼지 않기 위해 일부러 바쁜 일정을 짜고 일에 몰두하려고 할 수도 있다.

하지만 이런 애도의 지연은 대가를 치러야 한다. 애도 과정을 해결하고 싶고, 건강하게 아무런 후유증 없이 지내고 싶다면 결국 고통의 바다를 건너야만 한다. 바다를 건너는 동안 도리어 고통은 도움을 준다.

그렇다고 애도의 고통을 피하고자 하는 마음을 비난할 필요는 없다. 피학성이 있는 사람이 아니라면, 고통을 즐겁게 받아들일 사람은 없다. 고통을 피하는 것은 인지상정이지만, 마냥 피해 다니기만 한다면 미래에 더 많은 고통이 뒤따르기 때문이다.

사랑하는 사람을 잃은 사람들은 두 가지 선택의 기로에 놓이게 된다. 현재 고통의 계산을 끝내든지 아니면 나중에 대금을 지불하든지 둘 중 하나를 선택해야 한다. 나중에 계산한다면 더 많이 지불해야 한다. 미루게 되면 더 많은 방어기제를 요구하게 된다. 애도 감정을 피하기 위해 견고화된 방어와, 오랜 기간 동안 축적된 고통의 공포와 증상이 있게 된다.

애도 반응이라 하더라도 마냥 고통 속에 있어야 한다는 것은 아니다. 이따금 애도의 고통에서도 잠깐씩의 휴식은 필요하다. 다음의 고통을 견

떠내기 위해 한 발짝 물러날 필요도 물론 있는 것이다.

그치지 않고 계속되는 애도의 고통은 사람들을 지치게 한다. 그럴 때면, 자연스럽게 마음속에서는 이런 고통을 벗어나고자 하는 생각이 들게 된다. 다른 곳에 집중하고 싶고, 애도에서 벗어나고 싶을 것이다. 이것은 그동안 자신을 스스로 통제하던 일상생활로 돌아가고 싶다는 징후로 볼 수도 있다. 이 때 집안을 청소한다든지 영화를 보거나 친구를 만나 잡담을 나누기도 하는 등 휴식이 필요하다는 뜻이다.

휴식은 고통스런 애도 과정을 다시 돌아보는 데 필요하다. 애도 과정에서 벗어난 휴식은 도리어 애도 감정에서 생기는 불안한 에너지를 분출하는 출구가 된다. 휴식은 애도의 고통으로부터 지치는 것을 막는 데 필요하다.

고통을 겪는 것과 마찬가지로 사랑했던 사람과 헤어져야 한다는 사실을 다루어야 하는 것도 중요하다. 이제 사랑하는 사람이 없다는 사실에 익숙해져야 하고, 자신의 삶에 집중해야 한다.

자신과 특별한 관계를 가졌으며, 자신을 자신답게 했던 고인 없이도 살아야 한다는 것을 알아야 한다. 고인이 있어야 가능했던 자신의 희망·꿈·기대·감정·사고 등을 포기해야 한다.

이러한 망자와의 이별은 우리가 원했던 것은 아니다. 사람들은 이런 사실을 받아들이고 싶지 않고 이런 사실에 저항하게 된다.

애도 과정을 잘 마치려면 고인을 붙잡아두고 싶은 자신의 마음을 포기하고, 사랑하는 사람이 없는 새로운 세계에서 적응할 수밖에 없다.

전설이 된 사람

사랑하는 사람 없이 새로운 세상에 적응하는 것은 많은 인내와 노력이 요구된다. 적응은 매우 더디게 한발 한발 진행되지만 그렇게 인생에서 갑작스럽게 비워진 커다란 공간을 메워나가야 한다.

아내를 잃은 남편이라면, 아이들을 위해 손수 음식을 만들어야하고, 과제물을 챙겨 주고, 자신이 갈아입을 옷도 스스로 준비해야하며, 중요한 결정도 혼자 내려야 한다.

아버지가 사망한 후 1년 이상 심한 우울과 불안을 호소하는 여성이 있었다.

이 여성은 어린시절부터 아버지를 가장 이상적인 남성으로 여겼으며, 결혼 후에도 중요한 결정은 모두 아버지와 상의하곤 했다.

갑작스럽게 없어진 아버지의 존재로 인해 그녀는 세상이 무너져버린 느낌이었다. 아버지 없는 세상은 도저히 살아갈 희망이 없었다. 다행히 그녀의 우울증은 점차 나아지기 시작했는데 남편과 자녀의 도움 덕분이었다.

그녀는 이제 아버지로부터 받아오던 조언과 격려를 남편으로부터 받기 시작했다. 그리고 남편의 헌신을 받아들이면서 그녀의 우울증은 조금씩 나아졌다. 그녀 자신도 이런 변화에 적응하려고 노력했으며, 주변의 도움도 그녀를 애도 과정에서 벗어날 수 있게 하였다.

아버지가 없는 세상에서도 자기에게 도움을 줄 수 있는 사람은 여전히 존재한다는 사실을 깨닫기까지 그 여성은 오랜 시간이 걸렸던 것이다.

사후에 달라진 환경의 변화에 대처하는 것만이 애도 과정을 해결하는 열쇠가 된다.

애도 과정을 해결한다는 것이 말처럼 쉬운 일이 아니다. 여러 가지 외적인 여건과 자신의 성숙된 심리 상태 등 여러 요인이 작용한다. 사람들은 흔히 시간이 흐르면 상실의 아픔은 해결된다고 하지만, 정말 해결된 사람은 많지 않다. 단지 가슴속에 묻고 지내고 있을 뿐이다.

증보2판 프로이트와 영화를 본다면

트리스탄은 전사한 새뮤엘의 심장을 꺼내 집으로 보낸다. 그가 심장을 꺼낸 이유는 인디언 풍습에 짐승의 뜨거운 심장을 쥐게 되면, 인간의 영혼은 자유가 된다는 풍습에 따른 것이다.

트리스탄은 새뮤엘의 영혼을 자유롭게 하기 위한 의식을 치렀지만, 결국 그의 영혼은 새뮤엘의 심장에 갇히게 된다.

〈가을의 전설〉의 마지막 장면에서 트리스탄은 다시 집을 떠난다. 그는 알프레드에게 아들 새뮤엘(*동생의 이름과 같다*)을 맡긴다.

트리스탄의 비극은 동생 새뮤엘의 죽음을 받아들이지 못하고 죄책감 속에 자학적인 생활을 한 데 있다. 그가 어쩔 수 없이 아들 새뮤엘을 형에게 맡기긴 했지만, 그가 맡긴 것은 너무나 부담스러운 또 다른 새뮤엘 – 죽은 동생의 영혼 – 일지도 모른다.

그는 자신의 짐을 벗고 전설이 된다.

베를린 천사의 시

바로 여기, 바로 지금 느끼고 싶어

고독하고 우울한 2명의 천사

빔 벤더스 감독의 〈베를린 천사의 시〉라는 영화를 오래전에 본적이 있었다. 처음 영화를 봤을 때는 영화의 의미가 다가오지 않았지만, 의미 있는 영상과 알 수 없는 독백만으로도 마음에 드는 영화였다. 얼마 전 집에 있는 DVD를 정리하다 우연히 눈에 띄어 다시 한번 보게 되었다.

이 영화에는 2명의 천사가 주인공으로 등장한다. 다미엘과 카시엘, 이들은 베를린이라는 도시를 중심으로 인간세계를 주시하면서 살아간다.

그런데 재미있는 사실은 우리가 흔히 생각하는 천사가 이 영화에는 등장하지 않는다는 점이다. 신과 인간의 중재자로서 적극적으로 인간세계에 뛰어들어 인간을 구원해주는 그런 역할이 아닌 것이다.

어떻게 보면 방관자적으로, 어떻게 보면 가볍게 인간의 고통을 어루

만져 줄 뿐이다. 게다가 두 천사 모두 검은색 코트를 걸친 채 거의 웃는 법이 없이 얼굴은 항상 고뇌에 차있다.

그도 그럴 수밖에 없는 것이 그들은 인간들이 생각하는 소리가 다 들리기 때문이다. 어디를 가더라도 그들은 인간이 겪는 현재의 고통, 미래에 대한 불안, 다른 사람에 대한 불만, 인간 내면의 외로움이 담긴 넋두리를 계속 들어야 한다.

그렇게 이 두 천사는 아주 오래전부터, 그리고 영원히 이런 인간들의 고통스런 생각과 말을 들어야 하는 처지에 놓여있다. 어떻게 보면 천사의 운명은 인간보다 못한지도 모른다.

이들은 세상 모든 이들의 고통을 안고 가야 하는 운명이다.

천사 다미엘은 아무리 영원히 살 수 있다고 하더라도 천사의 삶에 회의를 느낀다. 그는 인간이 되고 싶은 것이다. 인간처럼 유한한 삶을 산다고 하더라도, 사물을 만져 볼 수 있고, 커피 향을 맡으면서 맛을 보고, 다른 인간의 눈에 보이게 되어 인사도 건넬 수 있게 말이다.

다미엘이 인간이 되겠다는 결심을 더욱 굳히게 된 건, 아름다운 여자 곡예사인 마리온을 만나면서부터다.

마리온은 서커스단의 해체를 앞두고 실의에 빠져있다. 다미엘은 마리온의 곁에서 그녀의 두려움과 외로움, 고통을 듣게 되면서, 그녀를 사랑하게 된다.

인간이 된 천사, 천사가 되고 싶은 인간

다미엘은 인간이 되고 만다. 그는 자신의 몸 안에 간직했던 갑옷과 함께 인간의 땅으로 내려온다. 인간이 돼서 처음으로 한 일은 커피를 마시는 것이었다. 그는 한참동안 커피 향을 맡고 나서 입으로는 한 모금 물고 한참 동안 커피 맛을 음미한다.

인간이 되었으니, 이제 감각이 주는 즐거움을 느끼기 위한 것이다.

이제 인간이 되었으니 다미엘은 마리온을 만나러 간다.

여기서 천사로 나오는 다미엘은 우리 자신의 모습이다. 그는 어디를 가든 인간이 생각하는 소리까지 다 들어야 한다. 하지만 다미엘만 그런 소리를 듣고 있는 것일까? 곰곰이 자신의 일상을 돌아보면 그 소리들은 내 자신의 마음속에서 울리는 소리와 다를 바 없다는 것을 알게 된다.

'아침에 출근을 하기 위해 현관을 빠져나오는 순간 갑자기 오늘 내야 할 공과금이 떠오르고, 엘리베이터를 타는 순간, 며칠 전 신문에서 봤던 엘리베이터 사고가 떠오를지 모른다. 자동차 시동을 켜는 순간, 이번 주에 닥쳐올 어머님의 생일 선물로 뭘 해야 할지 하는 고민이 생각나고, 조금 운전을 하다 보니, 일주일 전부터 피로감이 지속되는 게 마음에 걸린다. 20년 이상 피운 담배가 혹시 문제를 일으킨 건 아닌지 걱정이 된다. 혹시 내게 큰 병이 생긴 건 아닐까? 다음 신호대기에서 기다리고 있는데, 곧 있을 인사이동에 생각이 머문다. 이번에도 승진을 하지 못하면 치고 올라오는 후배들한테 창피한 것은 물론이고, 회사를 그만둬야 할 판인데, 도대체 뭘 해서 먹고 살 것인지 하는 걱정이 앞선다. 아참 그것도 그거지만, 요즘 어머니에게 전화를 걸 때마다 느끼는 거지만, 예전보다 어머니의 기억력이 떨어지고 있다는 생각이 든다. 혹시 치매가 시작되고 있는 것은 아닐까? 그렇다면 집으로 모셔야 하나? 아내는 그걸 받아들이고, 아이들은 또 어떻게 생각할까? 조금 더 운전을 하고 가다 보니, 매일 지나치는 중학교가 보인다. 이제 큰아이에 대한 생각으로 마음이 기운다. 큰애의 성적은 계속 하위권에 머물고 있으니 도대체 대학이나 갈 수 있으려나? 이렇게 경쟁이 심한데 아이는 얼마나 힘든 인생을 살아갈까 하는 걱정까지 앞선다.'

이렇게 우리들은 이 남성의 예처럼 그 1시간 남짓한 출근시간 동안에도 이런저런 생각들로 머릿속이 터질 지경이다. 이렇게 하루하루를 보내는 것이 현대인의 삶이다.

우리들은 과거에 대한 후회와 미래에 대한 걱정으로 하루하루를 연명하면서 산다는 것이 맞는 표현일지도 모른다. 그렇다고 이런 고민을 해결할 특별한 방법이 있는 것도 아니다.

그저 이도저도 하지 못한 채 고뇌와 고통 속에서 하루하루를 보낼 뿐이다.

그리고 이런 자신에 대한 자기 연민에 빠져 가끔 우울해지기도 하고, 어떨 때는 지쳐버린 자기 자신의 용기를 북돋워 보지만 그리 오래가지 못한다.

여기서 천사 다미엘과 우리 인간의 처지가 도대체 다른 것이 무엇이란 말인가?

둘 다 어떤 해결방법도 모른 채 다미엘은 인간에게, 우리 인간은 자기 자신에게 연민과 동정어린 시선만을 줄 뿐이다. 다미엘은 인간의 고통을 들어주기만 해야 하는 고통스런 상황에 영원히 놓여있어야 하는 운명이다. 그런 면에서 인간도 다를 바 없다.

많은 사람들은 자신이 영원히 살 것처럼 생각한다. 물론 인간의 유한성을 알고 있지만 자신만은 조만간 자신에게 죽음이 닥치리라고 생각지 않는다. 죽음은 먼 훗날의 일이라고 생각한다.

지금, 현재를 느끼고 싶어

영화 속에 등장하는 다미엘의 대사를 들어보자.

"영원한 시간에 떠다니느니 나의 중요함을 느끼고 싶어. 내 무게를 느끼고 현재를 느끼고 싶어. 부는 바람을 느끼며 지금이란 말을 하고 싶어. 지금…. 지금….."

다미엘은 영원한 삶이 필요한 것이 아니라, 현재를 만지고, 느끼고, 현재에 집중하면서 살고 싶어 한다.

다미엘이 결심한 삶이 바로 우리 인간에게 필요한 것이다. 우리는 항상 현재를 살라는 말을 듣는다. 하지만 항상 우리는 지나간 과거에 매달리고, 오지 않은 미래에 자신의 인생을 저당 잡힌 채 살아간다.

그러다 보니 항상 마음은 침울하고, 수많은 생각들로 항상 분주할 뿐, 행복하지 않다. 그래서 어느 종교를 보더라도 현재를 살라고 가르친다. 하지만 우리는 항상 그걸 잊어버리고 하루 종일 마음속에서 일어나는 끊임없는 생각에 매몰된 채 살아간다.

이런 마음속에서 일어나는 끊임없는 망상이 우리 인간이 항상 불행함을 느끼는 원인이다.

아무도 거들떠보지 않는 마음의 훈련

이를 없애는 방법이 있다. 이는 끊임없는 훈련밖에 없다. 왜 우리는 자신의 몸을 만들고, 체력을 기르는 데는 오랜 기간이 걸린다는 걸 알면서, 마음을 다스려서 행복에 이르는데 그런 시간이 걸린다는 사실은 모를까?

증보2판 프로이트와 영화를 본다면

일단 지금 자신이 만지는 것, 현재 자신이 먹는 것, 내가 지금 느끼는 것에 집중해야 한다. 그런 연습을 자꾸 하면 할수록 우리는 현재를 살아갈 수 있다. 그래서 자고 싶을 때 자고, 먹고 싶을 때 먹고, 쉬고 싶을 때 쉬는 사람이 제일 행복한 사람이라고 하지 않던가. 이는 현재 자신에게 닥친 일에만 집중을 하라는 말이다.

또한 자신의 마음속에 일어나는 끊임없는 생각들을 없앨 수는 없다. 단 그런 생각이 들 때 우리가 그 생각에 초연해질 수는 있다. 그렇게 되면 우리는 끊임없는 생각의 소용돌이에 휘말려 들지 않게 된다. 생각이 떠오를 때마다 그것을 지켜보는 것이다. 처음에는 어렵지만 자꾸 연습할수록 자신의 생각과 거리를 두게 된다. 그것이 오래 쌓이게 되면 나중에는 어떤 생각이 떠오르던 우리는 흔들리지 않게 된다. 마음의 변화는 하루아침에 일어나지 않는다.

다미엘은 인간이 된 후 곡예사인 마리온과 만난다. 사랑보다 더 현재를 느끼고, 가슴 뛰게 하고, 현재에 집중하게 하고, 살아있다는 것을 느끼게 하는 감정은 없다. 그래서 다미엘은 마리온과 만날 수밖에 없는 것이다. 그는 온전히 현재를 느끼고 싶은 것이다. 다가올 미래도, 지나간 과거도 아무런 소용이 없다는 걸 알기 때문이다. 지금 현재 내가 맡고 있는 커피 향과, 아름다운 연인의 향기, 그리고 마주잡은 손의 감촉, 그리고 포옹할 때 느끼는 상대방의 체온을 느끼며 현재가 바로 천국임을 다미엘은 알기 때문이다.

4부
사람들은 모두
미쳤다면서요?

"클라리스, 네 속에 아직도 양들의 울음소리가 멈추지 않았나?"

– 엽기적인 살인마의 기괴한 정신치료 –

<u>양들의 침묵</u>

무간도

아버지 죽이기

엇갈린 두 사람의 운명

'나는 누구인가?'

정말 어려운 질문이다. 하지만 일반적으로 이런 물음에 우리는 자신의 이름을, 직업을, 가족 내에서 누구의 아버지, 누구의 어머니 또는 누구의 아들이나 딸이라고 대답한다.

'나는 누구인가?' 란 질문의 답은 이런 모든 것들이 합쳐지고, 자신이 가지고 있는 가치관과 의식이 포함된 것의 총칭일 것이다.

〈무간도〉란 영화는 정체감의 혼란에 빠져있는 두 청년의 이야기라고 할 수 있다. 그들은 끊임없이 '나는 누구인가?' 란 질문을 자신에게 되뇌며 고통 속에 사로잡혀 있다. 그 고통은 바로 무간無間이라는 18층의 지옥 중 가장 낮은 층의 지옥에 떨어진 자의 고통과 같을 것이다.

유건명(유덕화 분)은 한침이라는 삼합회의 두목의 지시를 받고 경찰학교에 들어가게 된다. 목적은 경찰의 유용한 정보를 빼내기 위해 경찰 내부의 첩자가 되기 위한 것이다. 유건명은 비록 삼합회의 지시를 받고 경찰에 투신했지만, 유능하다는 평가를 받으며 승승장구하며 승진한다.

이런 승진의 이유는 그의 능력 탓도 있지만 삼합회에서 전해주는 소소한 정보 덕이기도 하다.

반면 진영인(양조위 분)은 이와 반대의 경우다.

진영인은 경찰학교에 들어가서 두각을 나타낸다. 그의 능력을 인정한 경찰간부 황국장은 이번에는 그를 삼합회에 침투시키고자 한다. 일부러 그를 경찰학교에서 자퇴시키고, 그의 모든 기록을 삭제한 후 삼합회에 침투시키는 데 성공한다. 그래서 진영인은 삼합회의 두목인 한침(증지위 분)의 수하가 되었고, 그도 경찰이 제공한 정보 덕에 한침의 신뢰를 받는 중간 보스가 된다.

처음 진영인은 3년 정도만 삼합회에 침투한 후 빼내주겠다는 약속만 믿고 조폭의 중심에서 활동했으나, 황국장은 계속 시간을 끌며 진영인을 조직에서 빼낼 생각을 하지 않는다. 그렇게 미뤄진 세월이 10년이나 지나고 말았다.

이렇게 유건명과 진영인은 겉과 속이 다른 정체성을 가지게 되고 말았다.

유건명은 외부에서 주어진 정체성은 경찰이지만, 내부적으로는 삼합회의 일원인 조직원이고, 반면 진영인은 외부적으로는 삼합회의 조직원이지만, 실제로는 경찰인 것이다.

둘은 이렇게 혼란스런 정체성을 띤 채 한침과 황국장의 지시대로 임무를 수행하게 된다.

증보2판 프로이트와 영화를 본다면

여기서 한침과 황국장은 사실 둘에게 있어서는 아버지와 같은 존재다.

한침은 아무런 배경이 없었던 유건명을 자신의 조직에 받아들여 경찰학교에 집어넣고 그가 승진할 수 있도록 도와주었고, 어엿한 경찰관으로 사회생활을 하게 만들어 주었으니 말이다. 물론 그 대가로 그들은 경찰의 중요한 정보를 빼내어 조직이 와해되거나 체포되는 것을 피해왔다.

반면 황국장은 진영인의 아버지가 삼합회의 대부이며, 조직적인 마약상이라는 것을 알고 있었다. 그래서 진영인은 경찰이 될 수 없는 신분이었으나, 황국장은 진영인을 경찰로 받아들여준 은인이기도 하다.
하지만 한침과 황국장이라는 두 아버지의 공통점이 있다. 이 둘은 아들을 착취하는 아버지라는 것이다.

한침은 유건명을 승진시켜 고급정보를 빼내어 자신의 잇속을 채우려 할 뿐이다.
황국장도 진영인이 경찰로 돌아오기를 그렇게 바라지만, 그걸 묵살하고, 계속 삼합회에 머물게 한다. 진영인은 10년의 세월이 지나면서 자신이 조직원인지, 경찰인지 자신의 정체성에 혼란이 올 정도까지 되었다.

아들을 착취하는 2명의 아버지
이들은 왜 착취하는 아버지를 떠나지 못하는 걸까?
이 두 아버지가 바로 그들의 정체성을 손아귀에 쥐고 있기 때문이다. 두 아버지가 없다면 그들의 정체성은 존재하지 않는다.

진영인의 경우 그가 경찰이라는 사실을 아는 것은 황국장뿐이다. 진영인이 경찰이라는 공식적인 서류 한 장 없는 상황에서 황국장이 진영인을 모른 척 한다면 그는 일개 조직폭력배일 수밖에 없다. 그리고 영원히 자신이 바라는 경찰로 돌아갈 수 없다.

황국장은 이렇게 진영인의 목을 틀어잡고 그에게 계속 삼합회의 정보를 캐내오라고 협박을 하는 것이나 마찬가지다.

유건명 또한 한침으로 인해 경찰에 투신하게 되었고, 한침이 자신의 정체를 발설하는 날이면 그가 소중하게 여기는 경찰이라는 정체성이 물거품이 되고 만다.

아들의 정체성은 대개 아버지로부터 부여받게 된다.

그래서 그리스 신화에서 테세우스는 아버지가 바위 밑에 묻어두었던 칼과 신발을 들고 성인이 되어서 아버지를 찾아간 것이다. 그 칼과 신발을 아버지가 확인해 줌으로써 그는 사생아가 아니라 한 나라의 왕자라는 정체성을 찾게 되었다.

무간도에서 착취하는 두 아버지는 정체성이라는 권력을 휘두르면서 두 아들을 꼼짝 못하게 하고 자신의 휘하에 두고 마음대로 주무른다.

결국 유건명은 자기 스스로 자신의 정체성을 찾으려고 한다. 그 방법은 아버지를 죽이는 수밖에 없다. 아버지인 한침을 죽이고 그는 자신이 갖고 싶었던 경찰의 정체성을 온전하게 갖고 싶었던 것이다.

그리스 신화의 오이디푸스도 아버지를 죽이고 나서야 자신의 정체성을 회복했다. 오이디푸스의 아버지는 아들이 자신을 죽일 것이란 신탁을 받는다. 그래서 아들을 죽이라는 명령을 내린다. 그러나 아들은 죽지 않았고, 둘은 우연히 길에서 마주치게 되었지만, 아버지를 알아보지 못했던 오이디푸스는 아버지를 죽이고 만다.

아버지가 죽고 나서 그는 자신이 테베 왕의 아들이며, 후계자라는 정체감을 회복한다.

오이디푸스는 아버지 때문에 어린시절 받지 못했던 어머니의 사랑까지 회복하게 되는데, 어머니를 아내로 맞아 들였던 것이다.

유건명은 자신의 두목인 한침의 연인이었던 메리를 사랑했지만, 아버지의 연인이라는 사실 때문에 그 뜻을 이루지 못하는 아픔이 있었다. 그래서 그는 나중에 같은 이름을 가진 메리라는 여성과 결혼까지 한다.

진영인도 아버지인 황국장의 죽음을 통해서 자신의 정체성을 찾게 된다는 공통점이 있다. 그러면서 진영인의 정체성을 가진 열쇠는 유건명에게 넘어간다.

진영인은 유건명이 삼합회의 조직원이라는 사실을 알고 있었다. 진영인은 유건명과 담판을 벌이게 되지만, 그만 경찰 내부에 있던 한침의 부하에게 목숨을 잃게 된다.

진영인이 죽은 후 유건명은 동병상련의 심정으로 진영인이 원래는 경찰이었다는 사실을 밝혀준다. 그래서 그는 죽은 후에 자신이 그토록 가지고 싶었던 경찰이라는 정체성을 찾는다. 물론 황국장이 죽었기 때문에 진영인의 명예도 회복될 수 있었다.

아버지를 죽여야 아들이 산다

둘 다 아버지가 죽고 나서야 자신의 정체성을 찾은 것이다.

이는 심리적으로 자신의 아버지를 극복하지 않고서는 자신만의 독특한 정체성을 찾을 수 없다는 것을 의미한다.

아버지가 부여한 정체성에 만족하게 되면 아들은 성장하지 못하고 아버지의 그늘에서 평생을 보내야 한다. 아버지가 골라주는 직업을 선택하거나, 아버지가 원하는 배우자감을 선택한다던지, 아버지가 좋아하는 남성상이 최고라고 여기면서 사는 사람들이 그 예라고 할 수 있다.

그들은 자신이 아버지와 다른 독립된 한 인격이라는 사실을 잊은 채 아버지의 그늘에서만 살고자 한다. 그렇게 함으로써 자신은 어떤 책임도 지지 않을 수 있다. 그냥 아버지의 지시대로 따르면 되는 것이다. 또한 '내가 누구인가' 하는 고민을 할 필요도 없다. 모든 것은 아버지가 다 만들어 주기 때문이다.

어찌 보면 편한 인생이라고 볼 수 있지만, 평생 자신이 하고 싶은 일은 하지 못하고 인생을 끝맺게 된다. 내가 누구인지 모른다는 것처럼 비극은 없을 것이다.

남이, 아버지가 만들어준 답답한 낙원에서 살다 가는 인생이다.

이렇게 아들을 지배하고, 통제하는 아버지 밑에서 자란 아들은 아버지의 뜻을 거역하지 못하고 숨도 제대로 쉬지 못하고 사는 경우가 많다. 특히 아버지가 재벌이나 정치인, 또는 아주 능력있는 사람일 경우, 아들은 무조건 아버지를 따라하고 싶어 한다.

또한 능력있는 아버지들은 자신이 걸어온 길이 최고라고 생각하고 자신의 아들도 자신이 걸었던 길을 그대로 걸어오도록 강요한다. 아버지의 말을 거역한다는 것은 아버지의 권위가 용서하지 않는다.

여전히 아버지와 아들의 관계에서 아들은 아버지를 극복해야 한다.

증보2판 프로이트와 영화를 본다면

그래야 자신만이 가질 수 있는 개성과 정체감을 획득할 수 있다.

그래서 마음속의 아버지를 죽여야 한다.

소년은 울지 않는다
남자가 울어야 하는 이유

남자는 왜 울지 않을까

얼마 전 텔레비전을 보다가 슬픈 영화를 보고 눈물을 흘린 적이 있었다.

이걸 지켜보던 아내가 눈들 동그랗게 뜨고 "여보 울어?…"하고 물어 보길래, "응…"하고 나는 기어 들어가는 목소리로 대답을 했다.

가만있어 보자, 내가 남자이기 때문에 눈물을 흘린다는 것을 부끄럽고 수치스럽게 여겼던 모양이다.

'남자나 여자나 사실 같은 사람인데, 왜 남자는 눈물을 흘리면 안 되나.' 생각은 늘 했지만 갑작스레 내가 눈물을 흘리는 모습을 남에게 들키게 되자, 나는 본능적으로 부끄러움을 느꼈기 때문이다.

아무리 남녀간의 감정 차이가 없다고 느끼며 살아온 나였지만, 어린 시절부터 남자는 울면 안 된다는 말을 들으며 자라왔기 때문에 내 머릿속에 각인된 모양이다.

증보2판 프로이트와 영화를 본다면

어찌 됐든 남녀 모두 인정하는 것은 남자들은 여자들에 비해 눈물이 적은 것은 사실이라는 점이다.

이렇게 남자들이 눈물이 적은 이유는 그럼 선천적인 것인가? 아니면 후천적으로 교육을 받아서 그런 것인가?

남자들이 눈물이 적고 감정표현이 적은 이유에 대한 그럴듯한 이론으로는 남자들이 생존을 위해 진화하는 과정에서 일어난 현상이라는 것이다.

원시시대부터 남자들은 주로 사냥을 하러 나가고, 자신의 부족을 지키기 위해 전쟁을 치러야만 했다.

그런데 만약 사냥을 하러 나가서 짐승을 죽이려고 할 때 눈물을 흘리면서 "짐승이 불쌍해서 도저히 못 죽이겠다"거나, 자신의 마을을 공격하는 이웃 부족과 싸움이 일어 날 때, 자신의 목숨이 경각에 달렸으면서도 "적을 죽이는 것이 너무나 마음이 아프다"면서 주저한다면 그는 생존하기 어려웠을 것이다.

그래서 자신의 감정을 억제하고, 한 마디로 '피도 눈물도 없는' 남자들은 살아남아 자신의 유전자를 퍼뜨렸지만, 감정적이고 눈물이 많은 남자들은 점차 도태되면서 현재의 남자가 되었을 거라는 것이다.

하지만 남자들이 눈물을 적게 흘리는 것은 이런 선천적인 요인만으로 다 설명이 되는 것은 아니다. 인간은 선천적인 요인도 중요하지만 어떻게 길러지는가도 그 사람의 성격이나 행동에 영향을 미치기 때문이다.

남자는 세 번 울어야 한다고

소년이 성인으로 자라면서 가장 많이 듣는 말은 "남자는 평생 세 번 눈물을 흘려야 된다"라는 말이다.

이 말이 의미하는 것은 남자는 사실은 더 많이 눈물을 흘릴 수 있지만, 세 번만 울어야 하고 나머지는 참아야 된다는 말이다.

물론 평생 세 번 우는 남자가 어디 있을까? 조금 과장이 보태진 이 말은 남자들은 되도록 감정을 억제해야 남자답다는 의미일 것이다.

반면 여자는 풍부한 감정을 가지고 자라도록 키워진다. 여자들이 울어야 할 장소에서 울지 않으면 '냉정한 여자' 라든가, '여자답지 않다' 거나 심지어 '예의가 없는 여자' 라는 말을 듣는다. 따라서 좋은 여자의 조건은 감정을 잘 표현해야 하고, 적당히 눈물도 흘릴 줄 알아야 하며, 기쁨과 슬픈 감정을 잘 표현할 수 있어야 여성답다는 평가를 받는다.

그런데 여기서 주목할 점은, 그동안 사회는 남자 중심적으로 수천 년 동안 흘러왔다는 것이다.

남자들은 자신의 기득권을 계속 유지하기 위해 남자들의 특성은 우수한 기능으로, 여자들의 특성은 열등한 기능으로 구분을 짓게 되었다.

여자들의 특성인 자유로운 감정표현, 즉 눈물을 흘린다거나 현재 자신이 처한 상태가 슬프면 슬프다고 하고 기쁘면 기쁘다고 표현하는 것을 '여자답다' 라고 하고, 여자다운 것은 열등한 것으로 치부하였다.

그래서 남자들이 가장 듣기 싫어하는 말은 "너는 왜 그렇게 여자 같니?", "남자애가 계집애처럼 그렇게 자꾸 울고 그래?" 라는 말이다.

하지만 이렇게 남녀를 인위적으로 구획지은 것은 여자들을 영원히 열등한 집단으로 생각하도록 하고, 마음대로 통제하기 위해 만든 것이었다.

하지만 이런 남녀를 구분 짓는 잣대는 결국 부메랑이 되어 자기 자신도 구속하는 결과를 낳고 말았다.

남자들은 항상 자신의 감정을 숨기고, 드러내지 않아야만 남자답다

고 인정받게 되었다.

그러다 보니 남자들은 슬프던, 기쁘던 자신의 감정을 드러내지 않기 위해 최선을 다하게 되었다.

남자들은 이 얼마나 불쌍한 자기 소외의 길을 걷고 있는 것인가?

터미네이터는 눈물이 없다

최민수로 대표되는 남자다운 남자는 목소리를 깔고 기쁘던, 슬프던 얼굴에 아무런 표정의 변화도 없이 항상 과묵하게 있어야 한다.

그런 남자다운 남자를 풍자한 영화가 〈터미네이터〉라고 볼 수 있다. 그 영화에서 아놀드 슈왈츠제너거는 무표정하게 주인공인 소년을 구하기 위한 전투병기로 등장한다. 그래서 그 소년은 터미네이터에게 유머 감각과 슬픈 감정을 가르쳐주지만, 그는 이런 감정을 제대로 이해하지 못한다.

이런 터미네이터의 모습이 바로 우리 남자들이 가진 전형적인 모습이라고 볼 수 있다. 기쁠 때 기뻐하고, 슬플 때 눈물을 흘릴 수 있는 능력을 가지지 못하도록 프로그램 되어 있는 사이보그처럼 말이다. 터미네이터에게 이런 감정을 입력하지 않은 이유는, 그가 전쟁 병기로서 남들과 경쟁하고 상대방을 무너뜨리기 위해서만 필요했기 때문이다. 마치 남자들이 감정을 어린시절부터 거세당하고, '무한 경쟁의 시대'에 살아남기 위해 감정은 쓸모가 없다고 용도폐기를 당한 것과 같다고 할 수 있다.

남자와 여자의 감정에는 그렇게 큰 차이가 존재하지 않는다. 단지 우리가 남자는 이러이러 해야 한다든지, 여자는 이러이러 해야 한다든지 하는 편견으로 인해 우리는 우리 스스로를 구속하고, 억압하고, 비인간화의 길로 치닫게 된 것이다.

왜 남자들은 평생 세 번만 울어야 하는가?

그렇게 해서 억압된 감정들은 결국 어디로 가겠는가? 이런 저런 스트레스성 질환이나 성인병을 일으켜서 남자의 수명을 단축시킬 뿐이다.

여자들이 오래 사는 이유 중의 하나로 자연스런 감정표현을 꼽는다는 것은 상식에 속한다. 그리고 이런 감정의 억제는 결국 자신의 인생을 진정으로 살지 못하게 한다. 남자는 마치 서커스단의 피에로와 같다. 겉으로는 웃음을 짓지만, 속으로는 고뇌와 고통을 모두 꼭꼭 쌓아놓으니 말이다. 겉으로는 아무렇지 않게 억지웃음을 짓고 있지만, 속은 곯을 대로 곯아서 나중에는 터져버릴 수밖에 없다.

소년이 되기 위해 울지 않는 소녀

수백 번, 수천 번이고 눈물을 흘릴 수 있는 남자야말로 정말 인간적인 남자이고, 상대방의 감정에 공감할 수 있는 능력이 있는 남자다.

〈소년은 울지 않는다〉란 영화가 있었다. 거기서 여자인 티나 브랜든 (힐러리 스왱크 분)은 남장을 하고 다닌다. 주변 여자들은 티나를 남자로 생각해서 같이 사귀기도 했다.

문제가 발생한 건 티나를 좋아했던 한 여성을 흠모했던 동네 불량배 때문이었다. 동네 불량배는, 처음에는 질투심에 남장을 한 티나에게 시비를 걸다, 티나가 여자라는 사실을 알게 된다. 그래서 티나에게 모욕을 주기 위해 성폭행까지 한다. 하지만 티나는 울지 않는다. 자신이 남자라고 생각한 티나는 남자라면 이런 상황에서도 울지 않아야 한다고 생각했기 때문이다.

소년은 울지 않는다.

그는 진정한 남자가 되고 싶었기 때문이다.

증보2판 프로이트와 영화를 본다면

이렇게 남자들은 어린시절 사회에서 가르쳐준 대로 자신 안에 존재하는 여성성을 모두 버리고 남자라는 갑옷을 입은 채 갑옷 뒤에서만 울 뿐이다. 남들에게 들킬까 두려워하면서 말이다.

나는 남자가 실컷 우는 걸 보고 싶다. 아니 나부터 감정이 흐르는 대로 눈물을 흘리고 싶다.

그냥 술에 취한 친구가 아주 늦은 밤 전화를 통해 울면서 얘기하는 것을 듣는 것보다, 우리 남자들끼리 아니면 가족 앞에서도 눈물을 펑펑 쏟을 수 있다면 좋겠다.

남자의 눈물은 그의 온몸을 짓누르던 무거운 갑옷을 벗겨줄 수 있을 것이다. 그래서 자유롭게 이 세상을 살아갈 수 있는 계기가 될 것이다.

남자들이 우는 것에 대해 여자들도 별로 탐탁지 않게 생각하는 경우가 많다. 이는 여자들도 어린시절부터 남자들은 울지 말아야 한다는 교육을 받았기 때문이다. 그래서 소녀가 커서 어머니가 되면 자신의 아들에게 "사내자식이 눈물이나 흘리냐"고 야단을 친다.

남자들은 그래서 그런 여자들의 기대에 맞추기 위해서도 눈물을 흘리지 않는다.

남자나 여자나 모두 같은 감정, 같은 슬픔, 같은 고뇌를 가진 인간이라는 점에서 어떻게 한쪽은 울고, 한쪽은 울지 않을 수 있을까 생각해보자.

단지 한쪽은 눈물을 참고 있을 뿐이다.

그런 여자들의 이해가 뒷받침된다면 남자들은 더 쉽게 자신의 감정을 털어낼 수 있을 것이다.

그래서 나도 결심했다. "나도 아내 앞에서 눈물을 감추지 않기로…."

어쩌면 아내는 몇 달이 지난 후에 이렇게 얘기할지도 모른다.

"여보, 제발 그만 울어, 도대체 허구한 날 당신 울고 있는 모습을 보는 것도 지겨워. 제발 울지 마. 여보."

양들의 침묵

어두운 이미지의 정신과 의사들

정신과 의사들에 대한 편견의 뿌리

영화는 오늘날 가장 대표적인 문화 상품 가운데 하나다. 영화 산업은 경제적으로 규모가 엄청날 뿐 아니라 특히 그 문화적 영향력 때문에 개방 문제를 두고 국가 간에 미묘한 갈등을 일으키고 있기도 하다.

아무튼 많은 관객들이 보는 외국 영화에 어떤 특정 직업인의 모습이 왜곡되어 보여질 때 그들에게 미치는 영향은 매우 엄청날 것이다.

영상 이미지는 우리의 생각에 무의식의 각인刻印을 남긴다. 설혹 의식적으로는 그것이 잘못되어 있다는 것을 알고 거부한다 하더라도, 기억의 은행 속에 깊이 저장된 정형화된 이미지는 은연중에 사람의 마음을 지배하게 마련이다.

정신과 의사에 대한 일반인들의 시각을 여러 가지 상징을 이용하여 보여주고 있는 영화가 조나단 뎀 감독의 〈양들의 침묵〉이다.

FBI 실습생인 클라리스 스탈링(조디 포스터 분)은 연쇄살인 사건의 단서를 찾기 위해 한니발 렉터(안소니 홉킨스 분)라는 정신과 의사를 찾아가게 된다. 그런데 한니발 렉터는 정신과 의사이면서 동시에 가장 기괴한 증세의 정신질환자이기도 하다. 그는 살아 있는 사람의 몸을 뜯어먹는 식인습성이 있어 정신병원의 지하 병실에 갇혀 있다.

그러니까 이 영화는 처음부터 정신과 의사는 뭔가 괴이하고 이상한 사람이라는, 보통 사람들이 흔히 갖고 있는 편견을 바탕에 깔고 이야기를 풀어 나가기 시작한다.

왜 연출자는 렉터를 식인 습성이 있는 끔찍한 인물로 그리고 있을까? 그 정확한 의도는 알 수 없지만, 원래 식인 습성에는 상징적 의미가 담겨 있다. 한니발 *Hannibal* 이라는 정신과 의사의 이름 자체가 '식인'이라는 뜻을 지닌 '카니발' *cannibal* 에서 c를 h로 살짝 바꾸어서 지은 것이다.

예전에 식인 풍습이 있던 부족들은 전투가 끝난 후엔 으레 용감하게 싸우다 전사한 적의 시체를 나눠 먹었다. 적의 용맹성이 그로 인해 자신에게 흡수된다는 믿음 때문이었다.

다른 식인의 의미로는, 적의 시체를 먹어치워 영혼의 집인 육체를 파괴시킴으로써 적의 영혼마저 완전히 없앨 수 있다고 생각했기 때문이다. 따라서 렉터의 식인 습성은, 정신과 의사들이 환자들의 마음을 파헤쳐 환자가 가진 장점마저도 말살할지 모른다는 - 환자들 중에는 정신과적 증상이 있어 정신과 치료를 받아야 하지만, 혹시 면담 치료 중 자신의 문제점을 지나치게 파헤쳐서 자신의 장점이라고 생각했던 점들마저 파괴되지 않을까 하는 두려움을 느끼는 환자들도 있다 - 두려움을 표현하려한 것은 아니었을까?

거기에 더해서, 정신 치료를 잘못 받다가는, 지금 비록 정신과 증상 - 정신과 증상은 외부의 스트레스나 내적인 어려움에 대처하는 나름대

로의 대응방법이다 - 으로 괴로움은 받고 있지만, 그나마 남아 있는 올바른 영혼마저 완전히 파괴되지 않을까 하는 일반인들의 잘못된 생각을 보여주는 것일 수도 있다.

그런 두려움은 렉터가 살해한 경찰이 내장을 다 드러낸 채 철창에 매달려 있는 엽기적인 장면으로 다시 한 번 보여주고 있다.

"사람들은 모두 미쳤다면서요!"

정신과 의사가 가장 많이 받는 질문 중의 하나는 "모든 사람들은 조금씩 미쳤다면서요?"라는 것이다.

그럴 때마다 나는 단호하게 그렇지 않다고 설명을 해준다.

수학에서 정규 분포 곡선正規分布曲線은 좌우 대칭의 모양이다. 이 때 양극단에 위치한 소수의 사람만이 정신질환을 앓고 있을 뿐 종형의 어느 한 부분인가에 위치한 나머지 사람들은 모두가 정상인이다. 꼭 종형의 중심에 위치한 사람만이 정상이라고 볼 수는 없다.

아마도 중심에는 우리가 이상적으로 생각하고 있는 사람들이 위치하겠지만, 중심에서 벗어나 있다고 해서 모두 비정상이라고 할 수는 없다. 다양한 점의 위치는 그 사람이 가지고 있는 개성을 나타낸다. 성격, 환경, 자라 온 배경의 차이에 따라 그 위치가 달라지는 것일 뿐이다.

스스로 자기에게 뭔가 이상한 점이 있다고 생각하는 것은 현대인들이 그만큼 자신감을 갖고 있지 못하다는 증거일 수 있다. 내 몸 어딘가 병이 있는 건 아닐까 하는 현대인의 건강 염려증은 마음이라고 예외일 수 없다.

현대인은 남과 조금만 다르다고 여겨지면 뭔가 자신에게 문제가 있다고 생각한다. 겉으로는 개성을 중요시하면서도 마음속으로는 남과 비교하느라 여념이 없다. 그것은 또 하나 현대인들이 대화의 단절 속에 살기 때문인지도 모른다.

실제로는 전혀 이상하지 않고, 다른 사람들에게도 흔히 있는 경험인데도 불구하고 스스로는 비정상이라고 생각한다. 그리고 남과의 경쟁의식 때문에 자신이 이상하다고 생각하는 점을 말하지 않는다. 그래서 마음속으로만 계속 고민을 하거나 의식 밖으로 쫓아내어 부정한다.

어쩌면 그들이 정작 겁내는 것은 병이 아니라 정신과 의사의 입일지도 모른다. 우연히 면담 도중 정신과 의사가 자신의 문제를 끄집어낼까 봐 두려운지도 모르겠다.

때문에 정신과 의사의 입을 막아 버려야 되겠다는 생각에서였는지, 희극적인 장면이 영화 속에 삽입된다.

딸이 연쇄살인 사건의 범인에게 납치된 유력 인사는 렉터에게 범인을 알려 주면 경치가 좋은 병원으로 옮겨 주겠다는 미끼를 던져 렉터를 다른 곳으로 옮기게 된다. 렉터에게는 충동적이고 자해할 우려가 있는 환자를 보호하기 위해 환자들에게 입히곤 하던 구속복이 입혀지고, 코 밑으로는 가죽으로 된 마스크가 씌워진다. 입에 망까지 쳐진 마스크이다.

이 장면에서 일반인들의 마음이 여실히 나타난다. 렉터로부터 범인의 단서를 알아서 딸의 목숨을 구하고자 하는 것은, 어려움으로부터 벗어나기 위해 정신과 의사의 도움을 받고 싶어 하는 보통사람의 마음을 보여주는 것이다.

그러나 문득 자신의 문제를 들추어낼까 봐 정신과 의사가 두렵기도 하다. 그래서 한편으로는 원하지만, 또 한편 두려운 마음에 정신과 의사의 입을 막아 버리고 싶다는 마음을 상징적으로 보여주고 있는 것이다. 그래서 그의 입은 봉쇄되어 있다.

정신과 의사가 상담할 때 뿐 아니라 일상적인 만남에서도 자신의 마

음을 분석하는 것은 아닐까 하는 농담 반 진담 반의 얘기를 들을 때가 많다. 그들은 정신과 의사와 얘기하는 것이 왠지 꺼려지고 주의하게 된다고 말하기도 한다. 이런 편견은 〈양들의 침묵〉에서도 재현된다.

이 영화에서 가장 극적인 장면은 클라리스와 렉터의 첫 대면이다. 정신병원 지하실에서 방탄유리에 둘러싸여 맹수처럼 번뜩이는 눈빛으로 팔짱을 낀 채 쏘아보는 렉터 박사의 모습은 오싹 소름이 끼치게 한다.

위축된 클라리스는 말을 더듬으며, 그에게 간신히 찾아온 용건을 설명한다.

렉터 박사는 몇 마디 들어 보지도 않고, 처음 만난 그녀의 마음은 물론 인적 사항까지 꿰뚫어 본다.

정신과 의사가 이 정도의 독심술을 가지고 있다는 생각은 어디에 근거를 둔 것일까?

정신과 의사는 환자의 얘기를 통해 어떤 일을 추측하거나 비약해서 결론을 내리지 않는다. 오직 나온 얘기 그 자체만을 가지고 판단할 뿐이다. 환자가 하지 않은 얘기는 의사도 알 길이 없으며, 판단을 내릴 근거도 없다.

정신과 의사의 잘못된 비약이나 추측은 환자의 치료를 방해한다. 만약 어떤 정신과 의사가 이처럼 환자와 마주 앉은 지 얼마 되지 않아서 환자의 문제를 다 파악한다면 대단한 초능력을 가진 의사임에 틀림이 없다. 정신과에서 이루어지는 면담이란 자신의 어려움을 벗어나고자 하는 환자의 적극적인 동기와 협조 없이는 불가능하다.

영화에선 또 정신과 의사가 마치 환자의 의지마저도 조종할 수 있는 것처럼 묘사되고 있다. 클라리스가 렉터를 처음 만나고 돌아가는데, 클라리스는 옆방의 환자에게 조롱을 당한다. 그 다음날 그 환자는 혀를 깨

물어 자살하는데, 렉터가 그 환자와 하루 종일 무언가 속삭이고 난 다음에 벌어진 일인 것이다.

이는 어떤 숨겨진 마력으로 남의 목숨까지도 스스로 끊게 조종하는 힘이 정신과 의사에게 있다고 보여질 수 있는 대목으로서, 이런 점들은 결정적으로 정신과 의사에 대한 부정적인 이미지를 심어 주게 된다.

또한 렉터와 클라리스의 방탄유리를 가운데 두고 이루어지는 대화에서는 메마른 분석만이 존재하기 때문에, 정신과 의사와 환자간의 면담에 대한 잘못된 편견을 심어 줄 수 있다.

렉터는 사건의 실마리를 하나씩 던져주며 클라리스의 과거를 알아내려고만 할 뿐, 졸지에 고아가 되어 친척의 손에 맡겨졌던 그녀가 어린시절 겪은 고통을 위로하고 상처를 아물게 해주려는 의사로서의 따뜻함이 전혀 없다.

단지 연쇄살인 사건 범인의 단서를 찾기 위해 마지못해 마음의 문을 여는 클라리스와 렉터의 면담 장면은, 정신과 의사는 자기가 알고자 하는 것만을 집요하게 파고드는 냉혈한이라는 오해를 불러일으킬 수 있다.

의사와 환자와의 관계

매사에 자신이 없고, 위축되어 지내는 청년이 있었다. 그는 항상 우울증에 시달리며 자기에게는 아무것도 내세울 게 없다고 생각한다. 또한 결혼이라는 것은 남녀를 구속할 뿐 잘못된 제도라고 생각하고, 최악의 경우 결혼을 하더라도 아이만은 낳지 않으리라는 결심을 하였다.

이 환자와 면담을 진행하면서, 그가 가진 문제의 원인을 알게 되었다. 그의 문제는 어릴 때부터 보아 온 부모 사이의 불화에서 비롯된 것이었다. 아버지는 항상 어머니를 무시했으며, 청년에 대해서도 무슨 일이

든 인정하지 않고 무시하였다.

이 청년의 위축감은, 어릴 때부터 내재된 아버지의 아들에 대한 평가절하에서 그 싹이 자란 것이었다. 아버지의 무시가 청년으로 하여금 자신은 아무것도 할 수 없는 무능력자라는 생각을 가지게 만들었다. 또한 부모의 불화는 그로 하여금 결혼이란 두 사람의 전쟁터 이상의 의미는 없다는 생각을 갖도록 하였다.

정신과 의사가 이 같은 결론을 내리는 데는 차가운 분석에만 의존하는 것이 아니다.

면담 초기에 청년은 마지못해 자신의 의견을 얘기했으며, 치료자의 눈치를 많이 살폈다. 또한 치료자가 자신을 어떻게 평가하고 있는지를 알려고 매우 조바심을 치고 있었다. 내심 자신이 정말 아무짝에도 쓸모 없는 사람이라는 평가를 내리는 것은 아닐지 두려워하고 있었다.

면담이 진행되면서 환자의 이런 소심한 태도는 점차 나아지기 시작했다. 이런 변화는 어떤 사람(정신과 의사)이 자신의 얘기를 진지하게 들어 주고 있다는 믿음에서 출발한 것이다. 자신이 생각하기에 아주 하찮게 여겨지는, 남들이 듣고 비난하거나 핀잔을 주지 않을까 하는 내용들이 진지하게 치료자에 의해 받아들여지고 존중되는 경험이 반복되면서, 환자도 스스로를 조금씩 존중하게 된 것이었다.

면담 과정에는 그 사람에 대한 문제의 분석만이 존재하는 것은 아니다. 그런 과정을 통해 그동안 환자의 내면에 쌓여 있었던 감정이 분출된다.

환자로서는 비난이나 질책이 두려워서 말하지 못했던 것을, 자신의 의견에 대해 공감하는 한 사람이 앞에 앉아 성심성의껏 들어 준다는 것은 색다른 경험이다.

정신과적 면담은 환자에 대해 열중하고 집중하는 과정이며, 진정으로 돕고 이해하려는 마음과의 만남이다.

치료자가 환자에 대해 깊은 애정을 갖고, 환자의 문제가 하찮은 것이 아니라 꼭 해결해야 할 가치가 있는 것이라고 생각해야만 치료는 진전이 있게 된다. 정신과 의사가 냉담하게 차가운 객관성을 가지고 대하거나, 환자에 대한 관심이 없다면 결코 그를 도울 수가 없다.

영화에서 렉터가 클라리스를 대하는 태도는 마치 흥미 있는 실험재료를 다루어 분석을 하는 과학자의 느낌만을 줄 뿐이다.

정신과 의사는 환자가 가진 삶의 문제를 해결하는 데 도움을 줄 수 있는 전문적인 훈련을 받은 동료이자 같은 인간이다. 그러므로 정신과적 면담은 두 사람이 만나 삶의 문제를 풀어나가는 동행의 과정이다. 단지 그는 마음의 문제에 대해 좀 더 깊이 알고 있는 전문가이며, 환자는 살아가면서 부딪치는 삶의 문제를 들고 와 도움을 요청하는 사람이라는 점이 다를 뿐이다.

정신과 의사가 나오는 영화에서 자주 범하는 오류 중의 하나는, 환자가 가진 증상의 심리적인 원인만 알게 되면 모든 병이 다 낫게 되며 모든 문제가 풀린다는 도식적인 처리다.

클라리스는 경찰관인 아버지가 사망하자 친척 집에 맡겨진다. 그 집에서 그녀는 새벽에 애처로운 양들의 울음소리를 듣게 된다. 그녀는 도살되는 양들이 불쌍해서 그들을 구해주려 하지만 겨우 한 마리만을 안고 도망친다. 그러나 그것마저도 실패로 끝나고 만다.

이후로 늘 그녀는 어린시절 들었던 그 양들의 비명 소리에 가위눌려 지내게 된다. 어른이 된 그녀는 성도착증 환자에게 납치된 여자를 구하게 된다. 그러나 그것으로 어린시절의 죄책감을 씻을 수 있었을까? 그녀의 머리에서 양들은 이제 침묵을 할까?

자신이 가진 문제의 원인을 알았다고 해서 모든 문제가 순조롭게 해결되는 것은 아니다.

사례의 청년과 여러 번의 면담 과정을 통해, 그의 무기력감과 소심증은 내재된 아버지의 무시가 원인이었다는 것을 알게 되었다. 물론 이런 결론이 내려지기까지 여러 차례의 면담이 이루어지면서 환자의 증상도 차츰 호전을 보였다.

이제 이 청년은 면담실 밖의 상황으로 돌아가서, 광범위하게 이미 파고들어 버린 예전의 생활 방식을 검증하는 절차가 남아 있다. 일단 원인을 알고 있으므로 예전보다는 유리한 입장이기는 하지만, 청년은 지금까지 자기가 살아온 방식에 너무나 익숙해져 있다.

그는 여전히 많은 부분이 위축되어 있으며 자신감이 없다. 원인은 알아냈지만 현실에서 바뀐 것은 아직 아무것도 없다. 여전히 아버지의 고압적인 태도는 그를 주눅 들게 하고, 이상하게도 주변에서 벌어지는 부부간의 갈등만이 눈에 더 들어와 비관적인 결혼관을 확고하게 할 뿐이다.

청년은 여전히 해결하기 어려운 일에 부딪치면 쉽게 포기하고 '역시 나는 무엇을 해도 되지 않는다'는 비관적인 생각으로 도망쳐버리고 만다. 경험상 이런 방식이 자기를 보호하는 가장 최상의 방법이었다.

이 때 치료자는 용기를 북돋아 환자로 하여금 다시 한 번 새로운 세계를 맛보도록 도와주어야 한다. 그러는 과정에서 환자는 새로운 방식이 이득을 준다는 것을 깨닫게 된다. 즉, 지나친 자기 비하 속에 가려졌던 자신의 재능이 발휘되면서 만족감을 느끼는 것이다. 반면 이런 청년의 변화 과정에는 주변의 저항이 따르게 된다.

4부_사람들은 모두 미쳤다면서요?

어떤 집안의 정신 역동적 분석을 해보면, 무의식적으로 가족의 한 일원을 희생양으로 만들어 집안의 평화를 유지하는 경우도 있기 때문이다. 이 경우 이 희생양이 환자의 역할에서 벗어나 집안의 건강한 일원으로 자리잡게 되면, 이제 다시 새로운 가족의 역동을 만들어야 하며, 그러인해 부모는 자신들의 문제가 드러나는 수도 있기 때문에 때로는 환자의 변화에 대해 저항하고 무시하는 경우도 있는 것이다.

이것은 우리나라에서 한 때 지역감정을 부추겨 정권의 안정을 유지하려 했던 사례를 생각하면 쉽게 이해할 수 있다. 지방간의 문제를 부각시키다 보면 서로에게 비난을 가하고 분쟁이 일어나게 된다. 그리고 나라의 문제는 서로 상대방의 잘못으로 돌려진다.

그러다 보면 정권의 통치 방법이나 관리 능력 부재가 문제의 핵심인데도, 이를 어느 한 지방의 탓으로 돌리게 됨으로써, 정권의 문제는 가려지게 된다. 따라서 지역감정의 당사자들은 서로 잘못을 전가하고 투사하는 사이에 피차 죄책감과 열등감이 내재화된다. 급기야 우리는 아무것도 할 수 없다는 무기력에 빠진다.

이럴 때 지역감정의 피해자인 당사자들이 뒤늦게라도 이 점을 깨닫게 된다면 어떻게 될까. 맞불을 놓아 평형을 유지하던 정권의 안위는 흔들리고 말 것이다.

아, 우리 쪽에 문제가 있었던 것이 아니라, 싸움을 붙인 쪽에 문제가 있었구나. 따라서 싸움을 붙인 권력자들은 입으로는 지역감정의 해소를 바란다고 하지만, 내심은 그 반대일지도 모른다.

가족도 마찬가지로 그 구성원 가운데 희생양을 만들어 자신들의 문제를 은폐하려는 경우도 있다.

청년의 아버지도 자신이 집안을 장악하고 계속 주도권을 행사하기 위해 아들을 희생양으로 삼았다고 볼 수도 있다. 아들의 부적응 때문에라도 자기가 집안을 계속 통제해야 한다는 명분이다. 이렇게 통제를 하는데도 문제가 있는데 내버려두면 집안 꼴이 뭐가 되겠냐는 논리를 내세우는 것이다. 그래서 변화된 아들을 비웃고 더욱 무시하는 등 치료를 방해하였다.

치료자는 이에 맞서 환자의 변화를 격려하고, 환자가 자신의 일처리를 잘하고 있으며, 오히려 문제가 있는 것은 가족들이라는 것을 알려주어야 했다. 그래야만 환자는 용기를 갖고 복잡하게 얽힌 머릿속의 실타래를 풀어나갈 수 있는 것이다.

멈추지 않을 '양들의 울음소리'

정신과 의사에 대한 또 다른 편견은, 여자 정신과 의사에 대한 일반인의 생각이다. 여자에 대한 편견은 여자 정신과 의사라고 해서 비켜 갈 수 없다.

우연히 가까운 사람에게 여자 정신과 의사에 대한 느낌을 물은 적이 있다. 그 사람은 정신과 치료를 받아 본 경험이 전혀 없었는데도 "섹시하잖아요"라고 대답했다. 캐어 물어보니 그는 영화를 통해 자기도 모르게 여자 정신과 의사에 대해 그런 이미지를 가지고 있었다.

영화 속에 나오는 여자 정신과 의사는 대체로 욕구불만에 가득 차 있거나 가정적으로 불행하고, 뭔가 불안정한 인물로 그려지는 경우가 많다.

〈미스터 존스〉라는 영화에서는 조울증을 앓고 있던 존스(리처드 기어 분)가 정신병원에 입원하게 된다.

존스의 담당의사는 리비(레나 올린 분)라는 여의사였다. 존스를 치료하는 과정에서 리비는 존스를 사랑하게 되고, 환자와 정신과 의사가 서로 교제를 해서는 안 된다는 규칙을 어기게 된다.

리비는 영화에서 뭔가 우울하고, 남자 친구도 떠나가 버린 외로운 여자로 그려진다.

〈사랑과 추억〉_{원제 Prince of tides}에서도 바브라 스트라이샌드가 정신과 의사로 나오는데, 그녀 또한 남편과는 냉전의 관계에 놓여 있고 아들마저 제멋대로 산다.

이 영화에서는 여자 정신과 의사와 환자가 관계를 맺는 것만은 피하고 있지만, 대신 환자의 오빠(닉 놀테 분)와 사랑을 하게 되는 내용을 담고 있다. 이 영화에서는 환자의 치료 장면은 거의 나오지 않고, 정신과 의사가 처한 가정 내의 불안정과 외로움만을 묘사하고 있다.

이런 이미지들이 선입관으로 작용하게 되면, 여자 정신과 의사에게 치료를 받게 되는 남자 환자들은, 이 여의사는 뭔가 충족되지 못한 욕망을 가지고 있으며, 환자를 보기보다는 연인을 찾는 데 더 관심을 갖고 있다고 생각할 수도 있을 것이다. 또한 여자 정신과 의사와 교제를 가질 수 있다고 믿으며, 은근히 그런 기대를 하게 될 수도 있다.

이럴 경우 환자는 자신의 문제를 제대로 볼 수도 없으며 치료 또한 진행되지 않을 것이다.

정신과 의사는 이를테면 영사기의 빛을 받는 스크린의 기능을 하고 있다. 환자들은 각자의 고유한 사연과 문제를 담은 다양한 필름을 들고 찾아오며, 영사기에 걸린 필름에 따라 스크린에 비춰지는 모습도 각양각색이다.

환자가 과거에 맺었던 중요한 인물(대개 부모)과의 관계, 주변 환경, 자라온 배경에 따라 같은 정신과 의사와 면담을 하더라도, 환자가 치료자에게서 받는 느낌은 모두 다르다. 어떤 이는 너무 냉정하다고 하고, 어떤 이는 따뜻한 느낌을 받기도 하고, 어떤 이는 부모의 모습을 정신과 의사에게서 찾아보기도 한다.

이렇듯 동일 인물에 대한 투사가 사람에 따라 너무나 다르게 나타나는 것은 불가피한 일이기도 하지만, 이런 점을 바로 치료적으로 이용하기도 한다. 왜 같은 인물을 서로 다르게 느끼는가가 바로 환자가 가지고 온 문제를 해결하는 열쇠가 되는 것이다. 예를 들면, 사례의 청년은 치료자를 대할 때도 말을 꺼내기 어려워하는 등 위축된 행동을 보였다. 환자는 이제까지 권위를 상징하는 인물 앞에서는 항상 주눅 든 모습을 보였으며, 이는 당연히 정신과 의사에게도 마찬가지였다.

일반인들은 흔히 정신과 의사는 '무의식'이라는 보이지 않는 마음의 문을 열고 들여다보는 역할을 하고 있다고 생각한다. 이러한 힘은 놀랍고, 신비스럽게 보일 수도 있다. 그래서 환자나 일반인들이 거는 기대 또한 큰데, 막상 정신과 의사가 모든 사람들의 문제를 해결할 수는 없다는 사실을 알게 되면 그만큼 실망도 클 수밖에 없다. 이런 실망감을 보상받는 방법은 정신과 의사를 조롱하는 일밖에 없다.

정신과 의사들은 환자의 사적 비밀을 보호해야 하기 때문에 치료과정이 공개되지 않는다. 또한 환자의 자해나 자살 사고 등을 방지하기 위해 정신과적 증상이 심한 경우는 폐쇄 병동에 입원케 하여 외부와 격리시키기도 한다. 당연히 사람들은 정신과 의사들이 밀실 안에서 무슨 일을 하는지 알 수가 없으며, 어떤 이상한 짓을 하지 않을까 하는 의혹을 갖기 쉽도록 되어 있다.

또한 망상에 빠져 이치에 닿지 않는 말을 하고 있는 환자의 얘기를, 당신은 지금 잘못 생각하고 있다고 부정하지 않고 조용히 듣고 있는 정신과 의사의 모습이 일반인들에게는 희극적으로 보일지도 모른다.

이런 정신과 의사에 대한 편견의 원인이야 어찌 됐든 영화에서 보이는 왜곡된 이들의 모습은 앞으로 치료를 받을 사람들에게 많은 영향을 주게 된다.

정신과 의사는 자신이 스스로 선택한 길이므로 일반인들의 편견쯤은 당연히 각오해야 한다. 하지만 정신과 의사에게서 도움을 받아야 할 사람들에게 주는 영향은 어떻게 할 것인가. 이런 편견을 가지고 의사를 찾아가야 한다는 것은 여간한 용기를 가지지 않고는 불가능하기 때문에, 환자들은 흔히 치료시기를 놓치기 쉽다.

치료를 받으러 와서도 환자는 무의식적으로 영화에서 보았던 대로 행동하게 된다. 렉터와 클라리스의 면담에서도 보이듯이 치료자는 능동적으로 환자에게 질문을 하고, 환자는 수동적으로 치료자의 의도에 따라 답변을 하는데, 용의자가 형사에게 취조 받는 것과 다름이 없다. 그러면 환자는 정신과 의사의 입만 쳐다보며 수동적으로 기다릴 수밖에 없다.

환자의 자발성이 없게 되면 치료는 늦어지고, 환자도 치료에 대한 흥미가 떨어지게 된다. 〈양들의 침묵〉에서는 관객의 호기심을 자극하기 위해 연쇄살인 사건의 범인을 추적하는 것과 동시에 렉터로 하여금 클라리스의 과거를 조금씩 벗겨 나간다. 그리고 클라리스의 문제는 바로 과거의 아픈 상처 때문이라는 결론을 내려주고, 그것으로서 그녀의 문제는 해결된다.

이런 면담의 방식은 실제로 치료를 받으러 오는 환자로 하여금 은연 중에 현재 자신이 겪고 있는 현실의 문제는 외면하고, 과거의 사건들만을 기억해 내려고 하는 데 집중하도록 한다. 그러나 과거만큼 현재 환자가 처한 현실도 환자의 문제를 푸는 데는 중요하다. 그럼에도 어떤 환자들은 정신과 의사가 현재 처한 문제를 물어도 아무 문제가 없다며 영화에서처럼 과거의 잃어버린 기억에만 골몰하여 치료가 지연되는 수도 있다.

증보2판 프로이트와 영화를 본다면

특히 우리나라에서 정신과 치료를 받는 데 겪는 어려움은 이중의 편견을 견뎌야 한다는 점이다. 그것은 정신과 환자라는 일반인들의 가혹한 시선과 뭔가 이상하고 비정상적인 사람인 정신과 의사와 공동 작업을 해나가야 한다는 어려움이다.

렉터는 결국 영화의 후반부에 쇠창살을 유유히 열고 탈출한다. 그는 아무도 모르는 곳으로 떠나며 클라리스에게 전화를 한다.

"클라리스, 양들의 울음소리가 멈췄나?"

클라리스의 마음속에 울리던 양들의 울음소리는 어느 정도 진정되었는지는 모르지만, 이 영화로 인해 정신과 의사인 내 마음속의 울음소리는 더욱 크게 울리게 되었다.

렉터는 결국 얼굴과 이름을 바꾸고 나서 스크린으로 돌아오리라는 생각이 들었기 때문이다.

컬러 오브 나이트

단지 마음을 앓고 있을 뿐인 사람들

신화에 나타난 정신병의 기원

트로이 전쟁에서 아킬레스는 파리스의 화살에 발꿈치를 맞아 적진에서 전사한다. 아이아스와 오디세우스가 아킬레스의 시체를 적의 수중에서 빼앗아 온다.

아킬레스의 어머니 테티스는 죽은 아들의 용맹성을 기리기 위해 가장 용감한 자에게 아들의 갑옷을 주도록 명령한다. 아이아스와 오디세우스가 경합을 벌였지만, 결국 갑옷은 오디세우스의 차지가 된다. 오디세우스가 승자가 되길 원했던 지혜의 여신 아테네의 도움 덕분이었다.

아테네는 아이아스를 미치게 하여 짐승을 사람으로 착각하도록 만들었다. 아이아스는 동물을 적으로 오인하고 죽여 버린다.

그 후 정신을 차린 아이아스는 자기가 저지른 일을 깨닫게 되었다. 부끄러움에 몸 둘 바를 모르던 그는 아내와 아들의 간곡한 만류에도 불구하고 스스로 목숨을 끊고 만다. 사람들의 놀림감이 되는 것이 두려웠

던 것이다.

아이아스의 자살은 수치심 때문이었는데 사실 그것은 그의 탓이 아니었다. 그의 광증은 변덕스러운 신 아테네가 준 것이었다. 그런데 왜 아이아스는 자살을 하였을까?

아이아스의 자살을 통해 이미 그 당시에도 정신질환이란 부끄러운 것, 남들로부터 놀림을 받는 수치스러운 병이었다는 것을 알 수 있다. 정신질환이란 인간의 탓이 아닌 신의 장난 때문이라고 여기면서도 사람들은 그들을 멸시하고 조롱했다는 것을 추측해 볼 수 있는 것이다.

이처럼 오랜 기원을 갖고 있는 정신과 질환에 대한 편견은 오늘날에 이르러서도 좀처럼 개선되지 않았다. 신화와 전설이 사라진 현대에도 여전히 존재하는 것이 바로 이 정신과 환자에 대한 편견이다. 정신질환에 대한 이 같은 편견은 영화의 스크린에도 그대로 투사되어 기존의 편견과 상호 작용을 하여 더욱 증폭된다.

특히 영화는 잘못된 생각을 보는 이의 뇌리에 각인시켜 주는 커다란 영향력을 가지고 있다. 영화의 어떤 사실이 잘못되었을 경우 의식적으로는 그것이 틀린 것이라고 부정하지만, 그 사이 마음 깊은 곳으로는 스펀지처럼 그 오도된 사실이 흡수된다. 그리고 무의식중에 잘못된 생각을 진리라고 여기게 되는 것이다.

리처드 러쉬 감독의 〈컬러 오브 나이트〉*Color of night* 라는 영화는 정신과 환자에 대한 편견을 아주 다양하게 보여준 작품이다.

정신분석가인 빌 카파(브루스 윌리스 분)는 자신이 치료하던 환자의 자살에 충격을 받고 LA에 있는 동료 의사 무어를 찾아간다. 무어는 다섯 명의 정신과 환자를 모아 놓고 집단 치료를 시행하고 있는 중이었다. 그런데 카파가 그곳으로 간 지 얼마 되지 않아 무어는 누군가에 의해 살해당한다. 카파는 다섯 명의 환자 가운데 한명이 범인이라는 심증을 굳히고 이 사람들의 행적을 조사하기 시작한다.

우연히도 다섯 명의 환자는 각자 과거에 비행을 저지른 적이 있어 모두 용의선상에 오르게 된다.

클라크라는 변호사는 아내를 정신과 중환자실에 강제 입원시켰다가 이혼당한 전력이 있다.

산드라라는 여자는 아버지를 나이프와 포크로 찔렀던 전과가 있는데다, 여러 차례의 이혼 경력이 있고, 그 전남편들 중 한 명이 피살을 당했다.

리치라는 소년은 마약 복용으로 보호 관찰 상태에 있으며, 케이시라는 화가는 아버지를 증오해서 집에 불을 지른 적이 있었다.

리치는 실은 남장 여자 로즈로 밝혀지는데, 그녀는 오빠가 죽은 남동생의 역할을 강요하는 바람에 남장을 한 것이었다.

그 후 다섯 명의 환자는 한 명씩 엽기적으로 살해되고, 결국 범인은 로즈의 오빠임이 밝혀진다.

이 영화는 정신과 환자에 대한 가장 악성적인 편견인 '정신과 환자는 위험하다'는 전제 아래 영화를 전개하고 있다.

집단 정신치료 모임에 참가한 다섯 명의 환자 모두가 과거에 위험한 행동을 한 이력을 영화의 서두에 흘려서 관객으로 하여금 추리에 혼선을 일으키게 하는 기법을 사용한 것이다.

또한 엽기적인 방법으로 치료자뿐 아니라 환자들을 한 명씩 살해한 리치의 형도 정신질환자로 그려지고 있다.

이와 같이 정신과 환자를 은연중에 범죄자, 또는 위험한 인물이라는

편견을 심어 줄 수 있는 영화는 너무 흔하지만 〈양들의 침묵〉도 그 중의 하나이다.

〈양들의 침묵〉에서 여자를 잔혹하게 살해하여 가죽을 벗기는 버펄로 빌은 바로 성전환 장애 환자이다. 그는 자신의 몸을 여자로 바꾸겠다는 환상에 사로잡혀 있다. 그래서 여자의 가죽으로 옷을 해 입으면 여자로 변신할 거라는 망상에 빠져 있는 것이다.

성전환 장애는 자신이 부여받은 성에 혐오감을 느낀 나머지 반대 성으로 바꾸고 싶어 하는 증상을 일컫는다. 이 영화를 본 사람들은 성전환 장애 환자가 기괴하고 변태적이며 잔인하다는 편견을 가질 수 있다.

성전환 장애 환자는 사실 사회에서 많은 편견과 불이익을 당하고 있다. 미국과 같은 사회에서도 그들의 집회에 몰려가 "지옥에나 가라"고 저주를 퍼붓는 사람들도 꽤 많이 있을 정도다.

이 영화는 일반인들이 혐오하는 대상을 범인으로 선정함으로써 영화 속의 연쇄살인 이유를 합리화시키고 있다. 일반인들이 가진 성전환 장애 환자에 대한 혐오감을 교묘히 이용한 것이다.

영화는 당연히 연쇄살인의 이유를 제시해야 하는데, 관객은 범인이 성전환 장애라는 이유만으로 더 이상의 살인 이유에 의문을 갖지 않게 된다. 타고난 성을 바꾸려는 이상한 인물이라는 성전환 장애 환자에 대해 일반인들이 가진 편견만으로도 그 이유는 충분히 설명된다고 생각하기 때문이다.

정신질환자들에 대한 편견

〈컬러 오브 나이트〉에서 정신과 치료를 받고 있는 사람들의 위험한 과거 경력과 〈양들의 침묵〉의 엽기적인 살인마를 본 사람들은 어떤 생각을 가지게 될까?

두 편의 영화를 본 사람이라면 정신과 질환을 앓는 환자들이란 살인을 하거나 남들을 해칠 가능성이 있다는 생각을 은연중에 갖게 될 것이다. 그러나 사실 정신과 질환자 중에 위험한 사람은 3%에 지나지 않는다. 그럼에도 대부분의 영화에서, 특히 사이코 스릴러물에서는 정신과 환자는 모두 위험하다는 보다 확고한 인상을 심어준다.

이러한 편견은 아주 드물게 일어나고 있는 정신과 환자의 범죄에 대한 매스컴의 반응에 그 원인이 있다. 정신과 환자가 범죄를 저지르면 신문은 예외 없이 사회면의 머리기사로 뽑으며, 방송에서도 앵커맨이 격앙된 목소리로 시청자를 공포에 몰아넣기 일쑤다.

이러한 환자들이 대개 치료받지 못하고 오랜 기간 방치되었다든가, 정신과 의사의 조언에도 불구하고 퇴원을 했다는 사실 등은 언급되지 않는 게 보통이다.

〈컬러 오브 나이트〉에는 정신과 환자와 범죄자를 동일시하는 시각 외에도 정신과 환자에 대한 일반인들의 비아냥거림이 섞여 있음을 보게 된다. 즉 정신과 환자란 오합지졸이며, 서로 헐뜯고 헛소리만 늘어놓는 자들이라는 편견이다.

〈컬러 오브 나이트〉에 대한 어느 영화 잡지의 평을 보자.

'〈컬러 오브 나이트〉에 등장하는 주요 인물 중 정신적 결함을 갖고 있지 않은 사람은 거의 없다. 특히 영화의 골간이 되는 무대가 정신이상자들의 치료 모임이다 보니 온전한 사람을 만나기란 여간해서는 불가능하다. 그러나 더 중요한 것은 정신이상자들이 보기에도 섬뜩한 정신 이상자의 행각이 이 작품에 펼쳐지고 있어, 참을 수 없을 만치 짜증스럽다. …… 중략 …… 파렴치한 정신이상자의 살인 행각과 망상을 쫓아가는 사

람들만이 있을 뿐이다.'

　이런 평이 나오도록 한 것은 바로 영화 속에 등장하는 정신과 환자의 집단 치료 모임에 대한 그릇된 묘사 때문이다.

　〈컬러 오브 나이트〉를 본 사람들은 정신과 환자의 집단 치료 모임이 환자에게 과연 어떤 도움을 줄 수 있을 것인지 의아하게 생각할 것이다. 또한 저따위 모임에 꼬박꼬박 참석하는 환자들은 정말 이상한 사람들이라고 여길 것이다. 영화에서 다섯 명의 환자가 둘러앉아 한다는 일이 서로 헐뜯는 것밖에는 없기 때문이다. 그들은 서로를 비난하고 빈정대며, 남의 약점을 들춰내어 상대방을 흥분시키기를 즐긴다. 그리고 화가 난 환자는 자신을 비난한 환자에게 달려들어 때리기도 한다. 그럼에도 모임을 주도하는 분석가는 어정쩡한 자세를 취하며 방관하고 있다.

　일반 관객들은 정신과 환자들이란, 남의 약점을 들춰내고 남을 깎아내리기를 즐기며, 그들의 모임이란 것도 매우 혼란스럽고 기괴스럽다는 인상을 받을 것이다. 그러나 실제의 집단 치료 모임은 그렇지 않다.

　환자들은 모여 앉아 진지하게 남의 이야기를 경청하며, 서로에게 도움을 주려고 애쓴다. 그들은 서로를 존중하며, 자신이 체득한 인생의 경험을 다른 환자에게 들려주어 어떻게든 도움을 주려고 노력한다.

　이런 과정에서 환자들은 마음의 문을 열고 감추고 있던 비밀스런 얘기를 털어 놓으며 울기도 한다. 다른 환자들에게서 위로를 받고 희망을 가지기도 한다. 물론 모임에서 이견이나 언쟁이 있을 수는 있지만, 영화에서 보듯이 천박하게 남을 헐뜯지는 않는다. 설사 그렇다 하더라도 대개 다른 환자들이 분쟁을 중재하게 되고, 모임은 다시 진지하게 진행된다.

　이런 집단 치료 모임에서 방해하는 환자라고는 증상이 심해 오랫동안 남들의 얘기를 들을 수 없거나, 조급증인 사람밖에 없다. 이럴 때는 모임을 주도하는 정신과 의사가 환자의 의사를 물어 본 후 모임에서 빠져 쉬도록 해준다.

〈컬러 오브 나이트〉의 집단 치료 장면은 정신과 환자에 대한 일반인들의 편견적 비하가 깔려 있다. 이상한 환자들과 이상한 치료자끼리 모여 무엇을 할 수 있을까 하는 비아냥거림이다. 그러나 실제 치료에서 환자들은 서로의 상처를 너무도 잘 알므로 진지하게 도움을 주려고 노력한다. 상처받은 자들만이 진정으로 서로를 끌어안을 수 있는 것이다.

만일 일반인들의 편견처럼 정신과 환자를 위험한 인물, 또는 범죄자와 동일시한다면 정신병동은 바로 감옥과 다름 없을 것이다. 이런 생각은 이런 영화에 나오는 정신병동 묘사에 어김없이 배어있다. 실제로 정신병동은 환자의 출입이 허용되지 않도록 출입문을 잠가 놓고 있는데, 감옥과 다를 바가 없지 않느냐고 반문할 것이다. 그러나 정확한 것은 출입의 자유가 제한되고 있다는 것뿐, 나머지는 실제와 너무나 다르다. 이러한 자유의 제한이라는 점만으로 감옥과 정신병동을 동일시해서는 안 된다. 출입제한의 이유가 근본적으로 다르기 때문이다.

정신병동은 처벌하기 위한 장소가 아니라 치료하기 위한 장소이다. 출입 등 환자에 대한 물리적인 제한은 치료의 수단이다. 그럼에도 영화에 등장하는 정신병동은, 영화를 만드는 이들의 무의식 속에 각인된 감옥의 이미지로 그려진다. 그들에게 군이 정신병동을 악의적으로 그리려는 의도가 없더라도, 자기도 모르게 사회의 편견을 영화 속에서 재현시켜 놓곤 하는 것이다.

정신병동이 나오는 장면엔 으레 감옥과 차이 없는 형태의 세트와 분위기를 나타낸다. 여기에 걸맞게 환자는 죄수의 모습 그대로 묘사된다.

억울한 추방자들

〈손톱〉이라는 우리 영화를 보면, 모든 것을 갖추고 있는 친구의 환경에 질투를 느낀 한 여인(진희경 분)이 친구의 남편을 유혹하여 아기를 갖게 된다. 그러나 그 아이는 유산이 되고 그녀는 그 충격으로 정신병원에 입원하고 만다. 영화에서는 그녀가 분명히 정신병원에 입원해 있는 것으로 그리고 있지만, 내가 보기에 그녀가 있는 곳은 감옥이다. 제대로 편히 누울 수도 없는 좁은 독방에 갇혀 있고, 게다가 녹슨 철문이 그 방을 막고 있으며, 철문에는 조그만 창이 있으나 그나마 창살이 박혀 있다. 더욱 기가 막히는 것은 간호사인 듯한 여자가 그녀에게 다가와 "약 먹어"라고 반말을 하는 장면이다. 정신병동이 감옥과 동일시되듯이 간호사도 교도관과 차이 없이 그려지고 있는 것이다.

또한 〈서울 무지개〉라는 영화에서도 예외 없이 각 방마다 철문이 달려 있는, 감옥과 같은 병실을 보여주고 있으며, 그녀는 억울하게 정신병원으로 끌려와 전기경련 요법을 받게 된다. 이 영화에서는 한술 더 떠 정신병원을 부패 권력의 고문실로 전락시켜 무고한 사람을 고문하는 장소로 이용한다.

이것은 정신병동이 아니라 감옥이다. 이런 병실은 현실에서 존재하지 않는다. 정신병동은 외부와 통하는 출입문에만 잠금 장치가 되어 있을 뿐 병동 안의 여러 병실은 환자들이 자유롭게 출입할 수 있게 되어 있다. 또한 병실 외에도 휴게실과 식당, 작업요법실이나 음악감상실 등 좁은 공간이나마 지루함을 덜어 주기 위한 장소가 마련되어 있다. 그렇지만 병동이 외부와 차단된 것은 사실이 아니냐고 반문할 수도 있겠지만, 이 외부와의 차단은 치료자의 편의를 위해서가 아니라 환자를 보호하기 위해서인 것이다. 특정 정신질환에서 보이는 자살이나 자해 사고를 방지하기 위한 것이 가장 큰 목적이다.

이런 감옥과 정신병동의 구분이 모호한 장면은 외국 영화도 예외는 아니어서 〈양들의 침묵〉에서도 재현된다. 한니발 렉터는 사실 정신병원이 아니라 감옥이나 감호소에 수용되어야 할 환자이다. 그는 매우 위험한 성향을 가진 환자이기 때문이다.

한니발 렉터는 방탄유리로 둘러쳐진 정신병원의 지하 병실에 갇혀 있다. 지하 병실에는 렉터뿐 아니라 기괴한 소리를 질러대는 사람들이 각 방에 수감되어 있다. 그러나 이런 지하 병실은 실제로는 존재하지 않는다. 그곳은 감옥일 뿐이다. 현실에 있지도 않은 병실을 만들어서, 일반인들이 가진 정신과 환자에 대한 두려움을 화면으로 나타내 보여주고 있을 뿐이다. 렉터를 포함해서 기괴한 정신과 환자들이 정신병원에 입원해 있긴 하지만, 으레 감옥과 같은 환경에 놓여 있을 것이라는 영화제작 스텝들의 안이한 추측이 바로 이런 병실을 그리고 있는 것이다.

이렇듯 영화들은 정신과 환자와 범죄자(죄수)의 구분을 모호하게 만들고 있다.

이런 장면의 여파는 상당히 크다. 정신병동에 입원하게 될 환자가 있다면 그들은 우선 영화의 장면을 떠올릴 것이다. 그리고 죄를 짓지도 않았는데 감옥 같은 곳으로 들어가야 한다는 두려움에 사로잡힐 것이다. 동시에 자기비하의 생각과 더불어 앞으로 시작될 남들의 편견에 대한 두려움이 떠올려질 것은 불문가지다.

보호자도 마찬가지다. 실제로 내과나 외과에 입원한 환자의 보호자와 달리 정신과 환자를 입원시키고 돌아가는 보호자의 안쓰러운 표정도 아마 이런 잘못된 편견과 결코 무관하지 않을 것이다.

환자가 놓인 환경에 대한 왜곡뿐 아니라 환자에 대한 처치도 사실과

다른 점이 많다.

〈사랑과 추억〉이라는 영화에서는 자살 기도로 혼수상태에 빠진 환자를 정신과 의사가 강제로 결박해 놓는다. 환자의 오빠로 나오는 닉 놀테가 묶여 있는 여동생을 보고 정신과 의사에게 항의하지만 정신과 의사는 이를 자신의 권한인 치료에 대한 침해라고 맞받아 둘은 설전을 벌인다.

혼수상태에 빠진 환자를 묶어둘 필요가 있을까?

이 장면은 환자를 꽁꽁 묶어두는 것이 자기들에게 해를 끼치지 못하게 해줄 것이라는 일반인들의 생각이 투사된 결과일 것이다.

환자를 결박하는 데는 나름대로의 원칙이 있다. 환자가 자해를 하거나 남을 해칠 우려가 있을 경우가 아니면, 치료 환경을 강력히 저해하는 환자에 대해서만 허용이 된다.

실제로 특정한 정신질환에서 보이는 기괴한 행동은 일반인들을 당황하게 한다. 따라서 이렇게 자신들을 놀라게 하고 당황하게 하는 정신과 환자들을 일반인들은 사회에서 몰아내고 격리시키고 싶어 한다.

이것을 가능하게 하는 것이 편견이다. 편견은 편견을 낳게 되고, 정신과 환자와 일반인들 사이에 담을 쌓도록 만들어 끝내 환자들은 사회적으로 추방된다.

정신과 환자에 대한 정신적인 추방 말고도 물리적인 추방도 엄연히 존재하는 게 현실이다.

현재 대부분의 정신병원은 인적이 드문 교외에 위치하고 있다. 물론 땅값이 싸다는 이유도 있을 것이다. 그러나 이렇게 외진 곳에 정신병원이 들어서게 된 또 다른 이유로는 주민들의 집단적인 반대가 가장 큰 원인이다. 어느 곳에 정신병원이 들어선다는 소문이 돌게 되면 주민들은 집값과 땅값이 떨어진다는 이유로 병원 건축을 결사적으로 저지한다.

공기 좋고 조용한 장소가 정신질환의 치료에 도움이 된다고 생각하는 사람도 있다. 그러나 이런 생각이 잘못이라는 것은 미국에서 대대적으로 설치되었던 주립병원의 경우에서 입증되었다. 도리어 환자들은 가족들과 자주 접촉할 수 있고, 사회와 연계성을 가지는 것이 치료에 도움이 된다는 사실을 알게 되었다.

정신병원이 외딴 곳에 위치한다면, 퇴원한 환자의 경우 외래를 통한 연속적인 치료가 거의 불가능하게 된다. 그들은 입원 중에 담당 의사와 쌓아 놓은 치료 관계를 모두 포기하고 새로운 병원을 찾거나 아니면 치료를 포기해야 한다.

환자뿐 아니라 보호자도 불편하기는 마찬가지다. 교통마저 불편한 곳으로 가족을 찾아가는 보호자의 심정은 어떨까? 아마도 그들은 자신의 운명이라고 생각하며 감내할지도 모른다. 그리고 정신과 질환을 앓는 가족을 가졌다는 죄책감으로 이런 어려움을 참아내려 할 것이다.

죄 없는 죄인들

우리들은 정신과 환자를 점점 더 우리의 곁에서 멀리 떨어뜨려 놓으려 한다. 영화 속에서 보이는, 그리고 실제로 일어나고 있는 정신과 환자에 대한 학대는 정신질환을 회복하는 데 많은 장애를 가져온다. 그리고 환자를 의기소침하게 하고, 남아 있던 건강한 부분마저 병들게 한다.

인류 역사상 어떤 집단도 정신과 환자들만큼 비난과 편견에 의한 불이익을 당한 집단은 없을 것이다.

이런 환자에 대한 편견은 환자 자신에게만 국한된 것은 아니다. 대형 정신병원에 10년 이상 정신분열증으로 입원하고 있던 여 환자가 복막염 수술을 받기 위해 대학병원으로 옮겨져 왔다. 수술 후 곧 정신과로 옮겨지게 되었는데, 환자의 가족관계를 파악하다가 환자의 여동생이 곧 결혼한다는 사실을 알게 되었다. 그러나 환자는 여동생의 결혼식에 참석할

수 없었다. 왜냐하면, 여동생의 남편이 될 사람에게는 환자가 현재 외국에 나가 공부하고 있는 것으로 되어있었기 때문이다.

왜 신부의 가족은 언니의 병력을 숨겼을까? 환자의 어머니는 정말 냉정한 사람인가?

어쩔 수 없는 사회의 압력은 환자의 어머니로 하여금 딸을 격리시키도록 만든 것이다. 사회의 시각은 환자뿐만 아니라 환자의 가정마저도 잠재적으로 위험 요소가 있다고 여긴다.

이런 외부로부터의 압력 말고도, 환자를 대할 때마다 느끼는 분노감 때문에 가족들은 괴로워한다. 환자 때문에 사회로부터 격리되었다는 분노감과 이런 생각을 가졌다는 것에 대한 죄책감이 이들을 이중으로 괴롭힌다. 그리고 이 분노 속에는 오랜 간병 과정에서 오는 어려움도 섞여 있다.

영화에서 정신과 환자는 흔히 범인이나 범죄 용의자로 묘사된다고 지적하였다. 그러나 정신과 환자는 희극에도 자주 등장한다. TV에서는 정신과 환자와 관련된 코미디물을 자주 접하는데, 이런 프로그램이 나올 때마다 정신과 환자들은 전혀 웃을 수가 없다. 도리어 울고 싶어진다. 만성 질환을 가지고 있다는 사실이 어째서 웃음거리가 될 일인가? 이것은 방송매체에서 정신과 질환을 가진 사람들의 감정을 무시하기 때문이다. 나서서 항의를 하지 못하는 약하고 소외된 집단이기 때문에 만만히 보는 것이다.

사실 그들은 힘이 없다. 소외된 자들에 대한 가차 없는 비웃음과 조롱은 기득권의 특징이기도 하다. 어떤 매체에서든 정신과 환자는 편견으로 가득 찬 부당한 대우를 받고 있다. 당뇨병이나 고혈압 환자들이라면 이런 차별을 받을 것인가? 하나는 신체의 질환이고 하나는 정신의 질환일 뿐인데….

〈컬러 오브 나이트〉에서 집단 치료 모임에 참석했던 다섯 명의 환자
는 결국 살인혐의를 벗어났음에도, 우리들은 여전히 마음속에서 그들 모
두를 범인으로 지목하고 있다.

최종분석

정신치료에서 다루어지는 꿈의 의미

잠재의식과 꿈

리처드 기어가 아이작이란 정신과 의사로 나온 〈최종분석〉이란 영화가 있다. 아이작의 환자인 매력적인 소녀 다이아나(우마 서먼 분)는 여러 차례에 걸쳐 자신의 꿈 얘기를 하지만, 영화 속의 정신과 의사는 그 꿈을 분석해 주지 않는다.

환자는 "카네이션, 백합, 제비꽃으로 장식을 하는 꿈을 꾸었노라"고 말한다. 그리고 자신의 문제에 대해 잘 알고 있는 자기의 언니와 만나 줄 것을 의사에게 요구한다.

그 환자의 언니(킴 베싱어 분)는 의사에게 동생의 과거를 얘기해 주게 되고, 둘 사이는 깊은 관계로 발전한다.

사실은 치료를 받고 있는 동생이 아니라 언니에게 더 큰 문제가 있었다. 그녀는 남편과의 불화가 심했으며, 이상한 병까지 앓고 있었다. 그것은 '병적 알코올 중독' 증상으로 아주 적은 양의 알코올 섭취에도 판단력이 흐려지고 호전성을 띠며 난동을 부리게 되는데, 술이 깨고 난 뒤에는 전혀 이를 기억하지 못하는 병이다.

그녀는 알코올이 섞여 있는 감기약을 먹고는 남편을 살해하고 만다. 그러나 이전에 이 병에 대해 치료를 받은 병원 기록이 있어 무죄로 석방된다.

그 후 아이작은 우연히 정신과 학회에 나가 꿈에 대한 강연을 듣던 중 그 강연 내용이 자신의 환자가 얘기한 내용과 너무나 같다는 것을 알게 된다.

그는 의혹을 품게 되고, 자매가 공모하여 계획적으로 자기에게 접근했다는 것을 알게 된다.

물론 '병적 알코올 중독'도 살인 후 무죄를 선고받기 위해 꾸며낸 것이었다. 동생은 환자의 역할을 그럴듯하게 연기하기 위해 프로이트의 《꿈의 해석》에 나오는 젊은 여자의 꿈을 그대로 정신과 의사에게 얘기했던 것이다.

영화 속의 정신과 의사는 이처럼 프로이트의 꿈에 감쪽같이 속아 넘어갔지만, 그만큼 정신분석학에서 꿈의 분석은 매우 중요하게 취급되고 있다.

《꿈의 해석》에 나오는 젊은 여자의 꿈은 '나는 테이블 중앙에 생일 축하의 꽃을 장식하고 있었으며, 집에 있는 것처럼 행복감을 느꼈다'는 내용이었다. 그런데 그녀는 아직 미혼인데도 꿈속에서는 이미 결혼도 하고 아기도 가지고 있는 것으로 나오고 있다.

프로이트는 테이블과 테이블 중앙의 꽃 장식을 그녀와 그녀의 성기를 상징하는 것으로 보았다.

프로이트가 어떤 꽃 장식이었느냐고 묻자 그녀는

"비싼 꽃이었어요. 많은 돈이 들어갔죠. 석죽, 백합, 제비꽃이었어요." 라고 대답한다.

프로이트는 각각 꽃 하나하나에 대한 연상을 젊은 여자에게서 들은 후 꿈속의 꽃에 대한 해석을 내렸다.

백합(원문에는 백합의 일종인 lilies of valley)은 상식적인 의미로 순결을 상징하며, 골짜기 valley는 꿈속에서 여성의 상징으로 자주 등장한다.

꽃 이름인 '계곡의 백합'은 '백합'과 '골짜기'의 합성어로서, 두 개의 상징을 동시에 나타냄으로써 그녀의 귀중한 처녀성을 강조하고 있다. 따라서 '비싼 꽃들이고 많은 돈이 들었다'는 의미는 장차 그녀의 남편 될 사람이 이것의 가치를 잘 알아주기를 바라는 마음을 나타낸다는 것이다.

제비꽃 violet은 언뜻 보기에 성적인 의미가 없어 보이지만, 숨겨진 의미가 violate의 어원이 프랑스어인 'viol[rape, 강간]'과 무의식적인 연관성이 있음을 알 수 있다. 그리고 프로이트가 제비꽃에 대한 연상을 묻자 그녀는 영어인 'violate'(강간하다)라고 답변한다. 따라서 그녀는 꿈속의 꽃 이름을 통해 처녀성 상실의 폭력성과 어쩌면 피학적인 성향을 보여주고 있다.

마지막으로 '석죽'(pinks, 색 이름으로 뿐 아니라 카네이션과 동의어로도 쓰임)이라고 젊은 여자는 대답했다가 곧 카네이션이라고 정정한다.

여기서 프로이트는 카네이션 carnation이라는 말을 '육체적인 carnal'이라는 의미와 연관을 가지고 있다고 생각했다. 그런데 젊은 여자는 다시 말을 반복하여, 처음엔 카네이션이라는 말에서 색깔 colour이 연상된다고 했다가, 실은 색깔이 아니라 육체화 incarnation라는 단어가 연상됐었다고 한다.

프로이트는 그녀가 거짓말을 하게 된 이유로서, 그녀는 이 부분에 대해 가장 저항이 크며, 리비도*libido*와 성적 억압 사이에 가장 큰 갈등이 있다고 여겼다. 그리고 그녀에게 약혼자가 자주 카네이션을 선물했다는 말은 이중적인 의미(*꽃 이름과 육체화*) 이외에도 카네이션이 남성 성기의 의미도 가지고 있다고 생각했다. 즉, 꽃의 상징은 식물의 생식기관이 꽃인 것처럼 인간의 성적기관과도 일맥상통한다고 보았다. 그래서 프로이트는 연인끼리 주고받는 꽃 선물도 실은 성에 관한 무의식적인 의미가 담겨 있을 것이라고 보았다.

따라서 젊은 여자가 꾼 꿈속의 꽃은 여성의 처녀성 및 남성의 상징 그리고 폭력에 의한 처녀성 상실을 암시하고 있는 것이다.

다시 꿈으로 돌아가서, 그녀가 생일 준비를 하고 있는 것은 확실히 아기의 탄생을 의미한다. 또한 그녀는 자신을 약혼자와 동일시(*꿈속에서는 그녀가 자신의 약혼자이기도*)함으로써 약혼자가 그녀에게 아기를 갖도록 만든다.

그녀의 잠재의식에는 '만일 내가 그 사람이라면 기다릴 필요 없이 힘으로라도 처녀성을 빼앗을 텐데' 라는 생각이 있다. 그래서 violate라는 단어를 연상했을 것이라고 프로이트는 본 것이다.

프로이트가 발견한 '꿈'의 의미

아스클레피오스의 신탁소에서는 병자들이 신전 안에서 잠을 자며 신탁이 내려지기를 기다린다. 테베의 왕 라이오스는 신탁의 운명을 피하지 못하고 아들인 오이디푸스에게 죽음을 당한다.

'내가 꿈에 보니 내 앞에 포도나무가 있는데 그 나무에 세 가지가 있고 싹이 나서 꽃이 피고 포도송이가 익었고 내 손에 바로의 잔이 있기로 내가 포도를 따서 그 즙을 바로의 잔에 짜서 그 잔을 바로의 손에 드렸노라(*창세기 40:9, 10, 11*).'

'그 세 가지는 사흘이라 지금부터 사흘 안에 바로가 당신의 머리를 들고 당신의 전직을 회복하리니 당신이 이왕에 술 맡은 자가 되었을 때에 하던 것같이 바로의 잔을 그 손에 받들게 되리이다 *(창세기 40:13).*'

이것은 요셉이 애굽에 끌려간 후 감옥에 갇혀 있을 때 근심하는 관원장의 꿈을 듣고 그가 다시 복직될 것이란 사실을 해몽해준 내용이다.

고대는 꿈의 시대였다.

제사장의 꿈은 한 나라의 운명을 판가름하고, 시대의 변화를 예고하였다. 꿈은 운명의 고지자로서, 경고자로서, 신들의 사자로서 중요하게 여겨졌다. 하지만 현대에 와서 꿈은 신화나 전설 시대의 그 힘을 잃고 한낱 의미 없는 환각 현상으로 간주되고 있다. 많은 의미 있는 단서들이 '개꿈'으로 치부되어 버려지고 있는 것이다.

거의 모든 꿈의 이론들은 프로이트로부터 시작되었으나, 그는 왕성했던 '꿈의 전성시대'를 아주 조금 재건한 데 지나지 않을 뿐 그가 꿈의 중요성을 처음으로 발견한 것은 아니다. 꿈이 우리에게 많은 정보를 제공하고 있다는 사실을 재발견하였을 뿐이다.

프로이트는 처음에는 환자들의 꿈 이야기를 그냥 지나쳐 버렸지만, 환자들이 가지고 오는 반복되는 꿈에 관해 차츰 흥미를 느끼게 되었다.

'왜 사람들은 자신이 높은 곳에서 떨어지고, 부모가 사망하거나 자신이 죽는 꿈을 꾸는 것일까?'

그는 환자들을 통해 1,000가지 이상의 꿈을 수집하였고, 그 하나하나를 기록하고 의미를 분석하였다. 그는 또한 자신의 꿈을 이용하여 무의식 세계에 관한 연구를 해나갔다.

그는 본래 자존심이 강하고 소극적인 성격이었기 때문에 자기의 가장 비밀스러운 부분들을 공표한다는 사실에 대해 몹시 괴로워했었다. 그러던 어느 날 밤 그는 브뤼케 교수로부터 자신의 신체를 잘라 내어 해부를 해야 한다는 엄한 명령을 받고 자신을 해부하는 꿈을 꾸었다.

자기를 해부하는 꿈을 꾸고 난 다음 프로이트는 자신의 사생활이 담긴 기록을 출판하기로 마음먹는다.

5년이라는 긴 기간에 걸쳐 준비한 기념비적인 저서 《꿈의 해석》은 한 세기가 바뀌는 해인 1900년 1월 2일 발행되었다.

그 시대 사람들은 빅토리아 왕조풍의 엄격한 도덕관에 의하여 지배당하고 있었다. 그러나 그는 그 책 속에서 자신의 사생활을 노출시켰으며, 어느 누구도 입에 담고 싶지 않은 개인적인 사실들을 공공연하게 밝히면서 자기 자신을 연구의 대상으로 삼았다.

그는 이 책을 출간한 후 커다란 기대감 속에서 1년여를 기다렸으나 다음과 같은 서평이 고작이었다.

'이 책은 이전에 정식으로 학문적인 훈련을 받았지만 현재는 그러한 능력을 모두 잃어버린 어느 의학도에 의해서 쓰여 진 것이다.'

프로이트는 꿈을 '발현몽*manifest dream*'과 그 밑에 깔려있는 의미의 '잠재몽*latent dream*'으로 구별하였다.

발현몽이란 우리가 자고 일어난 후 생각나는 꿈 자체를 말한다. 젊은 여자의 사례에서는 '나는 테이블 중앙에 생일 축하의 꽃을 장식했어요. 꿈속에서 나는 마치 내 집에 있는 것 같았고 행복감을 느꼈어요' 라는 부분이다.

'만일 내가 그 사람이라면 기다릴 필요 없이 힘으로라도 처녀성을 빼앗을 텐데' 라는 암시의 부분이 이 꿈이 가지고 있는 원래의 의미를 잠재몽이라고 한다.

원래 젊은 여자의 무의식적인 소망은 '처녀성 상실에 대한 바람' 인데, 왜 실제 꿈에는 '생일 축하의 꽃을 장식' 하는 너무나 동떨어진 모습으로 나타날까 하는 의문이 생길 것이다.

따라서 발현몽 만으로는 꿈을 만든 당사자도 아침에 일어나 자신의 꿈에 대해 아무리 곰곰이 생각해 봐도 무슨 뜻인지 전혀 알 수가 없다.

여기서 프로이트가 생각했던 꿈의 목적을 살펴보자.

프로이트는 꿈의 목적을 '모든 꿈은 소원 충족, 즉 억압된 충동을 충족시킨다' 라고 보았다.

무의식의 소원이나 충동은 항상 이것을 발산할 기회를 노리지만, 이것은 초자아라는 도덕성이 용납해 주지 않아 억눌려 있다가 꿈속에서 이것을 발산한다는 것이다. 하지만 꿈속에서도 이것을 무조건 발산시킬 수는 없다. 만약 '처녀성 상실에 대한 바람' 이라는 소원이나 충동을 그대로 꿈에 내보냈다가는, 그 내용의 부도덕성과 황당함 때문에 잠자는 이는 당장 자다가 깨어나게 될 것이다.

따라서 수면을 보호하기 위해 원래의 내용을 언뜻 보기에 관련 없는 이미지(사례에서는 테이블, 꽃 장식 등)로 바꿔 버린다는 것이다. 이는 꿈이 가진 변장술의 능력 때문에 꿈꾼 사람은 금지된 소원을 발산시킬 수 있을 뿐만 아니라, 그 소원의 진면목을 감춰 버릴 수 있음으로 해서 숙면을 할 수 있게 된다는 것이다.

꿈은 스스로 만들어 내는 것

이러한 프로이트의 꿈 이론과는 달리 융은 또 다른 꿈의 이론을 제시하였다. 융의 이론은 프로이트의 잠재몽과 발현몽에 대해 가장 큰 견해 차이를 보인다.

융은 꿈이란 마음의 상태를 가식 없이 그대로 드러내고 있을 뿐이지, 원래의 의미를 변장시켜 나타내는 것으로 보지 않았다. 융은 '꿈은 상징의 형태로 무의식의 실제 상황을 자발적으로 보여 준다'라고 하였다. 꿈이 자는 이를 깨우지 않기 위해 다른 모습으로 변장되어 나타나는 것이 아니라 꿈꾸는 이의 마음의 상태를 그대로 보여주고 있다는 것이다.

또한 꿈의 목적도 프로이트와는 달리 의식에 대한 보완적(또는 보상적) 역할이라고 하였다. 꿈은 성격 특성의 부족한 것들을 보상함으로써 심리적 균형을 회복하고자 하는 데 있다는 것이다.

다음의 꿈은 융이 말한 꿈의 보상적인 기능을 잘 보여주고 있다.

매우 능력은 있으나 게으른 젊은 여자가 꿈을 꾸었다.

'내가 아무것도 안하고 빈둥대고 있는데, 언니가 내 물건 모두를 집 밖으로 내던져 버렸다.'

젊은 여자는 매우 수동적이었으며, 집안에 기대어 아무것도 안하려 하고, 자신의 재능은 쓰려고 하지 않은 채 부잣집으로 시집가는 생각만 하고 있었다.

여기서 꿈은 그녀에게 스스로 노력을 하지 않는다면 실제로 그녀가 궁핍해지거나, 집에서도 쫓겨나게 될 것이라는 것을 보여주고 있다.

꿈은 이런 그녀의 편향된 의식의 태도에 경고를 하고, 스스로 재능을 키우고 노력하도록 하고, 그녀의 부족한 부분을 보완해서 마음의 균형을 이루도록 해준다.

융은 또한 모든 꿈의 상징들이 성적인 것과 연관을 가지고 있다는 프로이트의 견해에도 찬동하지 않았다.

《꿈의 해석》에서 인용한 사례를 봐도 테이블의 중앙, 꽃에 대한 연상 등 프로이트는 대부분의 내용을 성적인 상징물로 보았다.

융은 이처럼 모든 상징들을 단 한 가지 개념(대부분 성적인 상징)으로 보려는 프로이트의 견해에 반대하면서, 그러한 생각은 하나하나의 상징들이

보여주는 독특함을 부인하는 것이 된다고 주장하였다.

최근의 분석가들도 프로이트의 개념 중 꿈의 소원 충족이란 면과 모든 것을 성적인 상징으로 환원하는 것에 대해서는 의문을 제기하고 있다.

정신분석학파에 따라 꿈에 대한 이론은 차이가 있지만, 꿈이 인격의 어떤 국면을 내보여 준다는 점에서는 일치하고 있다. '꿈은 어디서 갑자기 떨어진 것이 아니라 우리가 우리 자신의 꿈을 만들어 내고 있다' 는 것이다.

그 말은 우리들이 꿈속의 인물을 창조하고 꿈속의 이야기를 만들어낸다는 뜻이다. 따라서 우리들이 꿈을 무시한다는 것은 인격의, 또는 의식의 어느 한 부분을 무시하는 것과 같다고 할 수 있다.

꿈을 해석하는 데 가장 어려운 문제 중의 하나는, 꿈을 정신과 의사에게 들려주기만 하면 곧바로 해석을 해주리라는 일반인들의 기대이다.

대부분의 '꿈 언어' 는 상징이라는 언어로 되어 있다. 꿈 해석은 이것을 번역하는 작업이며, 환자의 협조 없이는 이루어질 수 없다.

또한 꿈속에 나타나는 특정 상징물에 대해 한 가지 의미만이 있다고 생각하는 것도 꿈의 해석을 방해하는 요소다. 꿈속에 개가 나오면 당연히 개꿈이고, 돼지나 용은 길몽이라는 식이다.

이것은 해몽 책의 영향을 받은 것으로, 어떤 특정한 꿈은 어떤 특정한 의미만을 보인다고 생각하는 것이다.

'문을 열고 나가니 개가 두 마리 있었다. 개가 무섭지 않았지만 나가지 않고 문을 닫았다. 개가 자꾸 안으로 뛰어 들어오려고 해서 문을 닫고 막았는데 문 아래에 개구멍이 있었고, 결국 개가 안으로 뛰어 들어왔다.'

젊은 남자가 꾼 꿈이다.

이것만 듣고는 이 꿈의 의미에 대해 아무것도 알아낼 수가 없다. 단지 개가 나오니 개꿈으로 치부되고, 그냥 잊혀졌을 것이다. 여기서 환자의 적극적인 협조가 필요해진다.

젊은 남자에게 개에 대해 떠오르는 생각을 묻자

"지저분하고 털 빠진 모습에 좋은 감정이 없다. 성적인 지저분함도 그렇고…."

라고 대답했다.

개에 대해 애착을 가지고 있는 사람에게 같은 질문을 했다면 아마도 '귀엽고, 주인에게 충성스럽고, 자식 같은…' 등으로 대답했을 것이다.

이처럼 같은 사물에 대해서 사람마다 너무나 다른 이미지를 연상하기 때문에 꿈속의 사물은 개인마다 다른 의미를 지니고 있다. 이 젊은 남자의 경우 꿈에 대한 연상을 계속해 본 결과 그의 꿈에는 다음과 같은 의미가 담겨 있음을 알 수 있었다.

젊은 남자는 평소 의식의 태도가 지나치게 결벽하고 도덕성을 강조하다 보니 모든 문제에 대해 불필요하게 자신을 자책하는 경우가 많았다. 또한 남에게 자신이 항상 완벽하게 보이도록 노력하였으며, 자신의 실수나 잘못된 점이 드러나는 것을 매우 경계하며 살아왔다. 따라서 다른 사람의 눈에는 그가 매우 완벽한 사람으로 보였으며, 이러한 점이 더욱 그의 운신의 폭을 좁혀 버리게 되었다.

꿈은 그에게 개로 상징되는 자신의 잘못이나, 남들에게 감추고 싶은 부분들을 수용하도록 암시하고 있다. 자기 자신의 모순을 인정하고 자신도 실수할 수 있고, 도덕적으로 용납될 수 없는 생각도 떠오를 수 있는 불완전한 인간이라는 생각을 받아들인다면 그는 자책감도 줄어들고, 남

증보2판 프로이트와 영화를 본다면

의 시선을 의식하지 않고 자연스럽게 행동할 수 있을 것이다.

그는 그 면담 끄트머리에 "집 밖은 황량하고 공허해 보였다. 집안은 아늑해 보이므로 개가 들어오려고 했던 것 같다"고 말했다.

이 꿈은 이 남자의 전체적인 성격의 문제를 보여주고 있다. 꿈은 이 젊은 남자의 꿈처럼 전반적인 그 사람의 모습을 보여주기도 하지만, 현재 자신이 겪고 있는 문제의 원인을 보여주기도 한다.

인생의 3분의 1은 잠과 꿈

다음은 불안 장애가 있는 한 여류 음악가의 꿈으로서 증상의 원인을 보여주고 있다.

'바이올린의 줄이 끊어져서, 정경화에게 줄을 이어 달라고 했더니 흰 옷을 입은 정경화 3남매가 줄을 이어 줬다.'

그녀는 바이올린의 현처럼 너무나 팽팽한 긴장감 속에 생활하고 있었다. 그녀는 하루도 쉬는 날이 없었다. 그러나 그러한 생활이 즐겁기만 했다. 직장인 학교에서도 가장 부지런했으며 즐거운 마음으로 아이들을 가르쳤다. 유명한 음악회는 다 찾아 다녔으며, 이것도 혼자가 아니라 자기 돈으로 산 표를 친구들에게 나누어 주며 동행하곤 했다. 귀가한 뒤에도 쉬지 않고 밤늦도록 콘서트를 위한 연습을 했다. 물론 남편과 자식에 대한 뒷바라지도 빼놓을 수 없는 그녀의 주요 일과였다. 일요일에는 또 교회의 성가대 활동이 그녀를 기다리고 있었다.

그녀는 남들이 모두 자신의 활기찬 생활에 찬사를 보내는 것이 너무나 즐거웠으며, 그녀로 하여금 더욱 신나게 여러 가지 일들을 더 많이 벌이도록 부추겼다. 그러다 보니 어느새 본말이 전도되는 결과가 되고 말았다. 자신의 즐거움은 어디로 가고 남들에게 자기의 능력을 과시하고,

남들을 즐겁게 하려는 것만이 전부가 되었다. 팽팽한 그녀의 생활은 결국 바이올린의 현처럼 끊어지고 말았다.

병의 원인을 아는 것보다도 이 꿈을 통해 불안 장애로 인한 저하된 자신감과 자신의 질병이 나을 수 있을까 하는 의문을 어느 정도 씻을 수 있었다.

"나는 그동안 나 자신이 끊어졌다고 생각했습니다. 몸이 끊어져서 다시 수리해서 활동할 수 있다는 의미인 것 같습니다. 나는 이 꿈을 꾼 후 이 병에서 나을 수 있다고 생각했습니다."

그녀는 이 꿈에서 자신의 병이 호전될 수 있다는 가능성을 보았다(줄은 다시 이어 졌다). 이런 그녀 자신의 해석보다 그녀의 병에 더 도움이 되는 정신과 의사의 해석은 없을 것이다.

사람들은 살아가며 순간순간 수많은 결정을 내려야 한다.

다음은 어떤 남자의 꿈으로서, 그에게 결정을 내리지 못하고 있는 일에 대한 해답을 보여주고 있다(《The meaning in dreams and dreaming》, 저자 Maria F. Mahoney에서 인용).

새로운 여자가 생겨 아내와 아이들의 곁을 떠나기로 마음먹은 남자가 있었다. 물론 이런 마음을 먹기까지 그는 많은 망설임과 죄책감으로 괴로운 나날을 보냈다. 그때 그는 다음의 꿈을 꾸었다.

그는 길에서 벗어난 곳으로 여행을 떠나기로 하였다. 그가 빠른 속도로 가고 있을 때 매우 인자하게 생긴 노인들이 불만스러운 얼굴로 고개를 가로젓고 있는 것을 보았다. 그는 이를 무시하고 계속 앞으로 나아갔다. 이 때 구름 속에서 커다란 손이 나와 그를 떠밀어 처음 출발한 곳으로 되돌려 놓았다.

증보2판 프로이트와 영화를 본다면

꿈에서는 '불만스러운 노인들'이 도덕적인 판단기준(프로이트에 의하면 초자아)이라는 것을 보여주고 있다. '길에서 벗어난 여행'은 당연히 도덕적인 판단과 어긋나는 일탈된 행동을 암시한다.

꿈꾼 이는 이 노인들을 무시하고 그럭저럭 안전하게 계속 나아가지만, 그렇게 쉽게 나아갈 수는 없다. 하늘에서 땅으로 닿은 힘이 그를 계속 전진하도록 내버려 두지 않는다. 이 힘, 즉 커다란 손은 그의 양심, 또는 그 안에 존재하는 판단력이라고 볼 수 있다.

이 꿈은 신의 손이 그를 앞으로 계속 가도록 내버려 두지 않는다는 경고의 의미를 담고 있다.

꿈의 내용은 그가 바라는 소원이나 욕망의 충족이라는 면과는 너무나 동떨어져 있다. 따라서 그는 꿈의 의미에 대해 놀라는 한편 많은 실망을 한 것은 물론이다.

하지만 이 꿈은 그로 하여금 가족의 일원으로서 가져야 할 책임감과 직면하도록 하였으며, 결국 그는 가족의 곁을 떠나지 않기로 결정하였다.

위의 사례들처럼 꿈은 한 개인이 놓여 있는 상태에 대한 조망을 보여주기도 하고, 자신이 가지고 있는 현재의 문제를 얄밉도록 정확하게 우리 앞에 펼쳐 보이기도 한다.

어쩌면 우리는 꿈의 전갈을 어느 정도 알아채고 있으면서도, 이를 고의로 묵살하고 있는지도 모른다. 꿈을 안다는 것은 적나라한 자신과 대면해야 하는 생소함과 부끄러움을 가져다주기 때문이다.

우리의 의식의 태도가 어찌 됐든 꿈은 어김없이 밤마다 찾아오고, 꿈은 그 의미를 아는 자의 차지가 된다.

"우리는 인생의 3분의 1을 잠과 꿈속에서 보낸다."

까미유 끌로델

무엇이 이 아름다운 천재를 죽였는가?

까미유의 어린시절

한 여자가 두 명의 남자에 의해 강제로 앰뷸런스에 태워진 채 어디론가 끌려간다.

화면 가득 그녀의 슬픈 눈이 클로즈업되면서, 그녀가 정신병원으로 끌려간 지 30년 만에 생애를 마감한다는 내용의 자막이 천천히 내려온다.

브뤼노 뉘탱 감독의 〈까미유 끌로델〉의 마지막 장면이다.

영화의 예술성이나 작품성을 떠나 몇 가지 의문점이 영화가 끝난 후에도 나의 머릿속을 맴돌며 가슴을 짓눌러 왔다.

그녀는 정말 정신병을 앓고 있었을까? 그것이 사실이라면 어떤 종류의 질환이었을까?

정말 30년 동안이나 요양원에 수용되어 있을 정도로 중증이었을까? 혹시 그녀의 예술적 열정이 일반인들의 시각에 정신질환자의 기이한 행

증보2판 프로이트와 영화를 본다면

동으로 비춰졌던 것은 아닐까?

그녀가 병원으로 들어간 것은 그녀를 사랑했던 아버지가 사망한 직후였다. 혹시 평생 사이가 좋지 않았던 딸에 대한 어머니의 보복은 아니었을까?

로댕과 헤어진 후 그녀는 로댕을 그리워한 만큼의 저주를 그에게 보냈다. 그렇다면 로댕의 모함 때문은 아니었을까?

이런 의문을 풀기 위해 나는 까미유의 행적을 추적해 보고 싶은 생각이 들었다.

우선 까미유의 정신과적인 진단을 위해 참고가 될 만한 그녀의 어린 시절을 추적해 보기로 했다. 당시의 가정 분위기라든지 부모의 양육 태도 등에서 어떤 단서를 찾을 수 있을는지도 모르기 때문이었다.

까미유는 1864년 12월 8일, 집이라고는 모두 3백 가구밖에 없는 작은 마을 빌네브에서 태어났다. 이후 2년 터울로 루이즈와 남동생 폴이 태어났다.

아버지인 프로스뻬르 끌로델은 무뚝뚝하고 엄격한 사람이었으나 키가 훤칠하고 잘생긴 남자였다. 아버지는 딸이 예술가의 길을 걷는 것에 대해 이해하고 후원을 해주었다.

어머니 루이즈 아타나이즈 쎄르보는 가사에 충실하였으나 비사교적이고 자신은 물론 남에게도 완벽을 요구하는 까다로운 여자였다. 그녀는 까미유가 태어나기 3년 전 샤를르 앙리라는 사내애를 낳았으나 태어난 지 열엿새 만에 사망하였다. 당시 열아홉 살이었던 까미유의 어머니는 첫아이의 죽음에 매우 상심했으며, 그 이후 부부 사이에 말다툼이 잦아지기 시작했다.

어머니는 사내아이를 바랬으나 까미유를 낳자 실망하여 자기 아이라는 것을 인정하려 들지 않았다. 이후 그녀는 까미유가 앙리를 밀어내고 많이 자리를 차지했다는 이유로 툭하면 야단을 치곤하였다.

까미유는 어린시절 어머니가 다닌 수녀회에서 운영하는 학교에 잠시 다녔고, 1870년부터 1876년까지는 한 종교단체에 맡겨져 종교 수업을 받은 것으로 알려져 있다.

어린시절의 그녀는 대단한 의지력과 고집을 보여준다. 밥 먹는 것도 잊은 채 집 근처의 진흙으로 자기 자신, 이웃 사람들, 집안의 모든 소재들을 조각에 담았다.

어머니는 까미유가 진흙을 가져와 집 안을 더럽히는 것을 매우 싫어했다. 둘째딸 루이즈처럼 자기 말에 순종하며, 여자애답게 피아노를 치거나 집안일을 도와주기를 바랐다.

까미유의 부모는 사이가 좋은 편이 아니었다. 잘생긴 아버지에 비해 키도 작고 날씬하지도 않은 어머니는 항상 열등감을 가지고 있었으며, 까미유에 대한 상반된 태도가 둘의 관계를 더욱 악화시켰다.

어린시절의 까미유에게서 특이한 병적 징후는 보이지 않는다. 오히려 매우 활달하고 자기주장이 강하며, 진흙을 소재로 넘쳐나는 자신의 창조 욕구를 모두 표현하지 못해 안달하는 건강미 넘치는 소녀의 모습이었다.

여기서 주목할 것은 남동생인 폴의 회고이다.

"어머니는 우리에게 단 한 번도 입맞춤을 해주지 않았다."

이 말에서도 보이듯, 나름대로의 이유로 까미유에게 특히 냉정하게 대했다고 인정하더라도, 원래 어머니의 성격이 자식들에게 자상하고 따뜻하지 못했음을 알 수 있다.

증보2판 프로이트와 영화를 본다면

그녀는 아주 어렸을 때 어머니를 여의었다. 그 때문에 자녀를 먹이고, 입히고, 보살펴 주는 어머니의 역할에 대한 동일시의 기회를 갖지 못했던 것이 아닐까 추측된다. 그래서 까미유에게는 아버지가 어머니 역할을 대신하는 경우가 많았다.

물론 까미유도 그 천재성과 이를 표현하고자 하는 의지와 고집 때문에 누구도 그리 쉽게 키울 수 있는 아이는 아니었을 것이다. 자식의 능력이나 재능이 특출할 경우 이를 감당하지 못한 부모가 아이를 마구잡이로 짓눌러 부모의 낮은 능력에 맞추어지는 비극은 어디에서나 종종 일어나는 일이다.

까미유의 어린시절에서는 뒤바뀐 부모의 역할 이외에는 특이한 사항이 발견되지 않았다. 그렇다면 다음은 까미유의 생애 중에 가장 커다란 사건이었던 로댕과의 만남과 그의 영향 아래 있었던 무렵의 행적을 들여다 볼 차례다.

아버지는 자식들의 교육을 위해 파리로 이주하기로 결정하였다. 까미유는 조각가로, 루이즈는 훌륭한 피아니스트로, 그리고 글재주가 좋은 폴은 사범학교로 보내기 위해 1881년 끌로델 일가는 파리로 이주를 한다.

파리로 이주한 후 까미유는 이미 두드러진 작품을 제작하기 시작했으며, 1883년 살롱전에 〈늙은 여인상〉을 출품했다. 이것은 로댕을 만나기 이전의 일이었다.

살롱전 출품 이후 까미유는 어린시절부터 조각을 지도해 준 알프레드 부쉐의 소개로 로댕과 만나게 된다. 그녀가 20세 되던 때의 일로 추정되는데, 로댕은 그녀보다 스물여섯 살 위였다.

　로댕은 한눈에 그녀의 놀랄 만한 재능을 알아보았으며, 까미유 또한 서슴지 않고 그의 제자가 되기로 결심했다.

　이후 시간이 지나면서 그녀는 로댕의 제자에서 협력자로 바뀌었으며, 서로에게 영향을 주기 시작했다.

　1888년부터인지 1886년부터인지 정확한 기록은 없지만, 로댕은 까미유와의 사랑을 지속시키기 위하여 아내의 눈을 피해 낡은 집을 한 채 빌렸다. 두 연인은 장소를 바꿔가며 밀회를 즐겼으며, 까미유에게 빠진 로댕은 아내를 안심시키기 위해 그녀의 건강을 염려하는 편지를 쓰는 등 여러 가지 묘책을 강구하기도 하였다.

　그러나 무슨 이유에서였는지 1892년경부터는 까미유와 로댕의 관계가 소원해진다.

　로댕과 결별한 후 그녀는 작업실에만 틀어박혔으나 작품 제작의 의지를 잃고, 우울한 나날을 보냈다. 이로써 그녀는 로댕의 곁을 영원히 떠난 듯이 보였다.

　그녀는 어쩌면 윤리적으로 그 시대 상황에서는 방종으로 여겨질 수밖에 없었던 로댕과의 관계를 청산하려 했던 것인지도 모른다. 아니면 스승으로부터 독립하여 자신만의 예술세계로 들어서기 위한 결별이었는지도 모르겠다. 어느 쪽이었든 그녀는 로댕과의 관계로 인해 겪은 온갖 폄하와 모욕, 좋지 못한 평판들에 종지부를 찍고 싶었을 것이다.

　"나는 그녀에게 어느 곳에 황금이 있는가를 알려주었다. 그녀가 찾은 황금은 물론 그녀의 것이다."

　이는 로댕이 작품에서만은 까미유와 무관하다는 것을 알리기 위해 수시로 한 말이다.

증보2판 프로이트와 영화를 본다면

이 말처럼 마침내 그녀의 황금시대가 도래하였다.

그녀는 1894년경부터 전시회에 초대를 받기 시작했으며, 작품 주문이 들어왔고, 주위의 찬사도 받았다. 그녀가 동생 폴에게 보낸 편지에 보이듯이 바야흐로 스승인 로댕의 그늘에서 벗어나 자신의 날개를 달고 비상을 시작한 것이었다.

숨겨진 연인

1896년 로댕과 까미유의 관계는 편지를 통해 다시 시작되었으며, 재정적으로도 로댕은 다시 까미유에게 도움을 주기 시작했다. 그러나 20세기가 시작되는 1900년경 두 사람은 다시 헤어지고 만다. 그리고 까미유는 그로부터 정신병원에 들어가기 전까지 약 14년 동안을 세느 강가에 인접한 부르봉 거리에서 혼자 산다.

까미유와 로댕의 운명적인 만남은 서로에게 예술적인 영감을 불어넣어 주었으나, 그에 못지않은 힘겨운 고통도 안겨 주었다. 로댕 역시 까미유와 만나기 시작할 무렵에 이르러서야 비로소 오랫동안 따라다닌 '석공'이라는 조롱에서 벗어나 예술성을 인정받기 시작했던 것이다. 이러한 로댕에게는 무명시절부터 헌신해 온 아름다운 아내 로즈 뵈레라는 존재가 있었다.

로댕이 이처럼 모든 것을 가지게 된 데 비해 까미유에게는 아직 천재적인 예술성과 고집밖에 없었다. 예술적인 평판에서도, 경제적인 면에서도 까미유는 자신의 영역을 가지고 있지 못한 불안한 상태였다. 그러나 이 시기까지도 까미유의 정신병적인 증거는 어느 곳에서도 찾아볼 수 없다.

이제 그녀도 어느덧 사십 줄에 접어든 나이였다. 젊은 시절의 우아함과 고귀한 품위는 사라지고, 화장하지 않은 얼굴에는 깊은 주름이 드러나 보였다.

부르봉 거리, 낡은 집의 문틈으로 이따금씩 보이는 무너져 내리는 천재의 모습이 입에서 입으로 전해지기 시작했다. 소문은 터무니없는 부분도 있었으나, 명확한 증거도 하나 둘씩 발견되기 시작했다.

나는 안타까운 마음으로 그녀의 정신병적 증상의 파편들을 수습하기 시작했다.

1905년을 마지막으로 그녀는 작품 활동을 중단한다. 증상이 나타나기 시작한 것은 그 즈음부터이다.

이 때 남긴 까미유의 편지에는 모든 여성들이 자신을 미워하며, 그녀들은 어떤 남자가 행여 자신에게 친절히 대하면 방해를 한다는, 관계망상증을 보이는 내용이 담겨 있다. 그리고 자신의 작업실 근처에 올 때는 주의하라는 피해망상적인 메모도 보인다.

1906년 까미유의 증상은 보다 뚜렷해진다. 이 해부터 매해 여름 그녀는 자신의 작품을 부숴버리기 시작했으며, 아무에게도 행선지를 알리지 않은 채 몇 달 동안씩 종적을 감추곤 했다.

1909년에서 1911년경에 동생 폴에게 보낸 편지엔 앞뒤가 맞지 않는 내용이 담겨져 있다. 이 편지에서 그녀는 가정부가 커피에 수면제를 넣어 자신을 잠들게 한 뒤 작품을 훔쳐갔다고 하는가 하면, 이웃 사람이 자신의 작품을 모작해서 돈을 벌었다고도 쓰고 있다.

이런 까미유의 변화를 알아챈 아버지는 1910년경에 아들 폴에게 까미유의 용태를 걱정하는 편지를 보낸다.

'요즘 나는 진실로 고문이라고밖에 할 수 없는 생활을 하고 있다.

…… 그렇지만 나는 그렇게 하면 최소한 까미유의 광기가 잠잠해지거나 조금은 치료되지 않을까 생각한다.'

이 무렵 까미유가 보인 피해망상의 주요한 내용은 로댕과 관련된 것이다.

'로댕이 치밀한 계획 아래 나의 작품을 가로채고, 그들이 치러야하는 벌을 이 감옥에서 내가 대신하고 있다. …… 이 모든 것은 악마 같은 로댕의 소행이다. 그가 죽은 뒤에 내가 더 유명해질까 봐 두려워서 죽은 후에도 그의 손아귀에 나를 붙잡아 두고 있다.'

1930년 까미유가 정신병원에서 동생인 폴에게 보낸 편지의 일부이다.

그녀는 자신의 모델에게 이런 얘기도 했다고 한다.

"어젯밤 두 남자가 내 집의 덧문을 부수려 했다. 나는 그 자들을 알아볼 수 있었다. 그들은 나를 죽이라는 로댕의 지시를 받고 온 것이다. 내가 귀찮게 구니까 나를 없애 버리려고 하는 것이다."

로댕은 정말 그녀를 괴롭혔을까? 그렇지는 않았던 것이 분명하다. 로댕은 까미유가 입원한 후에도 그녀가 병원에서 좋은 대우를 받을 수 있도록 경제적인 도움을 줄 의향이 있음을 밝히고 자신은 까미유의 숭배자라고 쓴 편지를 보낸다.

그 후 로댕은 죽음을 앞둔 혼미한 정신 상태에서 '파리에 있는 나의 아내'라고 지칭하며, 뼈저린 그리움을 토로하기도 한다. 로댕은 1917년 11월 17일 사망한다.

당시 그녀에게 내려진 진단은 편집증이었으나 요즘의 정신과적 진단 개념으로는 정신분열증에 가까운 증상으로 보인다.

이제 남는 의문은 그녀의 입원에 어머니가 개입 되었을까 라는 것과 과연 30년씩이나 입원할 필요가 있었느냐 하는 점이다.

1913년 3월 10일 까미유는 에브라르의 특별 요양소에 강제 입원 당한다. 그녀의 병을 진심으로 걱정해 주고 그녀를 가장 잘 이해해준 아버지가 사망한 지 8일 후의 일이다.

이전부터 동생 폴은 에브라르의 원장과 면담을 하고, 누이의 치료를 당부하는 편지를 띄우고 있었다. 이로 미루어서도 어머니는 입원에 관여하지 않았던 것으로 보이며, 그녀의 입원을 주선한 건 폴이었던 것으로 보인다.

폴은 시인이자 외교관으로 여러 나라를 돌아다니며 대사직을 수행하기도 하는 등 당대의 유명인사가 되었는데, 어릴 때부터 까미유와 가장 친하게 지내 누이의 영향을 많이 받았다. 까미유의 사후에도 폴은 그녀의 예술성과 천재성을 찬양하는 글을 여러 차례 발표하였다. 그는 또 자기의 누이가 로댕과는 다른 독창적인 자신만의 작품 영역을 갖고 있는 것으로 확신하였다.

이러한 둘의 관계로 미루어 보아 입원 결정에 어떤 음모나 강제가 있었던 것으로 보이지는 않는다.

까미유는 입원한 지 며칠 되지 않아 자신의 운명을 예감한 듯한 편지를 폴에게 보낸다.

'뭔가 나쁘게 끝나 버릴 듯한 불길한 예감이 든다…. 너는 우리 이웃이었던 가엾은 S공작을 기억하니? 그는 정신병원에 30년 동안 갇혀 있다 최근 사망했단다. 얼마나 무서운 일이니.'

사후에도 못 벗어난 로댕의 그늘

그렇다면 다음은 그녀가 왜 30년간이나 정신병원에 입원해 있었을까에 대한 의문이다. 이에 대해서는 엇갈린 의견이 제기될 수 있다. 그녀가 장기간 입원해야 할 필요가 있었던 것으로 생각되는 첫째 이유로는, 그 당시만 해도 정신병에 대한 치료는 요양원 등에 수용하는 것 외에 별다른 방법이 없었다는 점이다.

신경증에 대해서는 정신 치료 등의 방법이 각광을 받으며 유행하기 시작하였으나, 정신분열증 등의 정신병은 면담 치료만으로는 불가능하고 약물 치료가 반드시 병행되어야만 효과를 볼 수 있는 증상이다. 그러나 정신약물은 까미유가 죽은 뒤 1950년대에 이르러서야 개발되었다.

둘째, 그녀가 병원에서 보낸 편지의 내용을 볼 때, 입원 후에도 증상이 완전히 없어지지 않고 피해망상이 지속되어 사회 복귀가 어려웠기 때문이 아닌가 짐작된다.

까미유는 누군가 자신의 식사에 독을 넣지 않을까 하는 두려움 때문에 병원에서도 손수 음식을 해먹었다고 한다. 또 1929년 어머니의 사망 소식을 듣고는 '어머니는 독살당했다'고 주장하는 등 정신병적 증상이 있었음을 보여주고 있다.

셋째, 그녀의 질병을 정신분열증이라고 가정했을 때 보일 수 있는 병의 경과 때문이다. 정신분열증 환자 가운데는 처음엔 피해망상이나 관계망상, 환청 등의 증상을 보이다가 점차 이러한 증상이 소멸되거나 간헐적으로 약화되어 나타나는 대신, 모든 일에 의욕을 잃고 혼자 있으려 하며 적극성과 자발성이 떨어지게 되는 경우가 있다.

일단 이러한 증상이 시작되면 좀처럼 낫지 않고 수십 년씩 지속되는 만성화의 과정을 밟는데, 이 경우는 병원에서 일생을 마치게 된다. 이런 점 때문에 정신분열증은 한때 조발성早發性 치매라고 부르기도 하였다. 따라서 이런 환자는 먹고 자는 등의 기본적인 처리 이외는 아무것도 하지 않으려 하며 개인위생조차 돌보지 않는 경우도 많다.

까미유의 경우도 이 같은 상태를 간접적으로 뒷받침하는 것으로, 발병을 전후한 1905년경부터 왕성했던 그녀의 작품 활동이 그쳐 버렸다는 점을 들 수 있다.

넷째, 까미유와 사이가 나빴던 어머니(실제로 한 번도 자신의 딸을 보기 위해 병원을 찾지 않았다)가 까미유의 퇴원을 방해했다는 설도 있지만, 까미유의 어머니는 1929년 사망했다. 까미유는 1943년까지 생존했으므로 어머니 사후에도 14년 이상을 병원에 있었다.

그런데 가장 그녀를 아껴 주고 이해해 주었던 동생 폴은 누이를 퇴원시키지 않고 무얼 했을까?

폴은 루이즈와 함께 까미유의 병원비를 댄다. 폴과 루이즈가 주고받은 편지를 보면 둘은 어렵게 병원비를 대고 있었으며, 경제적인 문제로 여러 차례 서로 다투기도 했었음을 알 수 있다. 이 같은 다툼은 실은 까미유를 퇴원시켜 버리면 쉽게 해결되는 문제였다. 어머니마저 사망한 후라 반대할 사람도 없는 상태였다.

이것은 다시 말해 까미유의 증상이 퇴원해서 사회생활을 할 수 없었다는 것을 반증하는 예라고 볼 수 있다.

그럼에도 불구하고 그녀가 30년씩이나 입원해 있었다는 것은 아무래도 이해할 수 없다는 반론도 제기될 수 있다.

그 의문의 근거는 첫째, 그녀가 정신병원에 입원한 후에도 간헐적인 증상을 보이기는 했지만, 대개의 정신병은 나이가 들어감에 따라 증상의 정도가 약해지고, 돌봐주는 사람만 있다면 남에게 피해를 주지 않고 충분히 집에서 생활이 가능하다는 점이다.

실제로 그녀의 편지 내용을 보면 시간이 지날수록 머릿속의 혼란이 정돈되어 가고 있음을 보여주고 있다.

둘째, 까미유의 어머니는 생전에 빌네브의 집을 처분하고 모든 유산

분배를 끝내 놓은 상태였다. 따라서 그녀가 만일 퇴원을 하더라도 거처할 곳이 없었을 것이다. 폴과 루이즈 모두 자신의 집으로 까미유를 받아들일 만한 처지가 아니었으며, 따로 거처를 마련해주는 일은 경제적으로 더더욱 어려웠을 것이다.

이런 정황을 종합해 보면, 그녀의 증상 자체보다는 질병 외적인 문제로 인해 그토록 장기간의 입원이 필요했었으리라는 가정도 성립된다.

그러므로 까미유 끌로델에게 정신병이 있었다는 것은 명확하지만, 30년씩이나 입원해 있어야 할 필요가 있었느냐 하는 점에 대해선 논란의 여지가 있다. 그것은 섬약한 한 예술가가 견뎌내기에는 너무나 길고 벅찬 고통의 시간이었다.

그 당시엔 지금보다도 몇 배 더 여류 예술가로서 사회의 인정을 받고 경제적으로 독립된 생활을 영위하기란 어려웠을 것이다. 그렇다고 해서 연인이라고는 하지만 경제적인 도움을 받는 대가로 남의 작업을 보조한다는 사실은 자존심 강한 그녀로선 참아 내기 어려운 일이었을 것이다. 그러나 로댕과 결별 후론 작품 의뢰도 끊어져 차디찬 작업실에서 혼자 외로움과 배고픔을 견뎌야 했을 그녀의 참담한 심정은 어땠을까?

까미유 끌로델은 위대한 조각가 오귀스트 로댕의 제자이자 연인으로 우리에게 알려져 있다. 그러나 그녀의 참모습은 널리 알려져 있는 것 같지 않다. 그저 로댕을 언급할 때 그를 스쳐 간 많은 여자들 중 특이하게 광인으로 정신병원에서 생을 마친 연인이라는 정도로 치부될 뿐이다.

자신의 독창적 예술성을 스승의 그늘 뒤에 묻어 놓고 정신병원에서 누군가 자기를 해치지 않을까 하는 끊임없는 두려움 속에 일생을 비극적으로 마치고 만 여인, 까미유 끌로델은 1943년 10월 19일 그 비극적 생애를 마감한다. 그러나 그녀의 묘소는 관리 소홀로 인해 몽파베의 흙과

섞여 지금은 자취도 없이 사라지고 말았다.

1951년 로댕 박물관에서 까미유 끌로델의 작품 전시회가 열렸다. 그녀가 천국에서 조금은 위안을 느꼈을지도 모르지만, 사후에도 로댕의 그늘 아래서야 재평가를 받게 된 사실을 그녀는 어떻게 받아들였을까?

5부
만남과 헤어짐의 이면

"모든 어머니께 이 영화를 바칩니다."

– 내 어머니의 모든 것을 만든 페드로 알모도바르 감독의 말 –

어바웃 슈미트

나이 들면서 필요한 어떤 것들

퇴행성 변화로 시작되는 노화

재작년 겨울 산악자전거를 열심히 탔었다. 산에서 계단을 뛰어내리고, 내려가지 못할 것 같은 내리막을 자전거로 달음질쳐 내려가던 즐거움에 한동안 빠져들었기 때문이다.

그렇게 한 겨울을 보내고 날씨가 풀리기 시작한 봄이 되자, 몸에 변화가 생기기 시작했다.

허리가 아프기 시작한 것이다. 조금 지나면 나아지려니 생각하고 무시하고 지냈으나, 산에서 자전거를 타고 오는 날이면 통증은 더 심해지는 것 같았다. 하는 수 없이 산악자전거 타는 것을 한동안 쉬기로 하고, 근처 의원에 들르게 되었다.

"사진을 보니 요추 부분에 퇴행성 변화가 왔습니다. 무리한 운동 하지 마시고, 쉬다 보면 나을 겁니다. 이제 자전거 무리해서 타지 마시죠."

결국 이런 처방을 받고 산에서 자전거 타는 것은 그 후 자제하기로 했다.

'퇴행성 변화'란 노화가 진행되고 있다는 말이다. 그런 변화는 오른쪽 무릎에서도 이미 진행됐었다. 마라톤을 조금 하다 중단했던 이유도 오른쪽 무릎의 통증 때문이다. 결국 이 무릎 통증은 자전거를 탈 때도 가끔 나타나서 괴롭히기도 했었다.

그리고 작은 글씨도 희미하게 보이거나 한참을 들여다봐야 보이는 것이다.

이제 거부하고 싶어도 40대 중반이 겪어야 하는 노화의 시작은 어쩔 수 없이 맞아야 할 때가 된 거다. 이런 변화가 있기 전까지만 해도 전혀 나이가 든다는 것을 의식하지 못했는데 말이다.

이렇게 몸의 변화로 인해 마음이 불편하던 차에 우연히 잭 니컬슨이 주연한 〈어바웃 슈미트〉란 영화를 보게 되었다. 너무나 빠른 세월 앞에서 내가 맞아야 할 노년의 또 다른 모습이 이 영화에서 보여주고 있었다.

내가 없어도 세상은 잘 돌아간다

슈미트(잭 니컬슨 분)는 잘 나가던 금융전문가의 직업에서 밀려나 정년 퇴직을 하게 된다. 바로 어제까지 바쁘게 일을 하던 슈미트에게 이제 시간은 흘러넘치기만 한다.

그래서 우연을 가장해, 자신이 다니던 회사에 찾아가 자신의 후임자에게 뭐 도와줄 일이 없냐고 물어본다. 그는 은퇴를 했지만 자신이 여전히 업무능력이 있다는 것을 보여주고 싶었던 것이다. 하지만 그 새파란 후임자는 슈미트를 반가워하지도 않는다.

그리고 이 한마디를 슈미트에게 건넨다.

"모든 일은 잘 돌아가고 있죠."

이 얼마나 무섭고 섭섭한 말인가?

자신의 청춘과 인생을 모두 바친 직장에서 나온지 며칠도 되지 않았는데, 회사는 아무렇지도 않게 돌아가고 있는 것이다.

하는 수 없이 슈미트는 쓸쓸히 집으로 돌아온다. 그에게 마지막 남은 자존심은 아내에게 여전히 멋진 남편으로 보이고 싶은 것이다.

그래서 아내에게 거짓말을 한다.

"내가 가서 그 애송이에게 많은 도움을 주고 왔지."

슈미트의 유일한 친구는 TV를 보는 일이다. 우연히 채널을 돌리다, 기아에 허덕이는 아프리카 아이들에게 후원금을 보내주면 양부모로 결연을 맺어준다는 방송을 본다.

그는 몇 달라 안 되는 돈이지만, 기꺼이 기부를 하고, 드디어 그와 결연을 맺은 깡마른 아프리카 소년에게서 편지를 받게 된다.

회사에만 눈을 돌리고 살았던 슈미트는 아내와 같이 있는 시간이 많아지자, 아내에 대한 불만도 느닷없이 커져만 간다. 도대체 아내는 동작도 굼뜨고, 아내란 존재가 귀찮기까지 하다.

그나마 아내마저 갑작스레 심장마비로 세상을 떠난다. 타박만 하고 제대로 챙겨주지도 못했지만, 친구 같던 아내를 다시는 볼 수 없는 것이다.

그런 마음을 달래고자 그는 커다란 캠핑카를 빌려 이곳저곳 둘러보기로 한다. 그래서 찾은 곳이 고향이다. 하지만 어린시절 살았던 집은 상점으로 변해 있고, 상전벽해라더니 아무것도 자신의 기억에 남아있는 것은 없다.

5부_만남과 헤어짐의 이면

이제 얼마 남지 않은 추억을 회상할 장소조차 그에게는 남아 있지 않은 것이다.

아무도 나를 위로하지 못한다

이제 차를 돌려 애지중지 키웠던 사랑하는 딸이나 보러가자고 마음을 먹고 딸을 만나기 위해 긴 여행을 떠난다.

어렵게 당도한 딸의 집에서 오랜만에 만난 딸이지만, 실망스럽기만 하다. 금이야 옥이야 키운 외동딸은 형편없는 녀석과 결혼을 하겠다고 하는 것이다.

건달에 생활력은 없어 보이고, 머리는 히피스타일, 도대체 마음에 드는 구석은 한군데도 없다. 더욱 슈미트를 당황하게 한 것은 사돈이 될 부인이 슈미트를 유혹하기까지 한다.

슈미트는 딸에게 제발 결혼을 하지 말라고 사정하지만, 딸은 요지부동 말을 듣지 않는다.

부모가 반대하는 결혼치고 자식이 말을 듣지 않는 것은 동서양을 막론하고 똑같은 모양이다.

결국 결혼식은 시작되었다. 결혼식 피로연장에서 슈미트가 신부측을 대표해서 여러 하객 앞에서 감회를 말할 차례가 되었다.

'이 결혼은 무효야' 라는 말을 입 밖에 내고 싶은 것을 꾹꾹 눌러 참으며, 슈미트는 딸의 결혼을 축하한다는 말을 하고 만다.

힘든 여행을 마치고 집에 돌아온 슈미트는 아프리카에서 날아든 양아들의 편지를 받게 된다.

그리고 그는 참았던 눈물을 터뜨린다.

증보2판 프로이트와 영화를 본다면

이제 그에게 남은 끈은 저 멀리 아프리카에서 사진과 편지만으로 소통을 하고 있는 기아에 허덕이는 한 소년뿐인 것이다.

점점 심해지는 노인혐오증

나이 듦은 누구도 피할 수 없다. 아무리 성형수술이 발달하고, 좋은 노화방지 화장품이 나온다고 해서, 노화를 늦출 수 있을지는 몰라도 노화 자체를 막을 수는 없다.

현대 사회는 노화에 대한 두려움을 가지고 있다. 사회 전반적으로 늙는다는 것은 인생의 패배요, 용도폐기 당하는 처지에 불과하다고 생각하기 때문이다.

현대 사회는 노인혐오증, 노화혐오증에 걸려있다. 그저 젊음을 유지하고, 늙지 않기 위해 최선을 다하는 것만이 이런 낙인에서 벗어나는 길일 뿐이다. 그래서 TV에서는 어떻게 하면 동안을 유지할 수 있는가 하는 프로그램까지 있다. TV란 그 시대의 반영이니, 얼마나 사람들이 젊음에 집착하고 있는지 유추할 수 있는 대목인 것이다.

우리가 지금처럼 젊음에 집착할수록, 노년에 이르게 되면 사람들은 당황하게 된다. 영원히 젊음을 유지할 수 있을 거라 착각하고 살다가 느닷없이 피할 수 없는 현실에 직면해야 하기 때문이다.

슈미트도 예외는 아니다. 그는 노년에 대한 준비를 전혀 하지 못했다. 그는 여전히 자신이 직업적으로 능력이 뛰어난 유능한 사람이라 생각하고 있었다. 하지만 자신이 없어져도 세상은 잘도 돌아간다는 걸 모르고 지내왔다. 그러다 자신이 없어진 회사에 가서 너무도 잘 돌아가는 회사 사정을 보는 순간 그는 커다란 충격에 휩싸인다.

자신의 존재가 그것밖에 안 되나 하는 자괴감에 빠진 것이다.

5부_만남과 헤어짐의 이면

275

슈미트뿐 아니라 많은 사람들은 외적인 타이틀에 자신의 정체성을 의지하며 살게 된다.

자신이 누구인지 하는 것을, 자신의 직업, 재산, 명예, 그밖에 얻어지는 사회적인 타이틀로 규정하며 살아왔던 것이다. 그런데 정년퇴직을 하는 날 와르르 자신의 정체성은 사라져버리고, 초라한 한 사람의 노인으로 돌아가야 한다는 것은 참으로 견디기 어려운 노릇이다.

이게 직장생활을 하던 남자 또는 여자가 노년에 들어서면서 겪는 가장 큰 스트레스다.

특히 남자들은 자신에게 따라붙는 사회적인 타이틀을 자신이라고 착각하면서 살아간다. 그러다 그런 타이틀이 없어지는 순간 갑자기 정신적인 공황에 빠지게 된다.

그때서야 '나는 누구인가?', '나는 뭘 하면서 살았나?' 하는 기본적인 의문에 사로잡히고, 그 해답을 찾기 위해 동분서주하게 된다. 그동안 미뤄왔던 숙제를 개학 하루를 남기고 해야 하는 어린이들처럼 당황스럽기만 할 뿐이다.

이는 내면의 정체성을 한번도 거들떠보지 않고, 외부지향적인 가치에만 의존하면서 살아온 결과다.

나이 듦과 받아들임

노년을 준비하지 못한 슈미트에게 필요한 것은, 외적인 타이틀이 별로 중요하지 않다는 것을 깨달아야 하고, 이제 내면에 존재하는 내 자신을 찾아야 하는 것이다.

내가 아직도 사회적으로 능력이 있고, 뭘 할 수 있는가를 보여주는 것이 아니라, '내 인생이 완벽하지는 않고, 잘못도 저질렀고, 실수도 많았지만, 그런대로 최선을 다해 살아왔다' 는 정리가 되어야 한다는 것이다.

그런 정리가 되지 않으면, 노년이 두렵기만 할 뿐이다. 노년이 되면서 점점 신체는 약해지고, 자신이 할 수 있는 일은 하나둘 없어진다. 늙은 몸을 자식에게 의탁해야 할지도 모르며, 친구나 배우자는 내 곁에서 하나둘 떠나간다. 노년에 남은 것은 잃기만 하는 도박이다.

인간의 가치는 자신이 가진 타이틀이나 명예, 사회적인 직업으로 판단되는 것이 아니라는 것부터 시작되어야 한다. 그리고 인간은 존재 자체만으로도 그 가치가 충분하며, 아무것도 하지 않고 무엇을 하지 않아도 그리고 세월이 내 육체를 갉아먹더라도 내 영혼의 가치는 절대 변할 수 없다는 것을 인정할 때 노년의 두려움은 덜하게 된다. 자신 안에 침잠하며 영혼 속에 깃든 평화로움을 느낄 수 있다면 도리어 노년은 축복이 될 수도 있다.

또한 자신의 인생이 이런저런 불완전한 삶의 궤적이었지만, 내 인생이 나름대로 잘 살았다는 안도감과 만족감을 가진다면 노년에 대한 불안이 더 완화될 것이다.

자신이 이번 생에서 만족스럽지는 않더라도 나름대로 열심히 인생을 살았다고 생각하기 때문이다.

노년, 잃기만 하는 도박일까

노년은 앞만 보고 달려가고, 돈과 타이틀, 가족을 부양하기 위해 안달복달 살았던 데서 물러나, 이제 내면을 돌아보며 관조할 수 있는 시기다. 외부적인 것을 자꾸 잃어가지만, 내 마음속의 평화는 도리어 더 깊어질 수 있다. 어쩔 수 없이 노화로 인해 빼앗겨버린 젊음이지만, 불가피하게 맞이할 수밖에 없는 노년으로 인해 우리는 진정으로 마음을 비울 수 있게 될지 모른다.

어떤 욕심도 없고, 어떤 집착도 없는 마음의 상태에 도달할 수도 있는 것이다. 자꾸 잃을수록 우리의 내면은 점점 더 채워질 수 있다. 외적인 것을 잃을수록 우리의 마음은 도리어 더 홀가분해질 수 있게 되어, 내면의 진리를 더 잘 볼 수 있는 기회가 열리기 때문이다.

그런 과정을 거쳐 얻는 내면의 평화로움은 노년이 가져다주는 선물이다.

물론 슈미트처럼 지금까지 전혀 생각지도 못했던 어떤 이와 인연을 맺는 것도 만족스런 노년을 위한 한 방편이기도 하다. 남을 돕고자 하는 이타주의는 노년을 풍족하게 하고, 많은 행복한 노년기를 맞이한 사람들이 공통적으로 가지고 있는 덕목이기 때문이다.

내 어머니의 모든 것

어머니는 죽지 않는다

어머니는 무엇으로 사는가

스페인 출신의 페드로 알모도바르 감독이 만든 〈내 어머니의 모든 것〉
이란 영화가 있다. 이 영화의 주인공인 마뉴엘라(세실리아 로스 분)는 예전에
는 연극배우였으나, 현재는 병원의 장기이식센터에서 일하고 있다. 하지
만 그녀에게 유일한 혈육인 아들이 연극배우의 사인을 받기 위해 뛰어가
다 자동차 사고로 뇌사상태에 빠지게 된다.

마뉴엘라는 힘든 결정을 내리게 된다. 아들의 장기를 다른 사람에게
기증하기로 말이다.

그녀는 자신의 직장을 그만두고 바르셀로나로 돌아간다.

과거 마뉴엘라는 강압적이고 폭력적인 남편을 피해 뱃속에 아들을 가
진 채 오래 전에 바르셀로나를 떠나왔었다.

그녀가 결정적으로 남편의 곁을 떠난 것은 남편의 폭력적인 태도뿐
아니라 남편이 게이이며, 유방확대술까지 할 정도로 여성이 되고자 하는

집착 때문이었다.

바르셀로나로 돌아왔지만, 예전보다 상황이 좋아진 것은 하나도 없었다.

남편인 롤라는 에이즈를 앓고 있음에도 불구하고 수녀 로사(페넬로페 크루즈 분)와 성관계를 가지는 바람에, 로사는 에이즈와 아기를 모두 가지게 된 것이다.

로사는 에이즈를 앓고 있어 누군가 돌봐줄 사람이 필요했다.

마뉴엘라는 남편에 대한 미움을 접고, 로사를 돌봐주기로 마음먹는다. 그래서 로사는 마뉴엘라의 도움으로 아기를 낳지만 이내 숨을 거둔다. 마뉴엘라는 아기를 자신이 키우기로 하고, 죽은 아들의 이름인 에스테반을 아기 이름으로 정한다.

영화 속의 마뉴엘라는 아들의 죽음으로 인해 무너지려는 자신을 추스르고, 자신의 고통과 슬픔을 받아들인다. 그녀는 그래서 희망의 싹을 틔울 수 있었다. 인생은 고해의 바다이며 순환의 연속이다. 마뉴엘라는 아들 에스테반을 잃었지만 그 아들의 장기로 인해 몇 사람의 목숨을 구하게 된다. 인생의 아이러니는 어떤 사람의 절망이 다른 사람에게는 또 다른 희망으로 작용한다는 것이다.

마뉴엘라는 자신을 지치게 하고, 슬프게 했던 모든 사람들에게 원한과 분노를 갖지 않으려 한다. 그녀는 원수 같은 남편의 아이를 받아들이고, 아들이 사인을 받기 위해 뛰어가다 교통사고를 당하게 한 연극배우 우마를 돌봐주기까지 한다. 이처럼 그녀는 갈가리 찢겨버린 인생의 자락들을 봉합하면서 자신의 상처도 치유받게 된다. 결국 인생은 고해의 연속이고 인생에는 우리의 앞을 가로막는 크고 작은 장애물이 존재한다고 미리 인정하고 있기 때문이다.

마뉴엘라는 아들이 죽었음에도 불구하고, 절망 속에 사로잡혀 있지 않는다. 그녀는 어머니이기 때문이다. 영화 속의 마뉴엘라는 대모신大母神을 연상시킨다. 모든 것을 품어주고, 모든 것을 받아주며, 자신의 품속에서 모든 것을 양육시켜주는 그런 이미지로 등장한다. 어머니의 사랑은 한계를 짓지 않는다. 또한 힘들여 누구를 사랑하려고도, 안아주려고도 하지 않는다. 그냥 어머니이기 때문에 자연스럽게 흘러나오는 감정에 따른 행동일 뿐이다.

또 다른 어머니의 이야기

영화 속의 마뉴엘라에 대한 얘기는 그만하고, 실제로 존재하는 또 다른 어머니를 만나보자.

"도대체 어떻게 하려고 자꾸 그러세요? 저랑 상의 좀 하고 결정하시죠."

진료실 책상을 마주 보고 앉아 있는 50대 중반의 아주머니는 고개를 숙인 채 아무런 말도 하지 못한다.

계속 나는 그 아주머니에게 화를 내기만 할 뿐이다.

"지난번에도 퇴원시키지 말라고 그렇게 말씀 드렸잖아요."

한참을 고개를 숙인 채 아무 말도 하지 않던 아주머니가 힘겹게 말문을 연다.

"그럼 어떻게 해요. 아들이 이번에만 퇴원시켜주면 다시는 가스를 불지 않는다고 약속을 하는데요. 부모 입장이 돼서 정신과 병원에 계속 입원시키는 것도 마음이 아프고, 아들이 하도 절실하게 얘기하는 바람에

하는 수 없이 퇴원에 동의를 했습니다. 선생님한테 혼날까봐 이번에도 퇴원시켰다는 얘기도 하지 못했어요. 그런데 이번에도 나가자마자 방 안에 틀어박혀서 부탄가스만 불어대고 있는 거예요. 처음에는 몰랐는데, 침대 밑에서 빈 깡통이 몇 개 나오길래 의심을 했는데, 이제는 아예 나 몰라라 하고 불어대니 속이 터집니다. 어떻게 다시 입원을 시켜야겠지요?"

그 아주머니, 아니 내가 담당했던 젊은 남자의 어머니는 이런 얘기를 하고 계속 눈물만 흘리고 있을 뿐이다.

여기서 제일 좋은 방법은 심각하게 중독된 부탄가스와 환자를 격리시키는 것밖에 없다.

하지만 이 마음 약한 어머니는 그동안 아들을 입원시키고는, 면회가 시작되어 아들을 만나게 되면, 아들은 항상 어머니에게 매달리면서 다시는 가스를 불지 않겠다고 눈물을 흘리고, 무릎을 꿇고 다짐을 한다. 그럼 어머니는 결국 퇴원동의서에 도장을 찍고 마는 것이다. 그것도 벌써 3번씩이나 말이다.

이 젊은 남자 환자는 가스중독이 되기 전부터 우리 의원에 내원했던 환자였다. 사회공포증, 남들 앞에 자신을 노출시키는 것을 극히 꺼려하는 질환을 가진 것이다. 여러 사람 앞에서 얼굴이 빨개지고, 말이 떨리고, 친하지 않은 사람과 식사를 같이 하면 손이 떨려서 음식을 집지 못할 정도로 심한 사회공포증을 앓고 있었다.

환자는 경험적으로 술을 마시면 이런 증세가 일시적으로 없어진다는 것을 알고 있었다. 그래서 처음에는 모르는 사람과 만나기 전 술을 한 병 정도 먹고 나가거나, 모임이 시작되면 얼른 술을 시켜서 급하게 술을 마

시고 자신의 불안증세를 없애게 되었다.

모든 중독물질에 대한 탐닉은 더욱 강한 중독물질을 찾게 된다. 그래서 찾은 것이 부탄가스였다. 그는 지방에 있는 여자친구 집에 기거하면서 하루 종일 부탄가스 5~6통을 부는 것이 일과였다.

그래도 어머니에게 이 환자는 3남매 중 막내이면서 가장 정이 많고 어머니를 생각해주는 아들이기도 하다. 그리고 환자가 5살도 되지 않아 남편이 사망하는 바람에 아버지의 사랑을 받지 못하고 자랐다고 생각한 어머니는 더욱 이 막내아들에 대한 사랑과 연민이 각별하다.

아들은 이 어머니에게 가장 사랑스럽지만 또 한편으로는 그만큼의 실망과 절망을 안겨준 아들이기도 하다. 가스에 취해서 아무런 저항도 하지 못하는 아들을 정신병원에 강제로 입원시키고 집으로 돌아가는 어머니의 심정을 누가 헤아릴 수 있을까?

그런 어머니의 아픔은 아무런 보상도 받지 못하고, 아들은 퇴원 후 반복되는 부탄가스 중독의 길로 들어섰고, 그때마다 어머니는 우리 의원에 내원해서 상의를 하곤 했다.

마음 약한 어머니의 후회

친척도 별로 없는 환자의 어머니는 혼자 힘으로 입원을 시킬 수 없어, 이번에는 사람을 사서 아들이 내려가 있는 부산으로 또 향하게 되었다.

얼마 후 어머니로부터 아들을 입원시켰다는 전화를 받았고, 나는 절대로 의사선생님 지시 없이는 퇴원시키지 말라는 당부를 몇 번이나 했었다.

하지만 이번에도 내 당부는 허사로 끝나고 말았다.

2주 후 어머니는 자신의 약을 타러 내원하게 되었다. 사실 남편과 일찍 사별하고 온갖 돈이 되는 일이란 일은 다하며 평생을 살았으니, 어머니에게 화병이 비켜갈리가 없다. 그래서 어머니도 우리 의원에서 몇 년 전부터 진료를 받고 있었다.

"어떻게 아드님은 병원생활 잘 합니까?"

거짓말을 잘 하지 못하는 어머니의 표정이 금방 굳어진다. 나는 이번에도 아들의 간청에 못 이겨 조기퇴원을 시켰다는 것을 직감할 수 있었다.

"벌써 아드님을 퇴원시키셨군요."

"이번에는 정말 아들이 절대로 가스를 불지 않는다고 했어요. 저는 이제 마지막으로 아들을 한번만 더 믿기로 했어요. 선생님 죄송해요. 우리 아들 약은 선생님이 지어주세요. 전에도 계속 다녔으니까요."

나는 아무런 대꾸를 하지 않음으로써 내 속상한 심기를 표현했다.

하지만 아들은 우리 의원에 오는 일이 없었고, 어머니가 자신의 약을 타러 오는 날 아들의 약을 타가곤 했다.

아들은 4번째 퇴원 후 곧 태국의 푸켓에 가 있었던 것이다. 이 환자는 자신의 증세로 인해 20대 초반부터 외국에 나가는 일이 많았다. 모르는 외국 사람들과 뒤섞여 있으면 증세가 덜 나타나기 때문이었다. 그렇게 외국에서 떠돌다 돈이 떨어지면, 우리나라에 들어와 몇 달을 지내다 나가는 일이 많았다. 사실 그 환자에게 돈의 여유가 있는 것이 아니었다. 게다가 어머니는 생활보호대상자로 한달에 1~2십만 원 나오는 돈으로 생활을 하고 있었다. 그 돈을 쪼개서 어머니는 아들을 외국에 보냈던 것이다. 여비만 마련해주면 아들은 외국에서 아르바이트를 하며 곧잘 생활했던 것이다.

처음으로 찾아온 어머니의 행복

시간이 지날수록 어머니에게 들려오는 아들의 소식은 희망적인 내용들로 채워지기 시작했다.

어찌어찌 푸켓에서 관광가이드를 하다가, 조금씩 돈을 모아 식당을 여는 등 자리를 잡아가고 있다는 것이다. 게다가 참한 여자친구도 생겨, 태국에서 같이 생활하면서 돈을 착실히 모은다는 소식이었다. 내심 나는 그 환자가 다시는 사회생활을 못하리라고 생각을 했었는데 말이다.

어느 날 어머니는 약을 2달분 타가겠다는 것이다. 아들이 푸켓에 놀러오라고 해서 간다는 것이다. 어머니는 그 어느 때보다 들떠 있었다. 아마 그녀가 인생에서 가장 행복했던 순간이었는지도 모른다. 환자는 푸켓에 다녀와서는 정말 천국 같다고 나한테도 꼭 가보라고 권유까지 하는 것이다.

짧은 행복, 하지만 너무나 커다란 슬픔

그 어머니는 6개월 전 또 아들이 태국으로 초청했다고 약을 몇 달분 타가게 되었다.

3달 후 어머니는 우리 의원에 오랜만에 내원하게 되었다.

진료실에 들어서는 어머니의 표정이 밝지 않다는 것을 금방 알 수 있었다. 조금 기분이라도 풀어 드리려고 나는 이제 당신의 자랑이 된 아들 얘기부터 꺼냈다.

"아드님 만나고 오셔서 좋으셨어요?"

하지만 어머니는 멈칫멈칫 말씀을 하려다 말고, 눈물만 흘리는 것이다. 그렇게 하염없이 눈물만 흘리고 아무런 말도 하지 않는 것이다.

"선생님, 아들이 죽었어요."
그리고 어머니는 참았던 울음을 터뜨리고 말았다.

그 말을 듣는 순간, 정말 머릿속이 하얘지는 느낌이었다.
청상이 된 여인을 지금까지 살아있게 했고, 지금은 태국에서 자리를 잡고 어머니를 초청하겠다고 돈을 모으던 착한 청년의 죽음은 도저히 믿기지 않았다.

갑작스런 아들의 사고사. 정말 인생은 가혹할 때는 잔인하리만치 한 사람의 인생을 짓밟아 놓는다는 생각이 들었다. 사실 삼남매를 키웠지만, 가장 말썽을 부렸던 이 아들만이 어머니를 이해하고 어머니를 기쁘게 한 인물이기도 했다. 다른 두 남매는 연락조차 안 될 정도로 어머니의 곁을 이미 떠나 버린지 오래되었기 때문이다.

어머니는 한국에 있는 아들도, 딸도 연락이 되지 않아, 죽은 아들을 만나러 가기 위해 먼 타국 땅까지 혼자 다녀와야 했다.
말도 잘 통하지 않는 외국에 홀로 나가 시신을 수습하고, 더운 타국 땅에서 아들의 관을 맴돌면서 가슴을 치면서 지냈을 것을 생각하니 더 이상 상담을 할 수 없을 정도로 참담한 기분이었다.

어머니는 죽지 않는다
어머니가 아들의 시신을 화장해서 푸켓의 아름다운 바닷가에 유골을 뿌리고 왔다는 말을 들었을 때 나도 도저히 눈물을 참을 수 없었다. 진료실에서 상담 중에 눈물을 흘려보기는 처음이었다. 그냥 눈물이 흘렀다.

증보2판 프로이트와 영화를 본다면

"제가 임대아파트 9층에 살고 있습니다. 거기서 뛰어 내리려고 몇 번이나 생각했습니다. 도저히 살아갈 희망이 없어서요. 그나마 그 자식 하나 믿고 살았는데 말입니다."

"그래도 살려고 오늘 여기 진료를 받으러 왔습니다, 선생님. 죽은 아들은 제가 슬픔도 절망도 다 털어버리고, 건강하고 즐겁게 살기를 바랄 겁니다. 그걸 알기에 저도 이를 악물고 살아보려고 오늘 여기 온 겁니다. 우리 아들이 원하는 대로 살아야지요."

《어머니는 죽지 않는다》라는 최인호의 소설이 있다. 어머니는 죽지 않는다. 그 말을 곱씹으며 그 분을 보내드렸다.

그리고 2달 전인가. 그분이 오셨다.

"선생님 그동안 책 쓰셨지요. 무슨 말인지 모르지만, 저 선생님 책 다 읽어봤어요. 선생님 제 얘기도 꼭 한 번 써주세요. 그냥 그러면 제 기분이 나아질 것 같아서요."

"네 알겠습니다. 그렇게 할게요."

이렇게 이 글을 마치면서 필자는 이 어머니와의 약속을 올해 안에는 지키려 한다.

스모크

인간의 만남, 그 우연과 축복

매일 똑같은 장면을 찍는 담뱃가게 아저씨

〈스모크〉란 영화를 다시 보고 싶었다. 언제 이 영화를 봤는지 기억이 가물가물하지만, 아주 인상 깊은 장면이 있었기 때문이다.

이 영화를 처음 볼 당시에는 사진에 대한 관심이 전혀 없었던 때라 주인공 오기(하비 키이텔 분)가 매일매일 똑 같은 장면의 사진을 14년 동안 찍었던 이유에 대해 조금 의아스럽다는 생각만 했었다.

오기는 작은 담뱃가게를 하고 있다. 이 담뱃가게에는 동네 사람들이 몰려와 이런저런 잡담을 늘어놓는 동네의 사랑방 구실을 한다.

그런데 특이하게 오기는 매일 아침 8시 브룩클린에 있는 자신의 담뱃가게 앞에서 사진을 찍는다.

내가 사진을 찍게 되면서 담뱃가게 주인인 오기는 왜 매일 똑같은 사진을 찍은 것일까 하는 의문이 생기게 되었다. 그래서 DVD를 구해 다시 이 영화를 보게 되었다.

증보2판 프로이트와 영화를 본다면

이 영화를 설명하기란 참 어렵다. 전형적인 영화들이 갖는 스토리가 아니기 때문이다.

마치 옴니버스 영화처럼 5명의 등장인물이 각각 자신의 삶을 보여준다. 그런데 이들 인물들은 결국 서로 이리저리 얽히면서 만나고 헤어지며 이런저런 인연으로 얽혀지게 된다.

오기에 대한 소개는 했으니, 다음 등장하는 인물인 폴 벤자민(윌리엄 허트 분)에 대해 얘기해보겠다. 그는 몇 년 전 노상 강도에게 아내를 잃은 후 더 이상 글을 쓰지 못하는 작가로 등장한다. 그는 우연히 길을 건너던 도중 차에 치일 뻔 한다. 이것을 세 번째 인물인 라쉬드 콜(해롤드 페리누 분)이 얼른 그를 차도에서 밀어내는 바람에 목숨을 구해준다.

신세를 지게 된 폴 벤자민은 갈 곳 없는 라쉬드 콜에게 몇 일간 자신의 집에서 지내라는 제안을 한다.

이어 등장하는 4번째 인물은 루비(스톡커드 채닝 분).

그녀는 18년 전 담뱃가게 주인인 오기를 배신하고 떠난 여인이다. 그런데 느닷없이 나타나서는 오기와 자신 사이에 딸이 있다는 말을 한다. 그런데 그 딸이 임신중이고, 마약중독에 빠져있으니 같이 찾아가자는 것이다.

반신반의하면서 오기는 루비가 가자는 대로 허름한 집에 가게 되고, 거기에 자신의 딸이라고 주장하는 젊은 여자를 만나게 된다. 하지만 그녀는 어머니인 루비에 대한 독설만 늘어놓을 뿐 전혀 오기나 루비의 도움을 받으려 하지 않는다.

둘은 쫓겨나다시피 해서 그 집에서 나오고 만다.

이제 마지막 인물이 등장할 차례다. 정비소를 운영하는 사이러스(포레스트 휘태거 분)다. 그런데 그 정비소는 곧 문을 닫아야 할 정도로 손님이 없다. 그래서 심기가 불편하던 차에 느닷없이 한 청년이 자신의 정비소 앞에서 하루 종일 앉아 있는 것이다. 그러니 마음이 편할리 없다. 사이러스는 자신도 어려운 처지에 놓여 있지만, 그 청년을 그냥 아르바이트생으로 고용한다. 그가 바로 폴 벤자민의 목숨을 구했던 라쉬드 콜이다.

이렇게 세 번째 인물인 라쉬드 콜과 다섯 번째 인물인 사이러스는 만나게 된다.

라쉬드 콜과 사이러스는 사실 부자지간이다. 사이러스는 18년 전 사랑하던 여인을 교통사고로 잃게 된다. 그 당시 둘 사이에는 아들이 있었는데, 그 아들이 라쉬드 콜이었다. 사이러스는 사랑하는 여인이 죽자 아들을 두고 떠나왔고, 그 후 그 일로 인해 죄책감을 가지고 살고 있었다. 그래도 세월이 약이던지 사이러스는 새로운 사람과 결혼을 해서 새로운 가정을 꾸미고 있었다.

첫 번째 인물인 오기와 네 번째 인물인 루비의 관계는 어떻게 됐을까? 오기는 루비의 어려운 처지를 알고 그동안 모아두었던 돈을 모두 그녀에게 준다. 오기는 루비의 말처럼 자신에게 친딸이 있는가, 없는가 하는 것은 중요하지 않았던 것이다.

그냥 그는 그녀의 말을 믿기로 한다. 아니 그는 믿었는지, 안 믿었는지 확실하지 않다. 하지만 오기는 루비의 딱한 사정을 알고 그녀를 도와주기로 마음먹은 것이다. 도와주는데 무엇이 사실이고, 거짓인가 하는 것이 뭐 그리 중요하겠는가.

그들은 이렇게 만나게 되었다

스모크는 인간의 '관계'에 대한 영화다.

우리네 인생은 많은 사람을 만나고 헤어지고 다시 만나고, 이런 인연을 반복한다. 우리는 어떤 사람을 만났을 때 우연히 일어난 일이라고 생각한다. 그냥 아무런 이유 없이 길을 가다가, 아니면 운동을 같이 하게 되서, 직장 동료로서, 학교 동창으로, 비행기 옆 좌석의 손님으로 만나기도 한다.

필자 자신도 하루에 많은 사람을 만난다. 물론 진료실에서 가장 많은 사람을 만나지만, 자전거를 같이 탄다는 이유로, 사진을 찍으면서 우연히 만난 사람에게 포즈를 취해달라는 부탁을 하게 되면서, 그냥 공원을 산책하다 벤치에 앉아 있다가 누군가를 만난다.

우리는 많은 이들과 아주 짧은 만남을 갖기도 하고, 또 그 짧은 만남이 긴 만남으로 이어지기도 한다. 또한 긴 만남도 어느 순간 끝나기도 한다.

작가인 폴 벤자민이 담뱃가게를 하며 매일 똑같은 사진을 찍는 오기의 사진을 보고 이렇게 얘기한다.

"모두 똑같은 사진들뿐이네."

그러자 오기는 이렇게 대답한다.

"아니야, 같은 사진이 아니지. 하루하루 빛이 다르고, 계절이 다르고, 사람들의 표정도 매일매일 다르잖아."

우리는 폴 벤 자민이 오기의 사진을 보고 모두 같은 사진이라고 생각하듯이, 다른 사람과의 만남도 모두 똑같다고 생각한다.

하지만 오기의 사진을 가만히 들여다보면, 알 수 있듯이 사진 한 장 한 장마다 사실 사진은 모두 다른 것을 보여주고 있다.

매일매일 찍는 사진이 다르고, 의미가 있듯이, 우리가 매일매일 만나는 인간관계도 같은 것이 아니다.

만남, 그 가벼움과 특별함

우리는 하루 중에도 우연히 어떤 사람을 만나기도 하고, 하루에도 여러 명과 이야기를 나누고, 어떤 사람과는 다투기도 하고, 누군가와 사랑을 하기도 하고, 남에게 신세를 지기고 하고, 누군가에게는 도움을 주기도 하고, 어떤 이와는 그냥 눈인사만 하고 헤어지기도 한다.

이렇게 매일 반복되는 만남에 대해 우리는 특별한 의미를 부여하지 않는다. 그냥 우연히, 아니면 어쩔 수 없이 만남과 헤어짐을 반복한다고만 생각한다.

인간의 만남에는 사소한 만남이라 하더라도 분명 의미가 있다.

단지 우리가 그 의미를 잘 모르기 때문에 일상이 매일 반복되고 있다고 생각할 뿐이다.

이 영화에서 5명의 인물들은 우연히, 또는 필연적으로 만나게 된다. 이 영화의 초반부를 보면, 인물들 간의 만남에 아무런 연관성이 없어 보인다. 하지만 영화의 후반부로 갈수록 이들 5명은 서로에게 중요한 역할을 하게 된다.

영화의 제목이 〈스모크〉인 이유는 담배연기처럼 인생은 가볍고 허무하다는 것을 표현하기 위함인지도 모른다.

그 가벼워 보이고 허무해 보이는 인생이 여러 사람들의 관계를 통해 묵직하게 변해갈 수 있다는 것도 보여준다.

우리네 인생에서 소홀히 대할 수 있고, 가벼운 것은 하나도 없다.

증보2판 프로이트와 영화를 본다면

하물며 인연을 통해 만난 인간관계란 얼마나 중요하고 무거운 것인지 모른다.

우리는 은연중에 다른 사람에게 폐를 끼치거나 피해를 주기도 하지만, 다른 사람에게 도움을 주기도 한다. 어떤 사람에게는 생명의 은인이 될 수 있지만, 곧 그 사람에게 부담이 되기도 한다. 내가 아무런 생각 없이 한 행동이 다른 사람의 인생에 커다란 영향을 끼치기도 하며, 반대로 내가 중요하다고 생각해서 남을 위해 해주었던 일이 아무런 의미가 없을 수도 있다.

그렇지만 어떤 관계이든 우리는 남들에게 영향을 주고 있으며, 또 우리는 다른 사람에게 영향을 받으며 인생을 살아갈 수밖에 없다.

우리 만남은 그냥 일상의 작은 일이 아니다. 하나의 우주와 또 다른 우주가 조우를 하며 서로 간에 커다란 영향을 주는 큰 사건이다. 단지 우리는 그 사실을 모르고 있을 뿐이다.

곰곰이 생각해 보면 우리가 만나는 모든 이들은 나에게 영향을 끼치고 있는 사람들이다.

아주 사소하고, 작은 만남이라 하더라도, 그 만남의 효과는 나중에 크게 다가올 수도 있으며, 내가 했던 작은 선행이나 도움이 다른 사람에게는 아주 커다란 도움이 되어 그 사람의 일생을 바꿔놓을 수도 있다.

그러니 하루하루의 만남을 소홀히 해서는 안 된다. 그 작은 만남 속에는 정말 우주보다 더 크고 무거운 의미가 담겨 있을 수 있기 때문이다.

네프 므와

2세의 탄생을 두려워하는 남자들

수컷을 잡아먹는 암컷

사마귀는 몸길이가 7~8cm 가량 되는 매우 호전적인 육식 곤충이다. 놈은 낫 모양의 앞다리를 들어 올려 다른 생물을 포획하기도 하고, 양쪽으로 다리를 벌리고 서서 적을 위협하기도 한다. 한 마리의 사마귀가 수레를 멈춰 서게 했다는 고사故事에서 연유한 '당랑거철'이라는 말도 사마귀의 이런 모습에서 생겨난 것이다.

서양에서는 그 같은 모습이 마치 기도를 하는 모습 같다 하여 'praying mantis'라는 이름이 붙었다.

그런데 놈의 자태에서 비롯된 사람들의 평판과는 달리 사마귀는 그 습성이 매우 특이해서, 교미를 할 때 암컷이 수컷을 죽일 뿐만 아니라 통째로 먹어 버리는 경우도 있다.

교미 도중 암컷에게 머리를 먹힌 수컷은 그저 반사적으로 교미 행동을 계속한다.

패트릭 부라우데 감독이 연출한 〈네프 므와〉*Neuf Mois*에서 사무엘은 연인 마틸드가 자신의 아기를 임신했다는 말을 듣고 난 후부터 사마귀 꿈에 시달리게 된다.

영화 중간 중간에 삽입된 사무엘의 꿈에는 사정없이 어떤 곤충을 게걸스럽게 잘라먹는 사마귀의 모습이 나타나고, 그때마다 사무엘은 소스라치게 놀라 잠에서 깨어나곤 한다.

흔히 배우자의 임신 소식을 들은 남자는 호들갑스럽게 여자의 배를 어루만지는 등 기뻐서 어쩔 줄 몰라 하는 것으로 묘사된다. 영화나 드라마에서 흔히 보는 장면이다. 그러나 실제로는 남자에게 배우자의 임신은 당황스럽고 불편한 소식일 수도 있다. 〈네프 므와〉는 이런 남자의 심리를 코믹하게 그리고 있다.

영화의 줄거리는 단순하다.

마틸드와 동거 중인 사무엘은 어느 날 청천벽력 같은(?) 소식을 듣는다. 마틸드가 임신을 했다는 것이다. 사무엘은 마틸드의 임신을 아주 부담스럽게 생각한다. 그래서 내심 마틸드가 임신 중절 수술을 받기를 바란다. 마틸드 역시 부담스럽기는 마찬가지였던 터라 그 일에 동의를 한다. 그러나 마틸드는 나중에 마음이 바뀌어 아기를 낳기로 결심한다.

어쩔 수 없이 아기 아빠가 돼야 하는 사무엘은 점점 아버지가 된다는 부담감에 시달린다. 그래서 마틸드의 곁을 떠나 다른 여자를 만나는 등 방황을 하기도 한다. 그러나 그는 끝내 마음을 돌려 마틸드의 임신을 받아들이고 아기의 탄생을 지켜본다.

사무엘이 배우자의 임신에서 두려워한 것은 무엇이었을까? 어떤 심리적인 부담 때문에 마틸드의 곁을 떠나기까지 했을까?

그런 심리는 사무엘에게만 있는 것이 아니다. 이런 내면의 갈등은 대개의 남성들이 은밀히, 또는 무의식적으로 느끼는 공통의 문제이다.

사무엘이 보인 임신에 대한 반응을 분석해 보면 크게 세 가지로 나누어진다.

첫째, 사무엘은 배우자의 임신으로 인해 상대적으로 배우자의 힘이 커지면서, 자신은 아내(가족)에 부속되는, 이를테면 수사마귀처럼 모든 것을 잃어버리는 존재가 되지 않을까 하는 불안감이 발동한다. 독립적인 존재에 대한 불안이다.

둘째, 태어날 자식에 대한 두려움이다. 자식이 자기의 자리를 차지하지 않을까 하는 의구심이다.

셋째, 이런 두려움과는 달리 임신을 할 수 있는, 생명을 잉태할 수 있는 여성에 대한 부러움의 감정인데, 이것은 사무엘이 앓는 가성 임신을 통해 나타난다.

처음 임신을 한 여자는 기쁜 마음으로 임신 소식을 남자에게 알린다. 이 때 첫아기를 가지게 된 남자는 자신이 여자에게 수태를 시킬 수 있다는 남성성男性性에 대한 자부심을 갖는다. 그러나 곧 이에 부수될 여러 가지 문제를 돌아봐야 하는 위기감이 찾아오는 것이다.

특히 현재 경제적 능력이 없거나, 미래에 대한 확신이 없는 남자들은 심각하게 자신의 능력을 점검하게 된다. 과연 나에게 가족을 부양할 능력이 있는가 하는 의문을 갖게 된다. 또 이제까지 단 둘만의 것이었던 공간을 아기에게도 나누어 줘야 한다는 각오도 해야 한다. 어쩌면 그보다 더 많은 부분을 이제부터 아기에게 양보해야 하는 결단이 필요해 진다.

배우자 이외에 부양가족이 한 명 더 는다는 것은 단순히 '1+1=2' 라는 등식의 성립으로 끝나는 것이 아니다. 그것은 이제 가족을 위해 보다 큰 희생을 감내해야 한다는 비장한 결단의 요구이기도 하다.

사무엘은 아기는커녕 배우자에 대한 책임조차 지기 싫어 마틸드와 동거 상태로 살고 있다고도 볼 수 있는 사람이다. 언제든지 들여 놓은 한 발을 쉽게 뺄 수 있도록 결혼을 미루고 있는 것인지도 모른다. 때문에 이제 아기까지 떠맡아야 한다는 현실은 그에게는 감당할 수 없는 무게로 느껴질 수밖에 없었다.

우선, 마틸드를 영원한 배필로 기정사실화해야 한다. 그뿐인가. 아기를 낳게 되면 아기 방을 마련해야 하고, 어쩌면 늘어난 양육비를 위해 부업을 해야 할지도 모른다. 그리고 교육보험도 들어야 할 것이다. 게다가 둘만이 누렸던 자유로움도 이제는 끝장이다.

이제까지는 언제든 마음만 맞으면 둘이 훌쩍 여행을 떠날 수 있었다. 그러나 이런 환상적인 동거생활도 이젠 끝이다. 사무엘은 이제 자신보다는 남을, 가족 전체를 먼저 생각해야 하는 처지에 놓이게 된 것이다. 그래서 그의 부모가 법석을 떨며 임신을 축하해도 그는 기쁘기보다는 두렵고 화만 난다.

아버지가 된다는 것

사무엘은 사마귀 꿈으로 자주 가위에 눌린다. 그것은 자신이 수사마귀의 처지로 전락하지 않을까 하는 두려움에서 비롯된 꿈이다. 암컷에게 잡아먹힌 수사마귀는 암컷의 알주머니에서 자라날 새끼들의 영양분으로 변하게 된다.

여기서 보이는 수사마귀의 공포는 사실 꼭 배우자에게 귀속된다는 두려움을 뜻하는 것은 아니다. 그보다는 독립적인 위치에서 가족의 일원이 되어야 한다는 의미이다. 그에게는 가족 속에 묻혀 자신의 존재가 아주 없어지지나 않을까 하는 두려움이 있는 것이다.

이제 겨우 부모의 영향권에서 벗어나 자기만의 독립된 생활을 영위하려던 남자가 다시 가족에 얽매이게 된다는 건 분명 부담스러운 일이다. 이런 부담감을 부채질하는 것은 임신 중에 보이는 여자의 태도이다.

임신 전까지 남자 중심으로 유지되던 가정의 질서가 그때부터는 여자 위주로 움직이기 시작한다. 그리고 이런 초조한 감정을 내색하지도 못하고 전전긍긍하고 있을 때, 도리어 여자는 당당하게 임신에 따른 여러 가지 과정을 즐기고 있는 것을 발견한다.

사무엘은 불안하고 어정쩡하게 임신한 마틸드의 주위를 맴돈다. 그는 이제 수동적인 입장에 놓여 있고, 모든 것은 이제 마틸드 위주로 움직여지게 된다. 입덧을 하는 마틸드를 위해 입맛에 맞을 만한 음식을 찾아 밤새도록 거리를 돌아다니며 구해 오지만 그녀는 입에 대지도 않는다.

사무엘의 불안을 더욱 부채질하는 것은, 마틸드가 사무엘보다 아기에게 더 관심을 가지게 되면서부터이다. 임신한 여자는 본능적으로 무엇보다 자기 안의 생명체에 관심을 가진다. 아기의 안위에만 신경을 쓰는 마틸드의 태도 때문에 사무엘은 소외감을 느낀다. 그래서 '아, 수사마귀의 꿈은 결국 현실로 들어맞는구나' 하고 그는 탄식한다.

사무엘이 이 같은 소외감을 결정적인 것으로 만든 것은 성관계이다. 남자들은 흔히 성관계가 남녀 간의 친밀성을 반영하며, 밖으로 표현되는 애정의 척도라고 믿는다. 따라서 성관계의 거부는 자기 전체에 대한 거부라는 오해를 한다. 그런데 잠자리에서 마틸드는 사무엘을 멀리하기 시작한 것이다. 그녀는 성관계가 뱃속의 아기에게 영향을 줄까봐 피한 것뿐이었다.

여기에는 보편적인 여성의 정서가 숨겨져 있다. 여성들은 어머니란 심리적으로 무성無性적인 이미지를 간직해야 한다고 생각한다. 그런데 이게 지나쳐 임신을 너무 신성시하고, 성행위에 의해 심신이 더럽혀져서는 안 된다는 마돈나 (동정녀 마리아) 콤플렉스에 빠지는 경우가 간혹 있다.

우려했던 사실이 현실로 나타나면서 사무엘은 점점 초조해지고, 급기야 아기뿐 아니라 마틸드 마저도 부정하는 지경에 이르러 그녀의 곁을 떠난다.

아버지가 된다는 것의 두려움

이 영화는 또 태어날 자식에게 자신의 자리를 뺏겨야 할 처지에 놓이게 되는 남자의 심정을 그리고 있다.

임신으로 인해 아내의 관심이 온통 아이에게만 쏟아 부어지기 때문에, 사무엘은 어느새 주인공의 자리에서 밀려난다. 아내는 어머니의 역할을 준비해야 하는 것이다. 그래서 모든 사고와 행동이 아이 위주로 바뀌게 된다. 그리고 아버지는 이제 서서히 집안의 중심에서 자리를 내놓아야 한다.

사무엘은 이미 그것을 알고 있다. 아내는 아기와 함께 거의 모든 시간을 지내게 될 것이라는 사실을, 아내의 가슴도 이제는 아기 차지가 된다. 그리하여 아기는 결국 아버지의 힘을 약화시킬 것이다. 어쩌면 아버지에게 도전하고, 그의 자리를 위협할지도 모른다.

그리스 신화에는 '아들이 태어나 아비를 죽이고, 어미를 아내로 삼을 것이라'는 오이디푸스의 탄생 신탁이 있고, 최초의 아버지로 그려지는 우라노스는 자신의 자식을 낳자마자 감금한다. 우라노스의 아들인 크로노스는 아이를 낳자마자 아예 삼켜 버린다. 이 같이 오이디푸스의 아버지 라이오스와 우라노스, 크로노스의 신화는 자신의 자리를 자식에게 빼앗기지 않으려는 불안한 남자의 심정을 반영하고 있다.

그런 두려움을 영화에서는 사무엘이 치료하는 소년 환자를 통해 보여준다.

영화에서 정신분석가로 나오는 사무엘은 아버지에 대해 심한 불만을 갖고 있는 소년의 정신 치료를 한다. 이 소년은 입만 열면 제 아버지 욕을 한다.

"형편없는 인간이에요. 난 아빠를 증오해요. 책임감 없는 지독한 이기주의자가 왜 애는 낳았는지 모르겠어요."

마틸드가 임신한 뒤 시간이 지날수록 이상하게도 사무엘은 이 소년을 피하려 한다. 그것은 사무엘이 이 소년 환자를 통해 앞으로 자신이 자식에게 당하게 될 수모와 두려움을 매우 걱정하고 있는 것을 표현한 것이다. 사무엘은 자식에게 자신의 자리를 물려줘야 하며, 자식은 도전적으로 자신의 자리를 차지하려 들 것이라는 강박감에 사로잡혀 있다.

정신 치료를 받고 있는 소년 환자는 사실은 사무엘의 마음속에 자리 잡고 있는 이 같은 그의 미성숙한 부분을 표현하고 있다고 볼 수 있다.

마음속에 있는 자식에 대한 두려움, 자식이 자신의 위치나 권위를 손상하지 않을까 하는 생각을 소년 환자의 입을 통해 간접적으로 보여주고 있는 것이다.

사무엘의 이런 두려움은 소년 환자의 입을 통해 토로된다.

"실컷 키워 놓고 개자식이란 소리나 들으려고?"

소년은 자기 얘기를 할 뿐인데, 그때마다 자신의 두려움이 증폭되는 사무엘은 녀석이 제발 치료 받으러 오지 않기를 바란다.

소년 환자는 처음부터 끝까지 자신의 문제를 모두 아버지 탓으로 돌린다. 아버지 때문에 자신이 이렇게 됐고, 무책임하게 자기를 낳았다고 불평한다. 그와 마찬가지로 사무엘은 자신이 겪는 마음고생은 모두 마틸드나 뱃속의 아기 때문이라고 책임을 전가한다. 그러나 그것은 아기의 출산을 받아들이지 못하는 자신의 문제일 뿐 마틸드나 아기의 탓은 아니

다. 그러나 사무엘의 마음속에 있는 독점적인 어린애 같은 생각은 계속 소년처럼 속삭인다.

"모든 것은 아기 때문이다. 그 애는 너의 영역을 침범하고 너의 자리를 차지하려고 한다. 결국 너 역시 아들에게 모든 것을 빼앗기고 말 것이다."

이런 갈등 속에 연인의 임신을 부정하던 사무엘은 비디오테이프에 담긴 아기의 초음파 장면을 보고는 아기를 받아들이기로 결심한다. 작은 물체가 조금씩 움직이며 힘차게 뛰는 심장의 움직임에서 그는 생명에 대한 경외감을 느꼈기 때문이다.

영화에서는 사무엘의 어린시절이 묘사되어 있지 않지만, 자녀가 아버지의 자리를 차지할 것이란 두려움은 어린시절 겪었던 경험과 관련이 많다. 특히 어린시절 동생의 출생으로 인해, 부모의 관심을 동생에게 빼앗겼던 경험이 있는 사람에게는 이 같은 심리가 더욱 크게 작용한다. 이런 사람은 어린시절의 경험을 되살려 다른 사람보다 더 자녀의 출산을 두렵게 여긴다.

그동안 부모의 유일한 관심 대상이었고, 모든 것을 마음대로 할 수 있었던 왕자의 자리를 어느 날 갑자기 동생에게 빼앗긴다고 상상해 보라. 이때의 충격을 천국에서 쫓겨난 느낌이라고 표현하는 이도 있다.

그런 기억과 함께 이번에는 다시 자식에게 왕자의 자리를 내주어야 하지 않을까 하는 두려운 감정이 되살아나는 것이다.

또 하나, 어린시절 동생을 잘 돌봐 주지 못해 자주 부모에게 야단을 맞은 사람이라면, 그때의 부담감이 되살아나 자신의 무능력이 드러나게 될 것이라는 두려움을 느끼게 된다. 자식을 돌봐 줄 일이 무엇보다 큰 걱정으로 다가오는 것이다.

임신에 대한 이러한 두려움은 여자에게도 해당되는 사항이지만, 남자에게 더욱 절실하게 여겨진다. 그것은 가부장제 사회에서 아들이 우대되어 온 전통 때문이다. 항상 관심의 초점이 되었던 경험을 가지고 있는 아들에게는 자리를 내어 준다는 사실이 더욱 힘든 일로 여겨진다.

배우자의 임신은 남자에게는 하나의 통과의례이다.

그는 이제 조금씩 태어날 아기에게 모든 것을 양보할 준비를 해야 하며, 자식의 비난에 대해서도 너그러워질 준비를 해야 한다. 권위에 대한 도전은 언제 어느 곳에나 있었으며, 그에 대한 정당한 관용은 바로 자식이 아닌 자신에 대한 너그러움이기도 하다.

그는 이제 자신이 독립적으로 조명을 받아야 하는 존재가 아니라 다른 사람과 그것을 나누어 가져야 한다는 마음의 준비가 필요하다. 그렇지 않으면 그는 아기가 태어난 후에도 자식과의 경쟁의식에 사로잡히게 된다.

자식을 받아들일 준비가 되어 있지 않은 아버지는 자식과 계속 경쟁하거나, 자식을 보호한다는 명분 아래 아들이 성장한 후에까지 후견인 노릇을 하며 간섭하게 된다.

사무엘은 결국 끊임없이 아버지의 욕을 하는 소년 환자를 때려눕히고 만다. 그로써 그는 자기 안에서 계속 조잘대며 자식과의 경쟁을 부추기고 자식을 받아들이지 말라고 꼬드기는 미성숙한 부분을 부숴 버린 것이다. 그리고 그는 연인의 임신을 받아들인다.

이처럼 남성, 아버지가 거쳐야 할 통과의례는 배우자의 임신으로만 가능하다. 부부만 존재할 때는 상관없지만 아기의 탄생은 스스로 이런 문제를 해결하도록 강요하는 것이다. 그래서 아기가 탄생하기까지 9개월간 그를 받아들일 준비를 해야만 그 후의 양육의 갈등에 휩싸이지 않게 된다.

남근 선망과 자궁 선망

다음은 여성에 대한 선망의식에 대해서 생각해 볼 차례이다.

프로이트는 여성을 '거세된 남성'이라고 보았다. 그래서 여성은 어린 시절 남자아이가 가진 남근을 보며 자신도 그것을 갖길 바라는 남근 선망이 생긴다고 하였다. 이로 인해 여성은 자기애적인 손상을 가져오며, 평생 동안 열등감에 사로잡히고, 그 열등감을 회복하기 위해 남들로부터 사랑을 받으려 한다고 하였다.

프로이트는 남성과 여성의 신체적 특징을 운명이라고 보았다. 따라서 이것은 변경될 수 없는 것이라고 정의하였다.

이런 프로이트의 초기 이론은 아무런 문제없이 받아들여졌으며, 어떤 의문도 제기되지 않았다. 그러나 시간이 지나면서, 학자들 사이에 하나둘이 같은 프로이트의 생각에 의문을 제기하는 이들이 생겨나기 시작했다.

이들은 남근 선망이 나타나게 된 것은 프로이트가 살던 시대의 가부장적인 문화적 영향에서 기인한 것이라고 주장한다. 가부장제하에서 남성은 여성에 비해 많은 특권을 누리고 있었으며, 남성들에게 권력이 집중되었고, 남성의 의도에 따라 특권이 정해졌기 때문이다. 여자의 남근 선망, 즉 남성에 대한 부러움은 운명적인 것이 아니라, 이와 같은 사회적 특권 계층에 대한 선망이라는 것이다.

아무리 우수해도 하등 시민으로 살아야 하는 여성에게 남자가 되고 싶은 소망은 당연한 것이다. 따라서 그것은 이미 정해진 운명, 뱃속의 결정이 아니라 후천적으로 생기는 것으로서 남성의 관점에서 본 이론이라는 것이다.

이처럼 프로이트의 이론을 반박할 수 있게 된 근거는, 정신 분석가들이 여성을 분석해 본 결과 모든 여성들이 남근 선망이나 남자에 대한 부러운 감정을 가지고 있는 것이 아니라는 결론을 얻었기 때문이다.

반대로 오히려 남자들이 여성의 신체에 대한 선망을 보이는 경우가 있는데, 이를 성전환 장애라고 부른다. 성전환 장애는 남자의 신체를 가지고 태어났으나, 자기는 남자가 아니라 남자의 신체에 갇힌 여성(게이)라고 생각하여, 성전환 수술을 해서라도 여성의 신체를 갖기를 원하는 증상이다. 반대로 여성의 경우는 자기를 여성의 신체에 갇힌 남성이라고 생각하고 남성으로의 성전환을 원한다.

이 증상의 원인에 대해서는 여러 가지 설이 있으나, 기질적인 원인과 심리적인 원인이 복합적으로 작용한 결과로 보고 있다.

성전환 장애는 여성보다 남성에게 훨씬 많다. 여자보다 많은 특권을 가지고 있는 남자에게 왜 더 많은 성전환 장애가 나타나는 것일까?

남성성은 전통적으로 우리의 사회에서 힘과 특권의 상징으로 여겨져 왔다. 그런데 어떤 남성은 왜 이 같은 특권을 버리기를 원하는 것일까?

이런 점은 남성이 여성의 신체에 대해 보편적으로 더 많은 선망을 가지고 있다는 증거가 될 수 있다.

이런 성전환 장애처럼 남근 선망이 아닌 여자의 신체에 대한 선망을 보여주는 것이 사무엘에게 나타난 가성 임신이다.

가성 임신은 매우 드문 예로서, 환자는 임신의 증상과 징후를 그대로 나타낸다. 배가 불러오고 가슴도 커지며, 색소 침착이 오고 월경이 중단되며, 아침에는 헛구역질까지 난다.

가성 임신을 처음으로 보고한 사람은 히포크라테스이다. 그리고 영국 여왕 메리 튜더는 두 차례나 가성 임신을 하였다는 기록이 있다. 가성 임신은 일반적으로 여자에게 나타나는 증상으로 되어 있으나 매우 드물게 남자에게도 나타난다.

이와 유사한 증상으로 임신과 관련되어 남자에게 나타나는 증상 중에 쿠바드 증후군 couvade syndrome 이 있다. 쿠바드 증후군은 아내의 출산을 전후로 나타나는데, 남편이 마치 자신이 아기를 낳는 것처럼 자리에 눕거나 진통을 경험한다. 이런 쿠바드 증후군은 여러 문화권에 공통적으로 퍼져 있는 현상이다.

왜 사무엘은 갑자기 복통을 일으키는 등 가성 임신의 증상을 보인 것일까? 물론 남자가 가성 임신을 하는 경우는 매우 드물다. 가성 임신은 남자가 비밀스럽게 간직하고 있는 여성의 신체에 대한 선망을 나타낸다.

여자가 임신을 해 있는 동안 남자는 매우 수동적으로 바뀐다. 주도권은 여성에게 넘어가고, 남자는 전전긍긍하며 임신한 배우자의 주변을 맴돌 뿐이다.

자궁은 신비한 장소이다. 이곳은 성전, 집, 생명의 근원 등을 상징한다. 자궁은 우리의 육체적 존재가 시작되는 장소인 것이다.

남자는 임신한 배우자를 보면서 자신도 생명의 근원이 되고 싶어 한다. 여성의 생식력에 대한 선망이다.

사무엘의 증상은 쉽게 말해 자궁 선망인 것이다.

사무엘은 다소 과장되게 가성 임신까지 앓았지만, 어쩌면 이것은 그만큼 배우자가 생명을 창조해낸다는 신비한 사실에 대한 부러움을 솔직하게 드러낸 것으로 볼 수 있다. 자궁을 가지고 있는 여자에 대한 부러움이다.

어쨌든 사무엘은 우여곡절 끝에 마틸드의 출산을 지켜본다. 그러나 그는 마지막까지도 출산을 지켜보는 것을 두려워한다. 그것은 이제 곧 이루어질 아이와의 직접 대면에 대한 두려움 때문이다. 이제 아이의 존재를 눈으로 확인하고 인정해야 한다.

그는 아기와 직면할 용기가 없다. 하지만 그는 이제 빠져 나갈 구멍이 없다. 아기는 산도를 통해 나오고 있고, 스스로 두려움을 해결하는 마지막 관문을 통과해야만 한다. 그것은 아기의 탯줄을 직접 자르는 일이다.

그는 부들부들 떨리는 손으로 결국 아기의 탯줄을 자른다.

그것은 사무엘이 자신의 어린애 같은 부분과 단절하고, 당당한 한사람의 성인으로 들어가는 통과의례이다.

아이다호

가정 해체의 희생자들

잠과 죽음 사이

그리스 신화에 나오는 잠의 신 솜누스 *Somnus* 와 죽음의 신 타나토스 *Thanatos* 는 형제간이다. 잠과 죽음은 똑같지는 않지만, 뭔가 공통점이 있다고 생각되어 신화도 그렇게 만들어진 것 같다.

잠과 죽음은 남과 나누어 가질 수 없는 것이라는 점에서 서로가 닮았다. 잠 속에 나타난 꿈도 남들에게 얘기는 해줄 수 있지만, 생생한 꿈 전체를 그대로 옮겨줄 수는 없다. 물론 죽음도 마찬가지다. 의식과의 단절도 잠과 죽음을 통해 이루어진다. 주기적인 의식과의 단절이 잠이라면, 죽음은 영원한 결별이다. 힘든 일상사를 잊기 위해, 현실의 어려움을 피하고자, 지친 심신의 휴식을 위해 잠 또는 죽음에 빠져든다는 점에서도 둘은 형제간임이 분명하다.

잠과 죽음의 모호한 관계 속에 빠진 한 청년이 죽음 같은 잠에 빠져

들면서 시작되는 영화가 있다.

노란 들판을 가로지른 길 위에서 한 젊은 남자가 선문답禪問答 같은 독백을 하다 그대로 쓰러져 잠이 들어 버린다. 대지를 물들인 황혼이 잦아들며 어둑어둑 땅거미가 지기 시작한다.

가슴을 저미는 이상한 아름다움과 쓸쓸함이 교차하는 첫 장면으로부터 구스 반 센트 감독은 영화의 실마리를 풀어가기 시작한다.

주인공 마이크(리버 피닉스 분)는 수면장애의 일종인 기면증narcolepsy 환자다. 기면증 때문에 그는 감정적으로 흥분할 때마다 근육의 힘이 풀리며 땅바닥에 쓰러져 잠이 들어 버린다.

근본 없는 떠돌이 남창男娼인 마이크에게는 부유한 시장의 아들인 스코트(키아누 리브스 분)라는 친구가 있다. 집을 뛰쳐나와 자유롭게 살아가는 젊은이다.

둘은 남자 고객의 집에서 우연히 만나 친해지고, 죽이 맞아 마이크의 형을 만나기 위해 함께 아이다호로 찾아간다. 그러나 마이크가 자신의 형이라고 알고 찾아간 사람이 실은 그의 아버지로 밝혀진다.

마이크가 한 살 때 정부를 총으로 쏜 그의 어머니가 정신병원에 수용되면서 가족들은 뿔뿔이 흩어졌던 것이다.

아버지로부터 어머니가 있는 곳을 알게 된 마이크는 이번에는 이탈리아로 어머니를 찾아 떠난다. 그러나 이탈리아에 가보니 어머니는 이미 그곳을 떠난 뒤였고, 너무 실망한 마이크는 울음을 터뜨린다. 더구나 스코트가 그곳에서 카르멜라(키아라 카셀리 분)라는 소녀와 사랑에 빠지는 바람에 마이크는 혼자 귀국한다. 카르멜라를 사랑하게 된 스코트는 뜨내기 생활을 청산하고 아버지의 품으로 돌아간다.

마이크는 이제 다시 혼자가 되었다.

다시 영화의 첫 장면 같은 노란 들판과 길이 보이고, 마이크는 길 위에 쓰러져 깊은 잠에 빠진다. 자동차 한 대가 지나가다 멈춘다. 두 명의 사내가 차에서 내려 마이크의 짐과 소지품을 턴다. 무심한 구름은 그림자를 드리우며 벌판 위로 달려가고, 그는 차에 태워져 어디론가 실려 간다.

기면증으로 인해 마이크는 여러 차례 간질 환자처럼 갑작스럽게 힘을 잃고 쓰러진다. 기면증은 시도 때도 없이 갑작스럽게 잠이 쏟아지는 병이다. 기면증에 동반되는 증상으로는 졸음을 도저히 참을 수 없어 아무 때나 잠이 드는 수면 엄습 _sleep attack_ 뿐 아니라 수면 발작 _cataplexy_, 입면 환각 _hypnagogic hallucination_, 수면 마비 _sleep paralysis_ 등이 있다.

마이크가 갑자기 쓰러지는 것은 수면 발작 때문인데, 온 몸의 근육에서 일시적으로 힘이 빠지면서 나타나는 현상이다. 신체의 어느 일부 근육에만 힘이 빠지면 얼굴이 일그러지거나 목소리가 제대로 나오지 않는 현상이 나타나지만, 마이크처럼 전신의 근육이 모두 포함되면 갑작스럽게 자세가 흐트러지며 그 자리에 무너져 내린다.

수면 발작은 감정상의 동요로 인해 일어난다. 영화에서도 마이크가 아버지와 다투느라 감정적으로 격앙되었다든지 여자와 포옹을 하며 성관계를 가지려 할 때의 흥분된 상태에서 이 수면 발작을 일으킨다.

기면증은 남들에게 농담을 건넬 때나 높이 뜬 공을 잡기 직전의 긴장된 상태 등에서 가장 많이 나타난다.

이 영화의 연출자는 왜 주인공을 기면증이라는 희귀한 질병을 가진 인물로 설정하고 있을까?

아마도 그건 마이크의 심리적인 상태를 명확하게 보여주고자 하는 의도에서였는지도 모른다. 마이크의 수면 발작은 치유를 필요로 하는 일반적인 개념의 질병으로서보다는 그의 인격에 자연스럽게 녹아들어 있는 성격의 한 부분으로 표현한 것으로 보인다.

기면증은 마이크가 현실의 어려움이나 위기 상황에 맞닥뜨리게 되었을 때 그 문제에 직면하지 않고 피해가게 하는 기능을 하고 있다. 몸을 팔기 직전이나, 형이 사실은 아버지라는 것을 알았을 때도 그는 쓰러진다.

사랑하는 대상의 상실

자고 일어나면 그는 누군가에 의해 다른 장소, 다른 시간으로 옮겨져 있다. 그러나 기면증이라는, 성능이 별로 좋지 못한 타임머신은 몇 시간의 유예를 그에게 줄 뿐, 잠이 깬 후의 세상은 예전보다 좋아진 것도 나빠진 것도 없는 그저 그런 세상이다.

기면증은 또한 마이크가 동경하고 있는 세계를 잠깐씩 아주 감질나게 보여주기도 한다.

잠들 때마다 마이크에겐 여러 가지 풍경이 잠시 동안 어른거리며 지나간다. 이것이 기면증에서 실제로 나타나는 입면 환각을 표현한 것인지, 아니면 마이크의 짧은 꿈을 표현한 것인지는 확실히 알 수가 없다.

물살을 거슬러 올라가는 연어 떼, 중년 여인의 무릎을 베고 있는 마이크, 아주 어린 아기를 어르는 젊은 여자의 모습이 등이 마이크가 기면증에 빠져들 때 삽입된다.

그 중에서도 비디오카메라로 찍은 것처럼 화면이 흔들리고 흐릿하게 보이는 장면이 있는데, 어린 아기를 안은 젊은 여자의 모습이다. 아마도 마이크를 안고 있는 어머니의 모습으로 짐작되는데, 감질날 만큼 흐릿하게 카메라가 원경으로 잡고 있다.

이 모자^{母子}의 모습은 가끔씩 영화 중간 중간에 삽입되어 관객들로 하여금 궁금증과 더불어 뭔지 모를 쓸쓸함을 느끼게 해준다.

마이크는 이런 꿈속 같은 영상을 쫓아간다. 마치 금방 끊어질 것 같은 가느다란 실을 잡고 조금씩 앞으로 당기며 미로를 헤매는 사람처럼.

"정상적인 가정에서 정상적으로 자랐다면 나도 균형 잡힌 사람이 됐을 텐데."

마이크가 얼 띤 사람처럼 스코트에게 이런 말을 중얼거리는 장면이 있다. 부모로부터 버림받은 그지만 무덤덤하게 이렇게만 말할 뿐 거기엔 세상에 대한 아무런 원망도 섞여 있지 않다.

그는 세상에 발붙이고 있지만 심정적으로는 세상에서 유리된 채 살아가고 있다. 이런 인생에 대한 무감각으로 사회의 밑바닥을, 그저 힘들면 잠을 자고, 눈을 뜨면 걸어 다닐 뿐이다.

이것은 어린시절 산산이 부서진 가족에 관한 경험에서 비롯된 것이다.

정신병원에 수용된 어머니와 갑작스럽게 헤어지게 된 마이크는 어머니가 빨리 돌아오기를 바라는 소망과 버려진 것에 대한 분노를 밖으로 표출하는 대신 현실로부터의 고립을 택했다고 보아야 할 것이다. 그리고 분노와 소망은 마음속 깊은 곳에 넣고 잠가 둔 채, 꼭 필요한 세상과의 교류는 마음의 작은 부분으로만 대행케 하고 있는 것이다.

마음을 활짝 열고 세상과 접촉한다는 것은 그에게는 너무도 힘든 일이다. 그래서 택한 현실로부터의 도피는 많은 이점을 그에게 안겨준다. 그는 어떤 힘든 일을 당하거나, 아무리 아픈 이별이 반복되어도 동요되지 않으며 상처를 최소화한다.

그저 무덤덤하게 세상을 보고, 겪어 나갈 뿐이다. 그러다 보니 그는 아직까지 사람 사귀는 법을 배우지도, 배울 필요성도 없었다. 그래서 그는 동성연애의 감정에서라기보다는 모호한 성의 정체감으로 인해 남창 짓을 하고 있는 것인지도 모른다.

사랑하는 방법조차도 그는 모른다. 친구 스코트에게 고백한 사랑의 감정이 고작 "난 돈을 안 받고도 누군가를 사랑할 수 있어"라는 말이었다.

그는 처음으로 자신과 동행을 해주고 자신을 위해 뭔가를 해준 스코트를 진심으로 사랑했다.

마이크를 둘러싸고 있는 상황 중에 자신의 의지가 개입되어 있는 것이라곤 아무것도 없다. 어린 날의 어머니와의 이별, 그리고 상당한 기간 동안 아버지를 형이라고 알았을 만큼 부서져 버린 가정환경도 그렇다.

어머니의 사랑은 기억하지 못하지만, 본능적으로 그에게는 모성에 대한 열망이 남아 있었다. 자신이 편안하게, 지친 육신을 무릎에 올려놓고 쉴 수 있는 그런 곳이 필요했다. 그래서 영화에는 태생지를 찾아오는 연어의 회귀 장면이 반복된다. 그러나 그의 꿈은 이루어지지 않는다. 도리어 자신의 마음을 열어 보여준 스코트만을 잃게 된다. 스코트는 원래 자신이 있던 부유한 환경으로 돌아갔지만, 마이크는 다시 혼자 남게 된다.

가정, 혹은 가족에 대한 가치관이 심하게 흔들리고 있는 세태 속에서 많은 이들에게 이제 가정이란 다시 돌아갈 수 없는 곳이 되고 있다. 이혼율의 증가로 인해 어머니와 아버지는 따로 떨어져 살게 되며, 가족이 흩어져 있지 않더라도 구성원 사이의 깊은 단절은 어느 한 곳도 마땅히 쉴 수 있는 곳이란 없다는 생각을 들게 한다.

마이크에겐 사랑하는 대상의 상실이 반복되어 일어난다. 그래서 그는 반복해서 기면증으로 빠져든다.

그는 다시 길 위에 서지만 죽음 같은 잠은 그를 또다시 거꾸러뜨린다.

그리고 그의 운명은 누군가에 의해 다른 장소로 옮겨진다.

🚉 기면증이라는 이름의 병

〈아이다호〉의 주인공이 앓고 있는 기면증과 동반해서 나타나는 증상 가운데 하나인 입면 환각 *hypnagogic hallucination*은 드물게 나타나는 증상으로서, 잠이 들거나 잠이 깰 때 환청이나 환시가 나타나서 환자를 놀라게 하지만, 곧 그것이 실제로 나타난 것이 아니라 헛것이 보이거나 들렸다고 금방 스스로 알아챌 수 있다.

수면 마비 *sleep paralysis*는 우리가 흔히 가위 눌렸다고 하는 증상으로, 기면증이 아닌 사람에게도 나타날 수 있다. 즉, 의식은 명확하게 깨어 있는데 도저히 자신의 몸을 움직일 수 없는 상태로서, 마치 영혼이 어딘가에 갇혀 버린 느낌이 든다.

기면증의 가장 중요한 증상은 시도 때도 없이 찾아오는 수면 엄습 *sleep attack*인데, 초기에는 밥을 먹거나 전화를 받는 중, 또는 운전 중에 잠이 들어 버리는 증상으로 시작한다.

수면 엄습 시 졸음의 정도는 3일 밤을 뜬눈으로 새고 난 후의 느낌이라고 환자들은 표현한다. 그러나 기면증 환자들의 수면 시간이 일반인들보다 많은 것은 아니다. 하루 24시간 중 수면 시간을 모두 합해도 환자들의 수면 시간은 8시간을 넘지 않는다. 또한 야간에 정상적으로 숙면을 취해야 하는 시간에는 도리어 자주 잠이 깨고 깊은 잠을 못 자는 특징이 있다.

기면증을 치료하지 않고 방치할 경우 집중력의 저하로 인한 성적의 하락과 주변의 놀림 등으로 우울감, 자신감 결여 등이 나타날 수 있으며 성격도 변할 수 있다.

기면증은 청소년기에 주로 시작되며 한참 공부하고 자신의 발전을 꾀

해야 하는 시기에 나타난다는 점이 커다란 문제가 된다. 무엇보다 위험한 것은 갑작스럽게 잠이 들거나 심하게 조는 증상으로 인해 공장에서는 안전사고가 생길 수 있으며, 운전 중 교통사고를 유발하기도 한다.

기면증은 유전성이 있는 질환으로서, 부모가 기면증일 경우에는 자녀들이 사춘기에 들어설 즈음부터 증상이 나타나는지의 여부를 세심하게 관찰해야 하며, 생각보다 많은 환자들이 존재한다 *(10,000명당 4명)*.

기면증에 동반하는 수면 발작 때문에 기면증을 간질의 일종으로 잘못 아는 경우가 있으나 간질과는 다르며, 수면 발작이 감정적인 원인으로 유발되기는 하지만 기면증은 근본적으로 뇌의 이상 *(신경전달 물질의 이상)* 에 의한 기질적인 질병이다.

기면증 치료의 시작은 이러한 사실을 환자에게 설명해 줌으로써 자신의 질병에 대한 편견을 가지지 않게 하는 것이 중요하다. 또한 수면 발작의 양상과 경과를 교육하여 환자들이 겪을 당황감과 신체적인 손상을 최소화할 수 있다.

여인의 향기

인간은 왜 자신의 목숨을 끊는 것일까?

자살자는 신호를 보낸다

여보, 당신을 사랑합니다. 당신이 돌아가신 후 나를 지키며 꿋꿋하게 살려고 했는데 주변에 있는 남자들이 편하게 놔두지를 않는군요. 나를 사랑해 주고 지켜 줄 오직 한 사람 당신을 찾아 오늘 갈 거예요. 아이까지 죽었으니 이제 나도 당연히 죽어야 합니다. 아이와 함께 하늘에서 나를 기다려 주세요. 눈물 때문에 앞이 보이지 않아요. 혼자 떠나는 이 먼 길이 무섭지만 당신이 기다리고 있으니 외롭지 않습니다…. 점쟁이들은 우리가 백년해로 못한다고 했지요. 하지만 그 말은 틀렸어요. 우리는 저승에서 백년해로 할 테니까요. *(〈조선일보〉 1994년 9월 28일자 사회면에서)*

사립 고교에 다니는 찰리(크리스 오도넬 분)는 가난한 고학생이다. 급우들은 모두 추수감사절 휴가를 떠났으나 그는 학비를 벌기 위해 아르바이트를 해야만 한다.

찰리가 구한 일거리는 며칠 동안 앞을 못 보는 퇴역군인 프랭크(알파치노분)의 수발을 드는 것이었다. 찰리와의 첫 대면에서 그는 매우 자존심이 강하고 남에게 의지하기 싫어하며, 아직도 군대식으로 사람을 다루는 등 괴팍한 성질을 보여준다.

어두운 방에 마치 죽음의 사자처럼 의자에 버티고 앉은 프랭크는 한 손에 술병을 든 채 찰리가 자신의 부하라도 되는 듯이 함부로 대한다.

그러나 찰리는 이 괴팍한 프랭크를 수발하는 것보다 더 골치 아픈 문제에 부딪친다. 얄궂게도 학교에서 교장 선생님을 골탕 먹인 범인을 목격하게 된 것이다. 찰리는 학교 측에 그 범인이 누구인지 밝히지 않으면 그의 꿈인 하버드 대학에 입학은커녕 퇴학까지도 감수해야 할 형편에 놓이고 만 것이다. 하지만 그는 차마 급우의 이름을 일러바칠 수 없었다.

학교 측으로부터 며칠간의 말미를 받은 찰리는, 자살을 결심하고 마지막 유예 기간을 보내려는 프랭크와 함께 여행을 떠난다.

그들이 뉴욕에서 처음 찾은 곳은 프랭크의 형 집이었다. 하지만 그는 그 집에서 환대는커녕 조카에게 모욕만 당하고 쫓겨난다.

이처럼 뉴욕에서의 첫발은 순탄치 못하였으나, 프랭크는 한 고급식당에서 우연히 만난 젊은 여자와 춤을 추게 된다. 탱고의 선율에 맞춘 노병의 춤은 자못 엄숙하기만 하다. 그것은 일종의 자살의식이었다.

점차 힘을 잃어가는 프랭크를 위로하기 위해 찰리는 경주용 승용차를 타자고 제의한다. 그들은 잠시 즐거운 시간을 보낸다. 그러나 프랭크는 끝내 권총 자살을 시도하려고 한다. 이를 만류하던 찰리는 프랭크와 격렬한 언쟁을 벌인다. 프랭크에게 인생이란 어둠뿐이었던 것이다. 찰리의 진심어린 설득으로 프랭크는 결국 마음을 돌리게 된다.

프랭크의 문제는 이로써 끝이 난 셈이다. 이번엔 찰리의 고민을 해결해 주기 위해 프랭크가 나설 차례다.

뉴욕에서 돌아와 변호해 줄 가족도 하나 없이 학교 청문회에 서게 된 찰리는 아버지 자격으로 참석한 프랭크의 명 변호 덕분에 퇴학의 위기를 벗어난다.

"이 학교가 진정 명예를 원한다면 고자질하는 학생을 원치는 않을 것입니다."

죽음은 누구에게나 예외가 없다. 그것은 정해지지 않은 어떤 미래에 그리고 미지의 시간에 찾아온다. 이러한 죽음의 원칙에 따르지 않는 것이 한 가지 있다. 자살이다.

자살자는 운명이나 신의 몫이라고 생각하는 죽음의 시기와 방법을 스스로 결정한다. 우리는 드물지 않게 '누가 어떻게 스스로 목숨을 끊었다더라'는 말을 듣게 되며, 신문의 사회면에서도 자살 기사는 자주 취급하는 내용이다.

그 말조차 입에 담기 꺼려져서인지는 몰라도 우리는 자살의 결과만을 단순히 얘기할 뿐 그것을 결심하고 실행하기까지의 과정에 대해선 잘 모르는 경우가 대부분이다.

대개 자살은 나와는 상관이 없는 먼 곳의 일이라고 생각하기 쉽다. 그러나 가족 중의 누가, 아니면 동료가 궁지에 몰린 끝에 내린 결론이 자살이며, 그것을 빨리 알아채고 대책을 세운다면 한 사람의 생명을, 하나의 우주를 구해낼 수 있을 것이다. 또한 자살자의 가족들이 한평생 마음에 담고 살아야 할 죄책감을 면제받을 수 있을 것이다.

〈여인의 향기〉는 처음 자살 여행을 떠나는 늙은 퇴역 군인이 죽음의 장막 속으로 서서히 걸어 들어가는 것으로 시작하여 삶이라는 밝은 출구로 빠져 나오는 반전의 경과를 보여주고 있다. 삶과 죽음은 사실 인생의 연속선상에 놓여 있으며, 그 둘 사이의 거리는 백지 한 장의 차이일지도 모른다.

프랭크가 가지고 있는 자살의 위험 요소는 무엇일까. 아마도 연출자는 직감적으로, 아니면 경험을 통해 자살자의 심리와 상황에 대한 주도 면밀한 연구를 했던 것 같다.

프랭크는 수류탄 사고로 인해 자신의 직업을 잃었을 뿐 아니라 앞을 못 보게 된 처지에 놓인 인물이다. 자유롭지 못한 거동 때문에 남은 여생을 남에게 의존하며 보내야만 한다는 사실은 자존심 강한 그에게는 더할 수 없는 굴욕을 안겨 주었을 것이다.

여기에서 육체적인 질병과 자살의 상관관계를 생각해 볼 필요가 있다.

자살자들 가운데 육체적인 질병을 가지고 있었던 사람이 많다는 사실은 질병으로 인한 직업상이나 대인관계의 손상이 자살의 증가요인으로 작용한다는 증거이다.

자살과 관련된 정신과 질환으로는 우울증, 정신분열증, 알코올 중독이 있다. 일반적으로 우울증 환자가 자살을 많이 시도할 것이라고 생각하지만, 알코올 중독자 가운데도 우울증 환자 못지않게 자살하는 사람이 많다. 알코올 중독자의 15% 이상이 자살을 시도한다는 보고도 있다.

자살의 심리학

프랭크는 영화가 진행되는 동안 줄곧 술병에서 손을 떼지 않고 있으며, 그것을 염려한 찰리는 심지어 술에 물을 타서 프랭크에게 주기까지 한다.

프랭크는 역학적으로 이미 검증된 자살의 위험 요소 - 이러한 요소가 있으면 반드시 자살을 한다는 것이 아니고, 상대적인 개념으로서 확률이 높다는 의미이다 - 를 가지고 있다.

프랭크는 독신이다. 결혼 생활을 하고 있고 자녀를 두고 있다면 자살의 위험성은 훨씬 떨어진다. 미혼자의 자살률은 기혼자에 비해 거의 두

배에 이른다. 하지만 이전에 결혼했다가 헤어졌거나 사별하여 혼자 살고 있는 사람은 한 번도 결혼하지 않고 독신으로만 지내온 사람에 비해 자살률이 더 높다.

이렇게 프랭크는 육체적인 질병에 알코올 중독, 그리고 독신이라는 자살의 위험 요소를 고루 갖춘 사람이다. 그러니까 작가는 일단 프랭크가 자살할 수밖에 없는 개연성을 먼저 설정해 놓고 줄거리를 엮어가기 시작한 것이다.

〈여인의 향기〉에서는 흔히 우리가 잘못 알고 있는 자살에 대한 사실을 제대로 그려내고 있다.

첫째로 흔히 진짜로 자살을 할 사람은 남에게 그런 마음을 드러내지 않는 것으로 알려져 있다. 그러나 사실은 자살할 의향이 있는 사람은 주위에 이를 미리 알린다. 주변 사람들에게 지나가는 말처럼 의사를 비치거나, 더러는 대놓고 명확히 경고를 하기도 한다. 프랭크도 자신이 자살하기 전 여러 차례 속마음을 내비치고 있다. 호텔에 투숙한 후 나눈 프랭크와 찰리의 대화이다.

"형을 만나고 여자와 즐길 것이다. 그 다음엔 호텔의 멋진 침대에 누워 머리에 총을 쏘지."

"자살을 할 거라고 했나요?"

"아니, 머리에 총을 쏜다고 했어."

둘째로 잘못 알고 있는 것은, 자살하는 사람들은 꼭 죽고 말겠다는 확고한 결단을 내린 사람들이라는 생각이다. 그러나 실상은 전혀 다르다. 그들의 대부분은 삶과 죽음, 두 가지 중 하나를 확실히 정하지 못한 채 혹시 누군가에 의해, 또는 어떤 상황 변화로 인해 구원받고 구조되기를 마지막 순간까지 애타게 기다린다.

프랭크도 자신의 머리에 총을 겨누지만 찰리의 끈질긴 설득에 자살을 포기하고 만다. 프랭크는 찰리에게 자신이 살아야 할 이유를 한 가지만 대보라고 한다. 여기서도 알 수 있지만 자신의 결심이 확고한 것은 아니고 살아야 할 명분, 아니 희망을 제공해 주기를 속으로 바라고 있다.

"당신은 탱고를 잘 추고 페라리를 잘 몬다."

찰리가 한 대답이다. 삶을 선택하기 위한 명분은 반드시 큰 것일 필요는 없는 것이다.

가끔 신문이나 TV 등에서 투신자살을 기도하려고 한강 다리 난간으로 올라가 여러 시간 동안 농성하는 사람을 볼 수 있다. 흔히 남의 관심을 끌기 위해, 또는 도망간 아내를 찾기 위해 그러는 것이라고 생각하지만, 그들 중 대부분은 두 길 가운데 하나를 미처 선택하지 못한 사람들이다. 따라서 그들은 지금 다시 한 번 세상에서 자신이 살아야 할 이유가 뭔지 여러 사람에게 물어보고 있는 것이다. 그러기 위해 만류하는 이들이 작은 명분이라도 제공하면 그는 구경꾼들을 조금은 실망시키면서 그 죽음의 다리 위에서 다시 세상으로 내려오는 것이다.

자살을 결심하는 사람은 생각의 폭이 매우 좁아져 있다. 그래서 자살 이외의 차선책을 보지 못한다. 다리 아래의 우리는 그들이 생각 못하는 차선책을 제공하도록 시도해 봐야 한다.

사랑의 대상은 마음속에 내재된다. 프로이트는 자살을 정의하여 심리학적으로 양가兩價 감정의 근원이 되는, 내재된 대상에 대한 살해 행위라고 하였다. 그러므로 자살이란 육체적으로는 자신의 신체에 대한 공격이지만 심리적으로는 사랑하는 대상에 대한 보복인 것이다.

그러나 자살은 복합적인 인간의 행동이다. 따라서 한 가지 이론이나 특정한 성격 구조로 이를 규명할 수는 없다. 자살에는 자신이 처한 환경,

살아온 성장 배경, 성격 구조, 동시대의 가치관 등 복합적인 요소가 관여되어 있는 것이다.

자살로 인해 충족하려는 무의식적인 소원을 크게 몇 가지 정도로 나누어 볼 수 있다.

죽은 뒤, 어떤 사자死者와 재결합을 이루겠다는 소망으로 자살을 시도하는 경우가 있다.

서두에서 소개한 20대 여인의 유서는 결혼 1년 만에 뇌종양으로 사망한 남편을 따라 잠실대교에서 투신자살한 여인이 남편에게서 선물 받은 시집 〈하나가 아닌 둘은 세상의 모든 것을 헤쳐 나가고도 남을 넉넉한 힘을 가지고 있습니다〉에 마지막으로 남긴 글이다.

유사한 경우로는 엄격한 유교윤리 사회였던 조선 시대에서 혼자 남게 된 여인들이 자결을 할 때의 소망이었을 것이며, 서양에서는 로미오와 줄리엣의 경우를 들 수 있을 것이다.

그것은 우연한 행동이 아니다

첸 카이거 감독의 〈패왕별희〉에서 샬루(장풍의 분)의 아내인 주샨(공리 분)이 목을 매어 자살하는 장면이 나온다.

문화혁명의 격랑 속에서 군중에 의해 끌려 나온 샬루(장풍의 분)는 목숨을 건지기 위해 동료 경극 배우인 데이(장국영 분)가 동성애자라고 폭로한다. 이에 화가 난 데이는 샬루의 아내인 주샨이 과거에 창녀였었다고 말한다. 그러자 샬루는 이번에는 아내인 주샨 마저 배신하여, 그것은 사실이며 자신은 그녀를 한 번도 사랑한 적이 없노라고 소리친다.

이에 주샨은 자살로써 남편의 배신에 답을 한다.

주샨이 죽은 것은 더 이상 믿을 곳도 기댈 곳도 없다는 허탈함과 배신감 때문이었다. 그러나 그녀의 자살에는 좀 더 적극적인 의미가 숨겨져 있다. 거기엔 자신을 배신한 사람들에 대한 복수의 의미가 담겨 있는 것이다. 즉, 자신을 죽음으로 이끈 사람들을 평생 죄책감 속에 가둬 버리자는 것이다.

이와 유사한 무의식적 의도에서 자살을 시도하는 경우는 피터 위어가 연출한 〈죽은 시인의 사회〉에도 나온다.

명문 대학 진학을 최고의 목표로 삼고 있던 웰턴 아카데미에 키팅 선생(로빈 윌리암스 분)이 부임해 온다. 그의 영향을 받은 학생 몇 명이 밤을 틈타 동굴에서 시를 읽고, 삶에 대해 토론하는 모임을 갖는다. 물론 이것은 입시에는 전혀 도움이 되지 않는 짓이며 교칙에 위배되는 행위이다.

결국 이 모임은 학교 측에 적발되는데, 그 중의 한 명이 권총 자살을 하고 만다. 부모가 강제로 학교를 그만두게 하고, 원하지도 않는 사관학교에 입학시키려 했기 때문이다.

아무런 힘도 없이 부모의 의견에 따라 학교를 그만둘 수밖에 없었던 이 자살자는 그동안 심하게 자신의 일상을 간섭해 온 부모에 대해 마지막으로 치명적인 반격을 시도한 것이다. 자살로써 부모로부터 사랑하는 아들인 자신을 빼앗아 버리자는 것이다.

이 밖에 어렵고 고달픈 일상에서 벗어나거나 탈출하려는 소망으로 자살을 시도하는 경우도 있다. 김호선 감독의 〈사의 찬미〉에서 윤심덕(장미희 분)과 김우진(임성민 분)은 함께 관부연락선에서 현해탄의 검은 파도 속으로 몸을 던진다. 세상 사람들의 예술에 대한 몰이해와 윤리의 멍에가 그들의 숨통을 조여 끝내는 둘을 바다로 밀어버렸던 것이다.

〈델마와 루이스〉에서 강간을 하려는 남자를 사살하고 경찰의 추적을 받던 델마와 루이스는 포위망이 좁혀져 오자 자동차를 몰아 낭떠러지로 돌진한다.

이 영화에서도 현실의 두터운 벽과 편견이 그들을 자살로 몰아넣는데, 그들은 이를 통해 억압된 곳으로부터 자유로운 곳으로의 탈출을 시도하고 있는 것이다. 또한 자신들을 조롱한 두 여자를 더 이상 도망칠 수 없는 곳으로 몰아넣어 이제 막 본때를 보여주려는 남자들의 허를 찌르며 그들은 탈출을 감행한다.

〈여인의 향기〉에서 보듯이 자살은 결코 예측할 수 없고 충동적이며, 갑작스럽고 순간적이며, 우연한 행동이 아니라는 것을 알 수 있다. 대부분의 경우 자살은 오래 전부터 계획되며, 마음속에서 여러 번의 리허설을 거친다. 모든 자살에는 위기·갈등·양가감정·뒤섞인 감정 상태 등 다양한 결정 요인이 작용한다.

살다 보면 사람은 자신에게 중요한 인물의 죽음이나 질병, 사랑의 상실, 신분의 추락 등 해결하기 어려운 문제에 직면하게 된다. 이러한 어려움에 직면한 사람은 심리적으로 불안하며, 고통스러운 긴장감으로 인하여 일상생활조차 영위해 나가기 어렵게 된다. 자살은 이러한 상황에서 생각할 수 있는 여러 해결방법 중의 하나이다.

어려움에 처한 사람들은 이 어려움을 해결하기 위해 방법 ㄱ, 방법 ㄴ, 방법 ㄷ, 방법 ㄹ을 차례로 시도해 본다. 그래도 안 되면 다시 ㅁ, ㅂ, ㅅ, ㅇ의 방법으로 시도해 본다. 그래도 변화가 없으면 마지막으로 방법 ㅈ, 즉 자살에 도달하는 것이다.

누구에게나 닥칠 수 있는 유혹
누구에게나 닥칠 수 있는 이 같은 자살에의 유혹은 주위 사람들의 세

심한 관찰로 어느 정도는 막을 수 있다. 앞에서 말했듯이 자살자의 대부분은 주변 사람들에게 자기 뜻을 비치거나 말을 하는 경우가 많다. 그러나 이처럼 직접 또는 간접적인 경고를 받고도 무시하고, 심지어 조소까지 ─ 쟤는 관심을 끌기 위해 저러는 거야. 지난번에도 죽겠다고 연극을 했는데 아직 멀쩡하잖아 ─ 한다면 이건 자살을 부추기는 것이나 마찬가지다. 따라서 누군가 이런 자살의 의사를 농담으로라도 내뱉는다면 주의 깊게 그 사람을 지켜봐야 할 것이다.

자살자의 주위 사람들은 친구, 또는 가족의 자살로 인한 마음의 상처뿐 아니라 그의 자살 의도를 눈치 채고 있었음에도 막지 못했다는 죄책감에 시달려야 한다.

자살은 막을 수 없는 것일까

자살을 결심한 사람은 먼저 그 행동에 변화가 온다는 것도 주의 깊게 볼 일이다. 이들은 갑자기 혼자 있으려 하거나, 무언가 골똘한 생각에 빠져들며, 식사량이 줄어들고 말수도 적어진다. 또 자신의 물건을 주변 사람들에게 나눠 주기도 한다.

자살을 많이 시도하는 우울증 환자도 행동의 변화를 보이는 경우가 많다. 자살하겠다는 생각에 집착하는 우울증 환자는 오히려 심한 우울증상에 빠져들 때는 자살 시도를 적게 한다. 이는 우울증이 지나쳐 자살을 시도할 만큼의 의욕과 기운이 없기 때문이다. 이들은 어느 정도 원기를 회복했을 때 계획을 실행한다. 어떤 우울증 환자의 경우 갑작스럽게 마음의 평온을 찾고 외견상 매우 평화로운 모습을 보이는 경우가 있는데, 이는 자살의 결심이 선 것으로 해석할 수 있다.

주변의 사람이 혹시 자살하지 않을까 하는 느낌이 들었다면 서슴지 말고 그에게 진심 여부를 묻는 일을 주저해서는 안 된다. 대개는 오해를 사거나 비위를 거스르지 않을까 하는 걱정에다 설마 내 가족이, 친구가 그런 짓을 할 리가 없다는 의도적인 부정 심리 때문에 묻는 것을 주저하게 된다.

하지만 물어야 한다. 단 거기에도 방법이 있다. 그의 심리 상태를 배려해야 하기 때문이다. 현재의 기분으로 시작해서, 현재 겪고 있는 어려움에 대해 물은 다음, 정말 자신을 해치고 싶은 생각이 있느냐, 나아가 자살을 생각해 보았느냐, 그리고 구체적으로 언제 어떤 방법으로 실행할 것인지를 차근차근 물어 나간다.

먼 곳에서부터 시작하여 구체적인 사실로 좁혀 들어가면서 질문을 하는 것이다. 자살하려는 사람은 자신의 결정에 대해 확신을 갖지 못하는 경우가 대부분이다. 따라서 물어봐 주는 당신에게 이들은 의외로 쉽게 자신의 의도를 얘기하는 경우가 많으며, 관심을 가져주는 데 대해 고맙게 생각하기도 한다.

그렇다면 자살의 의사를 미리 밝혔음에도 그것을 막지 못한 동료나 가족들은 모두 비난의 대상이 되어야 할 것인가?

그렇지는 않다. 모든 자살을 예측할 수는 없다. 또한 자살을 예측했음에도 그것을 막지 못하는 경우도 허다하다. 그런 경우로는 정신병원에 입원해 있는 상태에서 이루어지는 시도가 그것이다.

남아 있는 가족들은 사실 가장 큰 희생자이며 위로받아야 할 대상이다. 가족 중 자살자가 있다는 사실 때문에 받게 되는 괴로움은 너무나 엄청나다. 그러한 사실에 대한 일반인들의 편견과 낙인은 그들을 계속 따라다니며 괴롭힌다. 사랑하는 사람을 잃고 가져야 할 마음의 상처는 그 무엇에도 비교가 안 될 커다란 아쉬움과 비탄을 남긴다.

명문 대학의 법대를 나왔으나 만성 정신분열증으로 여러 병원을 10여 년간이나 전전한 젊은 남자가 있었다. 긴 병치레로 살림은 이제 바닥이 나고, 형제들마저 가망이 없다고 외면하였다. 오직 늙은 어머니만이 아들의 회복을 믿으며 뒷바라지를 했지만 아들은 끝내 자살로 생을 마감하고 말았다.

　　그 늙은 어머니가 이번에는 딸이 아들과 똑같은 병으로 입원한 후 나에게 말했다.

　　"아무도 아들의 회복을 믿지 않았지만, 나는 꼭 아들이 다 나아서 내 품으로 돌아올 줄 알았어요. 하지만 아들은 내 마음에 한을 남기고 떠나가 버렸습니다. 어쩌면 막을 수도 있었을 것 같은데… *(아들은 요양원에서 이불로 찢어 만든 끈으로 그 일을 실행했다)*."

　　하루 동안 지구상에서는 1,000여 명이 스스로 목숨을 끊고 있다.

마더

어머니의 힘겨운 춤

어머니의 한계는 어디까지인가?

어머니의 정확한 역할 모델은 도대체 무엇인가? 어머니는 어떤 역할을 해야 어머니라고 할 수 있나? 어머니의 희생은 항상 아름다운 것으로 귀결되는가? 그로 인해 생기는 죄책감은 없는 것일까? 어머니라는 밝은 이미지 안에 숨겨진 그림자는 또 어떤 것인가?

그리고 좋은 어머니는 어떠해야 하고, 나쁜 어머니는 또 어떠해야 하나?

많은 어머니들이 또 어머니가 될 여성들이 제일 힘들어하는 것이 엄마다. 도대체 엄마는 뭘 해야 하는 사람인가? 어디까지 무엇을 어떻게 자식을 위해 해야 하는지 쉽게 알 수 있을 것도 같고 어렵기도 하다. 또 어머니의 역할이란 것이 시대에 따라 변하다 보니, 그것에 맞춰나가는 것은 쉽지 않다.

어머니의 역할은 예전이나 지금이나 별로 달라진 것 없이 벅차기만

하다. 이런 벅찬 역할을 맡고 있는 어머니들은 항상 자신에 대해 의문을 가진다. 내가 제대로 엄마 역할을 하고 있는 걸까? 내가 잘못해서 자식을 버려놓는 것은 아닌가? 나 같은 엄마를 만나지 않았다면 자식은 더 잘될 수도 있었을 것 아닌가?

암튼 어머니의 실체는 명확하지 않은 채 어머니들의 마음은 항상 분주하고, 그 정확한 정의조차 어려운 역할을 매일매일 수행하고 있다.

봉준호 감독의 〈마더〉는 이런 어머니의 세계에 관한 영화다. 이 영화를 보다 보면 어머니가 숙명적으로 가져야 되는 이런저런 양가감정과 죄책감, 무자비한 부담감과 자식으로 인해 자신의 인생은 아무것도 없는 어머니의 인생이 그려진다.

그걸 통해 많은 어머니들은 어머니란 나만 어려운 것은 아니고 누구나 어렵다는 것을 공감할 수 있을 것이다. 또한 어머니를 규정하는 것은 불가능하다는 것을 또 알게 된다.

이 영화를 보면 어머니들은 자신이 가진 어머니의 세계와 〈마더〉 속의 어머니의 세계가 오버랩 되는 것을 느낄 수도 있고, 나와 다른 어머니의 모습을 발견할 수도 있을 것이다.

누가 어머니가 됐든 어머니는 힘이 든다는 공감대는 분명 가질 수 있다. 이 영화를 통해 자신만 외로운 어머니가 아니라는 사실을 아는 것만으로도 도움이 될 수 있을 것이다.

한 여인이 갈대밭이 쭉 펼쳐진 곳에서 무심한 얼굴로 조금씩 걸어오고 있다. 그녀는 걸음을 멈추더니 조금씩 조금씩 동작을 크게 하며 춤을 추기 시작한다. 그 춤은 춤이라고 해야 할지 아니면 무슨 의식 같기도 하고, 좀체 알 수 없는 동작이라고 표현 하는 게 딱 맞을 것이다.

바람이 불어와 억새풀이 이리 저리 쓸리는 가운데 그녀는 그렇게 춤을 추는 것으로 이 영화는 시작된다.

엄마(김혜자 분)는 시골 읍내에서 약재상을 하고 있다. 그리고 가끔 그녀는 침통을 들고 다니면서 불법으로 침을 놓아가며 생계를 이어간다. 그녀에겐 지능이 조금 모자라는 아들, 도준(원빈 분)이 있다. 그녀는 여느 때처럼 약재상에서 작두로 약을 썰고 있는데, 아들이 그만 뺑소니차에 치이게 된다. 그때 어머니는 너무 놀라 자신의 손을 베이고 만다. 아들과 그의 친구 진태(진구 분)는 그 뺑소니차를 쫓아가게 되고, 그들은 골프장에서 그 차를 찾게 된다.

이때 동네 건달 진태는 그 차의 사이드미러를 발로 부숴버리게 되고, 도준은 신기한 듯 골프장에서 몇 개의 골프공을 줍게 된다. 그는 골프공을 주우면서 자신이 왜 골프장에 왔는지 기억을 못한다. 도준은 그렇게 자신이 한 일을 금방 잊어버린다.

이 사건은 그냥 서막에 불과할 뿐 도준에게 큰 문제가 생기고 만다. 도준이 술에 취해 골목까지 쫓아간 아정이란 소녀가 동네 옥상에서 시체로 발견된 것이다.

유일한 증거는 도준이란 이름이 쓰인 골프공. 그는 어머니의 눈앞에서 범인으로 체포되고, 형사들은 그가 머리가 모자라다는 것을 알기에 조서도 마음대로 꾸민 채 그에게 지장을 찍으라고 한다. 그는 아무 생각 없이 자신의 범죄를 시인하는 조서에 지장을 찍는다.

이때부터 엄마는 자식을 구명하기 위해 나선다. 그녀는 아들의 현장 검증이 있는 날 아들의 결백을 주장하는 전단지를 배포하고, 심지어 죽은 소녀의 장례식장까지 쫓아가 "여러분, 똑바로 알아야 돼요? 우리 아들은 절대 죽이지 않았어요"라고 소리치다 뺨만 얻어맞고 쫓겨난다.

그리고 변호사를 알아보지만, 그 변호사는 엄마의 마음에 들지 않는다. 도대체 사건에는 관심이 없고, 아들의 무죄를 밝힐 생각은 전혀 없기 때문이다.

엄마는 아무것도 믿을 수가 없다. 그 자신이 범인을 밝히기 위해 홀로 사건의 현장에 뛰어든다.

죽은 소녀가 경제적으로 너무 어려워 심지어 쌀을 받아가면서까지 몸을 팔았다는 사실을 알게 되고, 그 아이가 남겼다는 핸드폰을 추적하기 시작한다. 그 안에 죽은 소녀에게 돈을 줬던 남자들의 사진이 들어있다는 것을 알아냈기 때문이다.

그녀는 가까스로 죽은 소녀의 치매에 걸린 할머니가 보관하고 있던 핸드폰을 손에 넣고, 도준을 면회하러 간다. 다행히 도준이 사건이 일어난 날 어떤 남자를 봤다는 것을 엄마에게 얘기했기 때문이다.

도준은 핸드폰에 담긴 사진에서 한 할아버지를 지목하게 된다.

그 노인은 동네에서 고물상을 하고 있었다. 그래서 그녀는 고물상에 찾아가는데 뜻밖의 사실을 알게 된다. 노인의 말에 의하면 그 자신이 사건 현장을 모두 목격했노라고 한다. 그리고 범인은 바로 도준이라는 말을 한다. 엄마는 그 노인이 경찰서에 전화를 하려는 순간, 둔기로 머리를 내리쳐 그 노인을 죽이고 만다. 그리고 그 집을 불태운다.

그리고 다음날 형사가 찾아와 진범이 잡혔다는 것을 얘기해준다. 그녀는 그 말을 듣고 한사코 그 진범을 보기 위해 구치소에 면회를 하러간다. 그 범인은 기도원에서 탈출한 정팔이란 청년이었다. 그녀는 그 청년을 면회하면서 울기만 한다. 그도 어느 엄마의 아들이란 것을 알기에 같은 어머니로서 눈물이 난 것이다. 그리고 자기 아들 대신 감옥에 들어가

있는 또 다른 아들을 보면서 눈물만 흘릴 뿐이다.

그리고 그녀는 오랜만에 동네사람들과 버스를 타고 놀러가기로 한다. 도준은 어머니에게 버스에서 먹을 것을 사다준다. 그리고 불타버린 고물상에서 주웠다며 어머니가 아들의 범죄를 덮기 위해 살인과 방화를 저질렀던 장소에서 떨어뜨렸던 침통을 건네준다.

그녀는 황급히 버스를 타고 가면서 '나쁜 것과 슬픈 것을 모두 다 잊게 해준다'는 허벅지 혈자리에 침을 놓고는 버스 안에서 다른 사람들과 어울려 춤을 추기 시작한다.

〈마더〉란 영화를 보면, 이 세상은 두 가지로 나뉜다는 것을 알 수 있다.

엄마와 엄마가 아닌 것, 엄마가 존재하는 공간과 엄마가 존재하지 않는 세상.

엄마의 세계는 자식을 감싸 안고, 보호하고, 자기 품안에 가둔다.

마치 자기 둥지에서 알을 품은 새처럼, 그리고 그 새끼가 알을 까고 나오게 되면 독립할 때까지 둥지 주위를 맴돌며 적으로부터 자기 새끼를 보호하는 것처럼 말이다.

〈마더〉에서 엄마의 공간은 매우 간섭적이고 극성스럽고 자식과의 경계가 없다.

그래서 영화 초반 엄마는 아들인 도준에게 먹일 한약을 들고 버스정류장까지 쫓아나가 아들에게 약을 먹인다. 도준은 벽에 소변을 보면서 한약을 받아먹고, 엄마는 다 큰 아들이 소변을 보는 것을 쳐다보고 있다. 이는 도준이 어른이 되었어도 여전히 엄마와 분리되지 못했다는 것을 암시하기도 하지만, 도준이 성인이지만 여전히 어머니의 보살핌을 받아야 하는 어린애 같다는 것을 보여준다. 이는 도준이 엄마와 한 이불에서 같이 자는 것에서도 나타난다.

엄마는 극성스럽다. 엄마는 아들의 현장검증에 나타나 전단지를 돌리고, 아들의 사건을 맡고 있는 안면이 있는 형사 제문(윤제문 분)의 차까지 쫓아 들어가, 장뇌삼을 주며 아들의 선처를 호소한다. 게다가 피해자 소녀의 장례식장까지 쫓아가 무죄를 항변하는 뻔뻔함까지 보인다.

여기에 더해 그녀는 아무도 믿지 않고 자신이 아들의 결백을 증명하기 위해, 직접 주변 인물들을 탐문하고 끝내 죽은 소녀의 핸드폰을 찾아내기까지 한다.

그럼 '엄마가 존재하지 않는 공간'은 어떤가?

엄마의 손길이 닿지 않는 공간은 매우 위험한 것으로 묘사된다.

〈마더〉에서 엄마가 없는 아이들은 다 불행한 결말을 보여주고 있다. 죽은 소녀는 엄마가 일찍 죽고 아버지는 재혼을 하는 바람에 치매에 걸린 할머니와 살고 있다. 그 소녀는 돈이 없어 하는 수없이 남자들에게 자신의 몸을 팔면서 할머니를 보살피며 살고 있다가 피살된다.

만약 엄마가 있었다면 그녀에게 그런 불행한 일은 없었을 것이다.

"너, 부모님 안 계시니? 엄마 없어?" 엄마가 구치소에 면회 가서 정팔이에게 묻는 말이다.

이 말을 묻고는 엄마는 대성통곡을 한다. 정팔은 기도원에서 빠져나와 소녀를 죽였다는 죄목으로 붙잡힌 청년이다. 왜 엄마는 그렇게 울었을까?

자신의 아들 대신 억울하게 붙잡혀 있는 정팔에 대한 미안함과 죄책감도 있었고, 또 하나는 엄마가 없다는, 즉 엄마의 공간 안에 있지 못해 억울하게 죄를 뒤집어 써야 하는 정팔에 대한 안쓰러움에 대한 눈물이기도 하다.

이렇게 엄마 밖의 공간이 위험하니, 엄마는 도준을 품에 안고 지낼 수밖에 없다.

또한 '엄마 밖의 공간'에 머물러 있는 남자들은 하나 같이 〈마더〉에서 변변치 않게 그려진다.

아들의 구명을 위해 찾아간 변호사는 돈만 밝힐 뿐 아들에게 관심도 없고 자기 자랑만 늘어놓는 인물로 그려진다. 아들의 친구라고 하는 건달 진태는 자신을 범인으로 몰았다고 해서 엄마에게 협박, 5백만 원을 뜯어내려 한다. 그리고 돈을 받고 핸드폰의 출처를 알고 있는 두 불량 고등학생을 대신 고문하는 역할을 한다.

그리고 〈엄마〉를 어린 시절부터 알고 지냈던 형사 제문은 도준이 범인으로 지목되고 붙잡혀도 도움은커녕 그를 범인으로 지목하고 만다.

그리고 엄마에게 살해당한 고물상 할아버지는 죽은 소녀에게 쌀을 주고 성관계를 계속 맺어왔던 인물이었다.

이렇듯 '엄마가 존재하는 공간'과 '엄마가 존재하지 않는 공간'으로 극적인 대비는 〈마더〉에 표현된다.

앞으로 이 두 공간이 부딪치게 되며, 또 그 부딪치는 과정에서 엄마가 상처를 입는다는 것을 암시하는 대목이 있다.

작두로 약을 썰고 있었던 엄마는 아들이 차에 부딪치는 순간, 놀라서 자신의 손을 작두에 베게 된다. 그녀가 피를 흘리는 것은 그녀가 받을 상처뿐 아니라, 앞으로 그녀의 손에 피를 묻히게 된다는 것을 암시하는 장면이다.

결국 그녀는 아들의 살인을 고발하려는 고물상 할아버지의 신고를 막기 위해 둔기로 머리를 때려 살해한다. 그리고 그 할아버지의 머리에서 흘러나오는 피를 아무리 닦아도 그 피는 지워지지 않는다. 그래서 그녀는 고물상에 불을 지른다.

그리고 뒷산으로 올라가 먼발치에서 고물상이 불에 타는 것을 지켜본다.

하필 왜 불을 질렀을까? 불이 가지고 있는 상징성은 모든 것을 태워 없애버리는 정화의 의미도 가지고 있다. 그녀는 자신이 저지른 죄를 모두 다 없애버리고 싶었는지도 모른다.

하지만 그녀는 넋을 놓고 넓은 억새밭을 걸어가다가 물끄러미 자신의 손을 들여다본다.

그녀는 영화의 초반 작두에 손을 조금 베여 피가 나는 정도가 아니라, 흥건히 자신의 손에 피를 묻히고 말았던 것이다. 손은 여러 상징이 있지만, 양심을 상징하기도 한다. 그래서 선서를 할 때 한 손을 들고 하는 것이다. 그런 손에 피를 묻히게 되면서 양심은 피로 더럽혀지게 된 것이다.

그녀는 그래도 아들이 풀려나와 집에 돌아오면서 모든 것을 다 잊어버리고 지내려 한다.

하지만 동네 여자들과 떠나기 직전 도준이 건넨 침통을 보고 다시 한번 그녀의 마음속에 숨겨뒀던 죄책감이 고개를 든다. 침통은 그녀가 불법으로 동네사람들에게 침을 놓기도 했던 침이 들어있다. 그 침통 자체가 그녀의 삶, 그녀 자체를 의미한다. 그녀는 침통을 들고 다니며 불법시술을 하면서 악착같이 돈을 벌어 아들의 뒷바라지를 해왔다.

그런 침통을 아들이 느닷없이 건넨 것이다. 그녀는 무의식적으로 아니면 의식적으로 침통을 고물상에 두고 왔는지 모른다. 불속에 자신의 분신 같은 침통까지 불에 타버려 아무것도 기억하고 싶지 않았을 것이다.

하지만 아들은 순진한 눈빛으로 그녀에게 침통을 건넨다. 거기서 그녀는 자신이 그 죄책감에서 빠져 나올 수 없다는 것을 알게 된다. 그리고 아들이 존재하는 한, 그녀는 '엄마의 공간'에 그대로 머물러 있어야 한다는 것을 뼈아프게 느끼게 된다. 그래서 그녀는 버스 안에서 아픈 것, 나쁜 것을 잊게 해주는 혈자리를 찾아 침을 놓는 것이다.

이 영화는 첫 장면과 마지막 장면에서 엄마가 춤을 추는 장면이 나온다.

엄마의 춤은 느릿느릿 어떤 일정한 형태도 없이 흐느적거리며 그녀의 깊은 슬픔을 담은 채 팔 다리를 움직이는 정도다.

춤은 흥겨움 때문에 추기도 하지만, 살풀이춤처럼 한을 풀어버리기 위해 추기도 한다. 여기서 엄마의 춤은 어머니가 가져가야 하는 죄책감, 분노, 자책감, 책임감 등 모든 엄마들이 느끼는 힘든 수고로운 감정을 조금씩 조금씩 털어내고 싶은 엄마의 한스런 춤이기도 하다.

그래서 엄마의 춤은 슬프다.

밀양

우리의 상처는 왜 치유되지 못할까?

그녀는 왜 밀양에 내려갔을까?

신애(전도연 분)는 밀양으로 가지 말았어야 했다. 그녀는 남편이 교통사고로 죽은 후 남편이 그토록 낙향해서 살고 싶어 했던 밀양에 아들과 함께 터를 잡았다.

아는 사람 하나 없는 타향에 그녀는 자신 있게 내려가 피아노학원을 연 것이다. 그녀는 왜 밀양에 내려갔을까?

그녀가 밀양에 내려간 이유는 남편의 죽음을 아직도 부정하고 있기 때문이다. 그녀는 남편의 죽음을 훌훌 털어버리지 못하고, 남편의 체취가 남아있는 곳에서 남편의 추억을 더듬으며 살고 싶었다. 남편의 사랑을 잊지 않기 위해, 또 남편의 사랑에 대한 보답으로 그녀는 밀양행을 택했을 수도 있다.

하지만 영화에서 신애의 남동생은 이렇게 얘기한다. "매형은 바람도 피웠잖아." "아니야! 남편은 나를 사랑했어, 우리 가족을 사랑했다고."

증보2판 프로이트와 영화를 본다면

그녀는 남편이 자신만을, 가족만을 사랑했다고 믿고 싶어한다. 하지만 툭 튀어나온 동생의 말을 들어보면, 남편은 어쩌면 신애가 생각했던 것보다 그녀를 사랑하지 않았을지 모른다.

하지만 그녀는 그런 사실을 인정하고 싶지 않다. 그녀는 부정denial의 방어기제를 많이 쓰는 사람이라는 것을 알 수 있다. 자신이 알고 싶은 것만 믿고 싶어 하고, 자신이 알고 싶지 않거나 자신과 맞지 않는 것은 전부 부정하고 사는 사람 말이다.

이렇게 그녀가 생각하는 남편의 사랑이 극진하다고 여기다 보니, 그녀는 남편에 대한 사랑의 보답으로 밀양으로 내려간 것이다.

밀양에 살면서 그녀는 남편의 사랑을 곱씹으며 아름다웠던 남편과의 추억을 떠올리면서 살 작정이었다.

그렇다 보니, 그녀는 남편의 죽음에 대한 슬픔에서 벗어 날 수 없다. 남편의 영혼을 붙들고 그녀는 밀양에 터를 잡았으니, 남편의 영혼은 밀양에서 떠돌아야만 한다.

부정(denial)이라는 자기 방어기전

그런데 그런 그녀에게 가장 비극적인 일이 터진다. 아들이 다니던 학원 원장이 아들을 납치해서 죽여 버린 것이다.

화근이 됐던 것은 그녀가 좋은 땅을 사서 집을 지을 것이라고 사람들에게 떠들고 다녔기 때문이다. 그녀는 왜 땅을 살 돈도 없으면서 땅을 살 것처럼 많은 사람들에게 얘기하고 다녔을까? 아들이 다니는 학원의 학부형들이 모인 회식자리에서도, 그녀는 땅에다 돈을 묻어 두는 게 좋은 투자라고 생각한다고 얘기한다. 그녀가 가진 약간의 과시욕일까?

그녀는 자신의 피아노학원이 개업했다는 것을 주변사람들에게 알리기 위해 떡을 돌리러 가서는, 근처 옷가게 주인에게 인테리어를 좀 더 밝은 것으로 바꾸라고 충고까지 한다.

그녀는 자신이 초라하게 낙향한 청상이라는 소리를 듣고 싶지 않았던 거다.

그냥 경제적인 여유가 있는 한 여인이 아들을 데리고 한적한 시골에 내려와 유유자적 인생을 즐기는 모습으로 남들에게 비춰지고 싶었던 것이다.

그런 궁상스러운 모습을 남들에게 보여주기 싫어 그녀는 좋은 집을 지을 땅을 살 것이라고 남들에게 얘기한 것이다.

이런 그녀의 모습은 부정*denial*이라는 자기 방어기전을 다시 사용 하고 있다는 것을 드러나는 대목이다.

그녀는 남들의 시선에 생각보다 예민하다는 것을 알 수 있다. 또한 자신이 처한 궁핍한 살림살이를 부정하고 싶은 것이다. 그녀는 지금 그런 돈이 없지만, 언젠가 그녀가 하고 싶은 것을 미리 알아보고, 준비하는 성급함을 보인다. 그는 자신이 처한 현실을 다시 한 번 부정한 것이다.

하지만 목숨같이 소중한 아들이 살해당하고 그녀는 절망의 나락으로 빠져들고 만다.

이때 그녀는 밀양을 떠났어야 했다. 남편의 추억이 담겨있고, 길거리를 지나다닐 때마다 아들의 체취가 묻어 있던 밀양에서 떠났어야, 그녀의 슬픔은 훨씬 덜했을 것이다.

하지만 그녀는 고집스레 밀양에 머물러 있다.

그녀는 어떻게 보면 밀양에 갇혀버린 것이다.

도저히 아들의 죽음을 받아들일 수 없었던 그녀는 밀양을 떠난다는 것이 아들의 죽음을 인정하는 것이기 때문이다. 그녀는 또 다시 부정 *denial*의 방어기제를 사용한 것이다.

그녀는 왜 하나님에게 분노하는가?

그녀는 어디 하나 마음 붙일 곳이 없다. 그냥 울음만 나올 뿐 그녀는 살아갈 힘이 없다.

그러다 우연히 찾은 교회에서 그녀는 대성통곡을 한다. 그동안 참았던 눈물이 거기서 다 터져 나온다. 그렇게 해서 그녀는 종교에 귀의한다. 의외로 빠르게 그녀의 상처는 아무는 듯했고, 주변사람들에게 자신이 신앙을 통해 매일 매일 행복하다는 간증을 한다. 하나님의 품안에서 말이다.

그리고 그녀는 느닷없이 자신의 아들을 죽인 범인을 찾아가 용서해 주겠다는 말을 한다. 주변에서는 만류했지만, 그의 고통을 덜어주고 싶다고 한다.

그렇게 해서 그녀는 교도소를 찾아가 살인범과 마주한다.

그녀가 힘겹게 당신을 용서한다는 말을 하려는 찰나, 살인범은 하나님께 회개하고 모든 죄를 용서받았다고 하는 것이다.

그녀는 할 말이 없어졌다. 내가 용서해 주려했는데, 하나님이 이미 용서를 해주었으니 말이다.

그러면서 그녀의 태도는 돌변한다. 종교에 대한 극단적인 불신주의자, 아니 방해자로 등장한다. 교회의 부흥회를 방해하고, 심지어 독실한 기독교 신자인 장로를 성적으로 유혹하기까지 한다.

그리고 그녀는 어느 날 자신을 칼로 찌르는 자해를 하고 정신병원에 입원하게 된다. 퇴원하던 날, 공교롭게도 그녀는 살인범의 딸이 일하는 미장원에 들러 머리를 자르게 된다. 머리를 자르던 도중 그녀는 자리를 박차고 일어나 집으로 가버린다. 그리고 그녀를 계속 쫓아다니던 종찬(송강호 분)이 들고 있는 거울을 보고 자신의 머리카락을 스스로 자른다.

그녀는 하나님께 용서받은 살인범 때문에 왜 그렇게 분노했을까?

분명 신애가 예상했던 모습은 죄책감에 찌들고 양심의 가책으로 초췌해져 버린 살인범을 대면할 것이라 생각했을 것이다.

그런데 너무나 편안한 표정으로 그녀를 대면하고, 하나님을 잘 받아들였다고 신애를 위로하기까지 한다. 적반하장도 유분수지, 내 아들을 죽인 인간이 아주 편안하게 밥 잘 먹고, 잠 잘 자고 얼굴엔 아무런 근심도 없이 떡하니 나타나서는 하나님 타령이나 하는 것이다.

여기서 그녀는 신에 대한 분노를 느낀다.

어떻게 당신은 인간 사이의 일에 끼어들어서, 그것도 보통 원한 관계도 아니고 자식의 목숨을 돈 몇 푼 때문에 죽인 인간을 용서하느냐 말이다.

일에도 순서가 있는 법인데, 당신은 그렇게 오지랖이 넓어서 이 참견 저 참견 다하고 돌아다니느냐고 신애는 신에게 악을 쓰고 싶은 심정이다.

일단 내가 용서를 해주고 나서, 당신이 그 사람의 회개를 받아 들였어야지, 도대체 당신이 뭔데, 이렇게 이 사람을 용서해줘서, 나는 발도 못 뻗고 잠을 자고, 항상 자식 생각에 애간장이 타들어가고, 가슴 한 편이 횡하니 뚫려버리고, 칼로 가슴을 찌르는 듯한 고통 속에 살고 있는데도 불구하고, 이 인간을 빨리도 용서해주는가 말이다.

신애는 신을 버리기로 마음먹었다. 아니 신에게 복수를 하기로 생각했다.

그래서 그녀는 부흥회가 한창 열리는 곳에 가서 다른 음악을 틀어버리고, 그렇게 신심이 좋다는 장로를 꼬여내서는 성관계를 하려 한다.

신이 벌여 논 잔치에 난장을 놓고, 신의 얼굴에 먹칠을 해버리려는 심산이다.

신애는 신과의 관계에서도, 자기중심적인 태도를 가지고 있었다.

남편이 다른 여자를 만났다는 것을 알았으면서도, 자신만을 사랑했다고 여긴 것처럼 말이다. 그녀는 신이, 하나님이 자신만을 사랑하고 구원해줄 것이라고 생각했다. 그런 신의 사랑은 자신에게만 국한되어야 하는데, 어찌 내 원수까지 사랑할 수 있냐는 것이다.

그녀는 이번에도 하나님은 자신의 원수도 사랑할 수 있다는 사실을 부정denial하고 있었다.

남편이 나만을 사랑했듯이(실제로 그렇지 않았지만), 하나님도 나만을 사랑했었어야 한다고 믿고 있었는데, 하나님은 어느새 살인자에게도 사랑을 나눠준 것이다.

그녀의 분노는 바로 현실을 제대로 보지 않고, 자기 식대로 해석하고 부정한 데서 연유한 것이다. 그녀는 너무 갑작스레 종교생활을 하면서 마음이 평온해지고 행복해지게 되었다. 그녀의 슬픔은 온데간데없이 사라지고, 하나님의 품에서 너무나 마음이 가벼워지는 경험을 하게 된다. 여기서 그녀는 자식을 잃은 슬픔을 너무 빨리 억압해 버린 것이다.

그런 억압된 슬픔은 결국 어느 순간 터져 나오게 마련이다. 그 슬픔은 바로 자신을 떠나 버린 남편과 자식에 대한 미움이기도 하다. 이제 나 혼자 내버려 두고 모두 다 저 세상으로 가버린 사람들에 대한 분노감이다.

이런 분노감은 하나님이 자신을 배신하고 살인자를 사랑하는 대목에서 같이 터져 나와 버린다. 그래서 그녀의 슬픔과 절망감, 배신감은 극에 달한다. 그래서 그녀는 자해까지 저지르게 된 것이다.

과연 그녀는 어떻게 했어야 상처를 치유할 수 있었을까?

남편을 잃고, 자식까지 잃은 한 여인의 슬픔이 치유될 수나 있을까?

분명 치유될 수 없는 가장 극한적인 상황이다. 그냥 상처를 달래는 수밖에 없다.

그녀가 받은 상처와 고통이 조금 덜 해지는 정도라면 아주 훌륭한 치유라고 할 수 있다. 두 명 다 예견된 죽음이라면 마음의 준비라도 하련만, 남편과 아들은 아무런 예고도 없이 죽음을 맞았다. 그런 예견되지 않은 죽음은 살아남은 자의 슬픔을 배가시키게 된다.

그러니 그녀의 상처가 치유되기를 기대하는 게 더 어려울 수밖에 없다.

하지만 그녀의 상처가 좀 더 덜 아프고, 조금이라도 빨리 아물 수 있으려면, 그녀 자신이 가진 부정이라는 방어기제를 쓰지 말았어야 했다. 아들의 죽음을 인정하고 빨리 밀양을 떠나는 게 첫 번째 그녀가 밟아야 할 순서였다.

두 번째는 목 놓아 우는 수밖에 없다. 그냥 그렇게 매일매일 슬픔으로 목이 쉬도록 실컷 우는 것이다. 이런 슬픔이 거의 다 비워질 때쯤 종교를 통해 그녀의 남은 슬픔을 해결할 수 있어야 했다. 성급하게 자신의 슬픔을 억압하고 종교에 귀의하는 바람에 그녀의 슬픔은 언제 폭발할지 모르는 상태에 놓여있게 된다.

하지만 남아 있던 슬픔은 결국 언젠가는 드러나게 마련이고, 그녀는 다시 슬픔에 빠진 것이다.

그녀는 자신의 아들을 죽인 살인범을 용서하지 말았어야 했다. 물론 궁극적으로 살인자를 용서하는 것은 맞는 말이다. 하지만 살인자에 대한 분노와 원한이 모두 다 사그라질 때까지, 실컷 욕을 하고, 실컷 속으로 난도질을 하고, 실컷 저주를 퍼 붓는 의식이 있었어야 했다. 그렇게 해서 자신이 가진 모든 증오를 풀어냈다고 생각했을 때 그 살인자를 용서했어야 했다. 성급한 용서는 결국 자신 안에 남아 있었던 증오의 싹만 다시

키우는 법이니까 말이다.

그리고 자신이 사랑했던 사람들이 자신만을 사랑했다고 생각하는 아집에서 벗어났어야 했다. 분명 남편도 사람인지라 다른 여자를 좋아할 수도 있었고, 하나님인 신은 말할 것도 없이 누구에게나 사랑을 준다. 그런데 자기만을 사랑한다는 현실 부정은 그녀를 아프게 했고, 또 그녀의 상처를 아물지 못하게 한 가장 큰 원인이었다.

우리는 자기 자신을 잘 알고 있다고 생각한다. 하지만 실제로는 우리가 우리 자신에게 솔직하지 않을 때가 더 많다. 그래서 우리의 인생은 더 힘든 건지도 모른다.

자신에게 솔직하기란 쉽지 않다. 자신에게 솔직하게 되면 자신의 어두운 면, 추한 면과 직면해야 하기 때문이다. 그것은 아주 고통스러운 일이기도 하다. 어느 순간 자신 안에 존재하는 악마성과 잔인한 면 비겁하고 솔직하지 못하고 남들보다 더 위에 서려는 유치한 생각들과 마주쳐야 한다. 그리고 내가 세상의 중심이 아니며, 그저 여러 사람들 중의 한 명이라는 사실을 받아들이는 것도 쉽지 않은 것이다. 하지만 이런 솔직함만이 우리를 자유롭게 해줄 수 있다. 물론 자신에게 솔직한 것은 용기를 필요로 하고 끊임없이 자기 마음을 들여다봐야 가능한 일이다.

자기기만, 때때로 이것은 너무나 완벽해서 자신도 의식을 하지 못할 때가 있다. 자기 방어는 자신의 약점을 보지 못하게 한다. 우리는 자신을 행복하게 하려고 자신을 속인다. 하지만 결국 더 불행하게 되고 말지만 말이다.

사실 자신의 약점을 보는 것은 고통스러운 일이다.

사람들은 자기 자신에게마저 거짓말을 하고 그럴 듯하게 보이려고 노력한다. 그러니 우리는 평생 진실하게 사는 순간이 전혀 없을 수도 있다.

내 자신에게 진실할수록 우리는 자기 자신과 좀 더 가까워지고 친해지며, 자신이야말로 나의 동반자이며, 나를 위로해줄 수 있는 유일한 한 인간이란 것을 알게 된다. 이 세상 60억의 인구 중 나를 나만큼 아는 사람도 없으며, 진심으로 나를 걱정해 주는 것은 나 자신뿐이다. 우리가 할 일은 내가 내 자신에게 솔직해지는 것이다. 내가 지금 나를 속이는 것은 무엇일까? 그걸 자꾸 자문해 봐야 한다. 자꾸자꾸 들여다봐야 한다. 거기서부터 마음의 평화는 시작되니 말이다. 자기 자신에 대한 용기와 정직함이야말로 자기 자신에게 가장 필요한 덕목이며, 나의 상처가 치유될 수 있는 전제가 되는 것이다.

신애는 너무 성급했다. 그리고 많은 걸 부정하느라 자기 안에 갇혀 버렸다. 그래서 그녀의 상처는 더욱 더 깊어져 간 것이다.

더 레슬러

남성의 치유자, '아니마'

오직 링에서만이 나를 느낄 수 있다

80년대 최고의 기술과 테크닉으로 한 시대를 풍미했던 프로레슬러 '랜디 더램 로빈슨'(미키루크분)에게도 세월은 비켜가지 않았다. 그는 이제 보청기를 끼고 노안으로 안경을 써야 책을 볼 수 있다. 게다가 젊었을 때의 인기는 고사하고 작은 체육관에서 관중들 몇몇을 모아놓고 경기를 벌인다.

그의 경제적인 사정은 더욱 열악하다. 그나마 집도 아니고 트레일러에 머물지만, 집세를 내지 못해 집주인이 트레일러 문을 잠가놓는 바람에 시합을 하고 와서는 차에서 잠들어야만 한다.

하지만 그는 자신이 할 수 있는 것이라곤 레슬링밖에 없다는 걸 알기에 늙은 몸을 이끌고 경기장으로 나간다. 관중들을 좀 더 자극하고 더 많은 환호를 받기 위해 랜디는 경기 도중 몰래 자신의 이마에 면도칼로 상처를 내서 피를 흘리기도 하고, 상대방 선수에게 더 심한 공격을 해달라는 주문을 한다.

그는 혼자 산다. 그가 그나마 가끔 마음을 붙이는 사람은 스트리퍼인 캐시디(마리사 토메이 분)뿐이다. 하지만 손님과 스트리퍼는 가까워서는 안 된다는 캐시디의 생각 때문에 좀체 캐시디는 랜디에게 마음을 열지 않는다.

외로워하는 랜디에게 캐시디는 가족을 찾아보라고 조언한다. 랜디에게는 딸이 하나 있지만 연락을 안 한지 오래되었다. 랜디는 딸이 사는 곳을 알아내서 찾아가지만 딸은 어린 시절 어머니와 자신을 버렸다고 아버지에게 냉정하게 대할 뿐이다.

랜디는 그래도 포기하지 않고, 캐시디와 함께 옷을 파는 상점에 가서 딸에게 줄 선물을 고른다. 랜디는 딸에게 줄 옷을 들고 딸을 찾아가게 되고, 이번엔 딸이 마음의 문을 조금 연다. 그렇게 부녀는 오랜만에 아주 오래전에 갔던 극장에 가기도 하며 즐거운 시간을 가진다. 그리고 랜디는 딸에게 다음 주에 다시 만날 것을 제안하고 딸도 흔쾌히 승낙한다.

그러나 딸과 만나기로 한 날 랜디는 밤새도록 마신 술 때문에 딸과의 약속을 지키지 못한다. 딸은 아버지에게 독설을 퍼부으며, "당신은 항상 그런 식이야!"라고 말한다.

이렇게 랜디는 딸에게 다시 실망을 시키고 혼자 쓸쓸히 집으로 돌아온다.

무엇보다 가장 문제가 된 것은 랜디가 시합을 마치고 쓰러진 것이다. 그는 심장발작을 일으켜 병원에 입원하게 되고, 심장수술을 받는다. 의사는 이제 앞으로 심한 경기를 해서는 안 된다는 말을 한다. 그가 할 수 있는 일은 식료품 가게에서 점원으로 일하는 것뿐이다. 그래서 하는 수 없이 그는 점원으로 일을 시작한다.

손님들이 원하는 대로 고기를 썰어주고, 샐러드를 담아주는 일을 하는 랜디는 도대체 맞지 않은 옷을 입은 느낌이다.

그는 식료품가게에서 계속 일을 하고 싶었지만 결국 때려치우고 나오고 만다.

그리고 몸 상태가 나빠 포기하고 있었던 20년 전의 숙적인 아야툴라와 경기를 치르려고 마음을 먹는다. 그는 자신이 링에서 죽을 수도 있다는 걸 알면서도 링에 다시 올라서려는 것이다. 랜디가 다시 시합에 나선다는 걸 알게 된 캐시디는 경기장에 뛰어와 시합을 만류하지만, 랜디는 그녀의 말을 듣지 않고 사각의 링으로 걸어 들어간다.

그는 아야툴라와 시합을 벌이며 최고의 멋진 경기를 보이지만, 그가 가지고 있는 심장질환으로 그는 가슴을 움켜쥐며 갑자기 힘을 잃어버린다. 하지만 그럼에도 불구하고 그는 혼신의 힘을 다해 로프 위에 올라가 멋진 점프를 한다.

인생의 흐름을 조망할 수 있는 영화

대런 아로노프스키 감독의 〈더 레슬러〉란 영화는 레슬링의 영화만은 아니다. 마치 우리 인생을 거울에 비춰보는 것만 같고 높은 데서 인생의 흐름을 조망할 수 있는 영화라고 볼 수 있다.

어느 인생이고 찬란한 날이 없겠는가? 랜디처럼 관중들의 환호와 박수를 받고 언론매체에서 연일 그의 활약을 대서특필 해주지는 않았더라도, 누구나 자신이 그리워하고 가장 멋진 날로 기억되던 시절은 있는 법이다.

하지만 세월은 이 모든 것을 다 스러지게 하고 추억과 기억만 우리에게 남겨놓는다. 그게 인생의 비극이기도 하고, 또 인생의 뼈아픈 순환과정이다.

그래서 이 영화를 봤던 사람 중에는 랜디와 같이 화려한 시절을 지내고 이제 초라하게 늙어가는 자신의 모습을 돌아보는 이도 있을 것이고, 지금 인생의 정점에 서있는 사람들이라면 언젠가는 자신도 그 정점에서 내려와야 한다는 것을 느끼는 이도 있을 것이다.

화려한 인생의 정점을 거쳤던 사람들은 랜디의 인생을 통해 자신만 사각의 링에서 물러나야 하는 것은 아니라는 공감을 가졌을 것이고, 지금 화려한 비상을 하는 사람들은 지금 이 순간이 얼마나 인생에 있어 달콤한 순간이고, 다시는 돌아오지 못할 것이라는 생각에 지금의 인생을 중요하게 생각하며 살지도 모른다.

이 영화를 본 사람들의 반응은 엇갈릴 것이다.

랜디가 과연 심장수술을 받고도 다시 사각의 링에 올라서야 했을까 하는 사람도 있을 것이고, 한 번 가는 인생인데 사각의 링에서 죽더라도 화려하게 인생의 막을 내리는 게 낫다고 하는 이도 있을 것이다.

필자는 전자의 생각이 맞다고 생각한다. 랜디는 언젠가는 사각의 링을 떠나 조용히 인생을 반추하는 시간을 가졌어야 했다.

그는 가장 남성적인 것을 상징하는 프로레슬링계에서 평생을 살았던 사람이다. 하지만 그에게 남은 것이라곤 낡은 트레일러에서 외로움을 곱씹어야 하고, 아내도 떠나고 남과 다름없는 딸이 전부다.

그는 관중들의 환호와 갈채 속에서 살아온 사람이다. 그렇게 살다보면 자신의 내면을 들여다보지 못하고 다른 사람들의 기대에 맞춰서 살게 된다. 좀 더 관중을 흥분시키고, 좀 더 관중을 즐겁게 하고, 좀 더 관중들이 자신의 묘기에 감탄을 보내게 만드는 데만 신경을 쓸 수밖에 없다.

그렇게 살다 보면, 가정생활은 소홀해질 수밖에 없다.

그는 관중들의 환호와 박수에 중독되어 살았다고 볼 수 있다. 하지만 사람들의 기대와 생각은 얼마나 변덕스러운가. 이제 늙어 버린 랜디를 거들떠보는 사람은 별로 없다. 그들이 그렇게 극찬하고 영웅시해왔던 랜디를 이제 관중들은 외면한다.

이렇게 외부의 기대와 찬사를 먹고 살게 되면 언젠가는 혼자 남게 된다. 영원히 그를 떠받들고 박수를 보낼 것 같았던 팬들은 이제 랜디를 점점 잊어버리게 된다.

그리고 홀로 남겨진 랜디는 젊은 시절의 좋았던 때를 회상하며, 예전의 모습을 보여주고 싶어한다. 하지만 그의 몸은 이미 너무 많이 늙어버렸다. 그는 이제 링에서 내려올 나이가 된 것이다. 그는 고집스럽게 관중들의 갈채와 박수를 계속 듣고 싶어한다.

그는 근육강화제인 스테로이드와 점점 여기저기 아파오는 통증을 다스리기 위해 강력한 진통제를 복용하고 있다. 그는 약의 힘으로 버티고 있는 것이다. 하지만 이런 약들은 그의 심장을 더욱 조여들게 하고 결국 그는 심장발작을 일으킨 것이다.

무리하게 젊은 시절의 영화를 유지하고 싶은 욕망이 그의 몸을 더 망쳐버린 것이다.

자신의 '아니마'를 발달시키지 못한 남자

그는 왜 그렇게 사각의 링에 집착한 것일까?

심리적으로 남성에게는 여성적인 특성인 '아니마'가 있고, 여성에게는 남성적인 특성인 '아니무스'가 있다.

남성 안의 여성적인 특성인 아니마는 남성을 여성스럽게 만들어 지나치게 남성적인 특성을 완화시키고, 남을 보살피고, 자신을 편안하게 쉬게 하며, 남성적인 경쟁에서 물러나게 해서 힘든 경쟁에서 남자들을 보호한다. 또한 아니마는 가족을 돌보고 가족을 보살피게 해서 그런 데서 만족감을 느끼게 한다.

반면 여성 안에 존재하는 남성적인 특성인 아니무스는 여성이 남성처럼 사회에 도전하고, 자신의 길을 옹골차게 가게 하고, 자신의 생각을 주저 없이 주장하게 만든다. 특히 여성들은 나이가 들면서 아니무스가 강화되면서 여성적인 특성이 적어지고 남성적인 특성이 강해지는 아줌마가 되는 것이다. 그래서 아줌마의 힘은 강한 것이다.

랜디는 남성적인 세계인 프로레슬링에서 평생을 지내면서, 자신의 아니마를 발달시킬 기회가 없었다. 그는 자신을 쉬게 하고, 자신을 보살피고, 가족을 돌보는 능력이 없어져 버린 것이다. 그는 아드레날린 중독에 빠져 있는 것인지도 모른다. 언제 크게 다칠지도 모르는 레슬링의 세계에서 아드레날린이 몸속에서 폭주하면서 나타나는 쾌감을 즐기고 살아왔다.

그런 생활에 익숙해지면, 자신 안의 여성적인 특성인 아니마는 그냥 그의 가슴속에 묻혀버리고 만다. 그렇게 되면 그는 반쪽짜리 인생만 살 수 있을 뿐이다.

물론 그에게도 아니마를 활성화시킬 수 있는 기회가 찾아온다. 그가 심장발작을 일으키고 이제 더 이상 레슬링을 하지 못하게 된다. 그는 이제 남성의 세계에서 타의에 의해 한 발짝 물러나게 되고, 이때 그는 공허함과 외로움을 심하게 느낀다. 이때 그에게 아니마는 가족을 만나라고 한다. 이제 그에게 필요한 것은 따뜻한 가족과의 재회와 편안한 노후라고 아니마는 이야기하는 것이다.

그렇게 해서 그는 딸을 만나게 되고, 가까스로 딸과 친해질 수 있는 기회까지 만들게 된다.

하지만 그는 전날 술을 많이 마시는 바람에 딸과 만날 약속을 지키지 못한다.

원래 우연한 행동은 없는 법이다. 그의 무의식은 아직 딸을 만나고 싶지 않은 것이다. 그래서 그는 딸과의 약속을 잊었는지 모른다. 여전히 그에게 남은 남성적인 의식은 가족이라는 테두리 안에 자신을 가두고 싶지 않은 것이다. 그의 귓가에는 여전히 관중들의 환호와 박수소리가 들려오고 있다. 미성숙된 랜디의 아니마는 랜디가 딸과 화해하고, 이제 동네 할아버지로 남아 한가하게 소일하게 만들만큼 강력하지 못하다.

여전히 그의 남성성은 자신이 아직도 남성답다는 것을 과시하고 자신이 건재하다는 것을 알리고 싶어한다.

그렇게 그는 딸과의 재회를 무의식적으로 피한 것이다.

그는 자신이 죽는다는 것을 알면서도 이제 마지막으로 사각의 링에 오른다. 그는 한 번도 자신의 아니마를 돌본 적이 없어 어떻게 해야 사각의 링 밖에서 사람들과 어울리고, 휴식을 취하고, 아무것도 하지 않고 지내는 법을 모른다. 그래서 그는 무의식적인 자살을 선택했는지도 모른다. 그는 사각의 링에서 마지막 숨을 거두고 싶은 것이다.

아니마를 통한 인간관계에서의 만족감

사실 랜디의 경우가 아니더라도, 많은 남성들이 외부의 찬사와 갈채에 중독되어 살아간다. 점점 높아지는 자신의 지위와 재산, 그리고 명예에 사람들은 박수를 보내고 부러워한다. 남자들은 이 맛에 길들여져 자꾸만 자신의 시선을 외부로만외부로만 돌리게 된다. 다른 사람들의 찬사와 환호가 그를 존재하게 하는 힘이다.

그런 사람들은 랜디처럼 아니마가 존재하지 못한다. 그저 높은 곳으로만, 높은 곳으로만 달음질쳐 올라가는 것만 알뿐이다. 그러나 어디든 정상은 있는 법이고, 이제 하산할 때가 되었다. 이제 인생의 날은 저물어가고, 하산을 해야 한다. 하지만 남자들은 하산하지 않으려 한다. 여전히 남들의 찬사와 기대를 한 몸에 받고 싶을 뿐이다. 이미 해는 떨어지고 밤은 어두워져서 하산할 방법조차 없게 된다. 그렇게 되면 남자들은 이리

구르고 저리 구르며 힘든 하산길을 걸어가야 하고, 그 과정에서 목숨을 잃기도 한다. 40~50대 돌연사가 그것이다.

그래서 뉘엿뉘엿 해가 질 무렵이면 떠날 때 떠나야 한다. 모든 것이 다 돌고 돌며 영원한 것이 어디 있겠는가. 밤이 되기 전에 자신의 찬란한 한때를 기억하며 아쉽지만 정상에서 하산해야 한다. 내려가는 길이 서럽다고 하지만, 꼭 그런 것만은 아니다.

지금까지 돌보지 않았던 여성적인 특성인 아니마는 그동안 돌보지 않았던 자신을 보듬어 주고, 다른 사람과의 관계를 깊이 있게 해주며, 그런 인간관계에서 만족감을 주기 때문이다.

남자들이여, 산을 내려가는 것이 두려운가? 두려움 속에는 항상 보상이 따르는 법이다. 이제 내 능력을 남에게 보여주기 위해 애쓰지 않아도 되며, 속으로는 겁이 나면서도 겉으로는 남성답게 보이기 위해 애쓰지 않아도 되며, 편안한 가족 속에서 안식을 취할 수 있는 것이다. 이보다 더한 보상은 없을 것이다.

랜디는 결국 사각의 링에서 자신의 마지막을 걸었지만, 그 로프 위에서 뛰어내리던 랜디의 모습은 그저 외롭고 쓸쓸하고 공허하게 보일 뿐이다.